Vlastimil Kybal

Die Ordensregeln des Heiligen Franz von Assisi und die ursprüngliche Verfassung des Minoritenordens

Vlastimil Kybal

Die Ordensregeln des Heiligen Franz von Assisi und die ursprüngliche Verfassung des Minoritenordens

ISBN/EAN: 9783955643126

Auflage: 1

Erscheinungsjahr: 2013

Erscheinungsort: Bremen, Deutschland

@ EHV-History in Access Verlag GmbH, Fahrenheitstr. 1, 28359 Bremen. Alle Rechte beim Verlag und bei den jeweiligen Lizenzgebern.

DIE ORDENSREGELN DES HEILIGEN FRANZ VON ASSISI
UND DIE URSPRÜNGLICHE VERFASSUNG DES MINORITENORDENS

EIN QUELLENKRITISCHER VERSUCH

VON

VLASTIMIL KYBAL

PRIVATDOZENT DER ALLGEMEINEN GESCHICHTE
AN DER K. K. BÖHMISCHEN UNIVERSITÄT IN PRAG

DRUCK UND VERLAG B. G. TEUBNER · LEIPZIG UND BERLIN 1915

VORBEMERKUNG

Ich lege diese Arbeit, die eines der schwersten quellenkritischen Probleme der Franziskanerliteratur zu lösen versucht, der gelehrten Welt der Franziskusforscher vor, mit dem schlichten Wunsche, es möge dieser Versuch neues Licht und neue Ordnung in die Frage bringen. Jeder, der die Sachlage kennt, weiß wohl, wie das Terrain, auf welchem ich mich bewege, unsicher ist und inwieweit der Schritt des Forschers, der größtenteils sozusagen von einem zum anderen aus dem Bruche des Quellenbestandes hervorragenden Steine mit seiner historischen Kombinationskraft springen muß, unsicher bleibt und bleiben muß. Aus diesem Grunde bitte ich die streng methodische und zugleich systematische Anlage der Abhandlung zu begreifen und zu beurteilen.

Wiewohl ich auf diesem und nur auf diesem Wege zu manchen neuen, wohl meistens nur hypothetischen Ausblicken gelangt bin, wird trotzdem jeder Sachkenner leicht erkennen, wieviel ich meinen Vorgängern auf diesem Forschungsgebiete, Paul Sabatier, P. van Ortroy, P. Edouard d'Alençon, P. Cuthbert, H. Böhmer, Walter Götz und besonders Karl Müller nicht nur positiv, sondern noch mehr negativ verdanke. Man wolle deswegen meinen bescheidenen Beitrag im sachlichen Zusammenhange mit den Arbeiten dieser hochgeschätzten Forscher messen und werten.

Persönlich bin ich besonders dem hochw. H. Generalarchivar des Kapuzinerordens, P. Edouard d'Alençon in Rom, der seine und seines Ordens Bibliothek mit größter Liebenswürdigkeit mir zur Verfügung stellte, zu Dank verpflichtet.

Zum Schluß erlaube ich mir zu bemerken, daß die vorliegende Arbeit im Juli 1913 fertig war und die Kap. I und II des ersten Teiles in den Abhandlungen der kgl. böhmischen Gesellschaft der Wissenschaften in Prag, Jahrg. 1913, in böhmischer Sprache abgedruckt worden sind. Die deutsche Übersetzung besorgte Herr Dr. Gustav Skalský in Wien.

Prag, im Mai 1914.

V. K.

INHALTSVERZEICHNIS

Seite

Erster Teil: Über die ersten zwei Ordensregeln des hl. Franz von Assisi

    Kap. I. Über die Ordensregel vom J. 1210 (Reg. I) 1

    Kap. II. Über die Ordensregel vom J. 1221 (Reg. II) 16

    Kap. III. Über die Zusätze zur ersten Regel 26

Zweiter Teil: Die Entstehung und Formation der Regel vom J. 1223 (Reg. III)

    Kap. I. Die Entstehung und der ursprüngliche Wortlaut der Regel 43

    Kap. II. Parallele Analyse der Reg. II und Reg. III 54

    Kap. III. Schluß 82

Dritter Teil: Die historische Bedeutung der Regel vom J. 1223 und die Verfassung des Ordens

    Kap. I. Einleitung: Die Anschauungen der bisherigen Forscher. . 88

    Kap. II. Formelle Analyse der Regel vom J. 1223 92

    Kap. III. Sachliche Analyse der Regel vom J. 1223 und die Ordensverfassung. 100

Register 159

ERSTER TEIL
ÜBER DIE ERSTEN ZWEI ORDENSREGELN DES HL. FRANZ VON ASSISI

KAPITEL I
ÜBER DIE ORDENSREGEL VOM J. 1210

§ 1. Die erste Ordensregel des hl. Franz stammt aus dem J. 1210.[1] Daß Franz diese Ordensregel geschrieben hat, darüber haben wir vollkommen sichere und glaubwürdige Zeugnisse. Zuerst ist hier das Zeugnis des Franz selbst zu erwähnen, welcher sich im Testamente c. 4 mit folgenden Worten auf die Reg. I beruft: „Et postquam dominus dedit michi de fratribus, nemo ostendebat michi, quid deberem facere, sed ipse Altissimus revelavit michi, quod deberem vivere secundum formam sancti evangelii. Et ego paucis verbis et simpliciter feci scribi, et do-

---

[1] Reg. I ist die Ordensregel vom J. 1210. Reg. II ist die Ordensregel vom J. 1221. Reg. III ist die Ordensregel vom J. 1223, bestätigt von Papst Honorius III. Ich benütze folgende Editionen: a) für die Ordensregeln und andere Schriften des hl. Franz: H. Boehmer, Analekten zur Geschichte des Franciscus von Assisi, Größere Ausgabe, Tübingen-Leipzig 1904, und (P. Lemmens), Opuscula sancti Patris Francisci Assisiensis sec. cod. MSS. emendata et denuo edita a PP. Collegii S. Bonaventurae. Ad Aquas Claras (Quaracchi) 1904 (Bibl. Franciscana ascetica medii aevi, t. I); — b) für die Leben Celanos: P. Eduardus Alenconiensis, S. Francisci Assisiensis Vita et Miracula, additis opusculis liturgicis, auctore Fr. Thoma de Celano. Romae 1906; — c) für die Legende der sog. drei Genossen (3 socii): Michael Faloci Pulignani, Sancti Francisci Legenda Trium sociorum. Fulginiae (Foligno) 1898; — d) für den Spiegel der Vollkommenheit: Paul Sabatier, Speculum perfectionis. Paris 1898 (Collection de documents pour l'histoire religieuse et littéraire du Moyen âge, t. I); — e) für die Legenden des hl. Bonaventura: Ser. Doct. S. Bonaventurae Legendae duo de vita S. Francisci Seraphici, editae a PP. Collegii S. Bonaventurae. Quaracchi 1898; — f) für die Chronik Jordans: H. Boehmer, Chronica Fratris Jordani, Paris 1908 (Collection, t. VI). — Die anderen Quellen werden gelegentlich unten angeführt werden.

minus Papa confirmavit michi" (ed. Boehmer, Anal. p. 37). Nach Franz sagt Celano (1 Cel. 32): „Videns beatus Franciscus, quod dominus Deus quotide augeret numerum in idipsum, scripsit sibi et fratribus suis, habitis et futuris, simpliciter et paucis verbis, vitae formam et regulam, sancti evangelii praecipue sermonibus utens, ad cuius perfectionem solummodo inhiabat.[1] Pauca tamen alia inseruit, quae omnino ad conversationis sanctae usum necessario imminebant." Bonaventura, Leg. III. 8 sagt dasselbe nur mit anderen Worten: „Cernens autem famulus Christi paulatim accrescere numerum fratrum, scripsit sibi et fratribus suis simplicibus verbis formulam vitae, in qua sancti evangelii observantia pro fundamento indissolubili collocata, pauca quaedam alia inseruit, quae ad uniformem vivendi modum necessaria videbantur."[2]

Andererseits haben wir über die Reg. I folgende Berichte ursprüng-

---

[1] Die Worte utens – inhiabat sind wörtlich auch in den 3 socii 51 zu lesen. Nach Van Ortroy reproduzieren die 3 socii nur Celano, den wieder das Testament des Franz inspirierte. An. Boll. Bd. XIX S. 128. Ähnlich wie Celano drückt sich auch der „biographus secundus" in den A. SS. aus, Oct. t. II, p. 589, col. 1: „Cernens ergo b. Franciscus passim accrescere numerum fratrum, plenius illis exposuit cordis sui propositum, nec non et divinae revelationis archanum. Brevi ergo regulam sermone conscripsit, interpositis in illa sacris evangelii verbis, ad cuius perfectionem, quantum poterat, anhelavit. Desiderans autem, quae scripserat, a summo pontifice confirmari, undecim, quos habebat secum, fratres assumpsit, et sic Romam cum illis duodecimus ipse perrexit."

[2] Dieselbe Stelle ist auch wörtlich in den Actus b. Francisci in valle Reatina c. 2, ap. Sabatier, Spec. perf., p. 255 zu lesen, deren Autor vielleicht Bonaventura benützt hat. – Aus den späteren Zeugnissen s. 1. Angelus Clarenus, Expositio regulae, prooemium, ed. P. Livarius Oliger (1912), p. 6 (vgl. auch p. 13): „Igitur cum hiis XII primis fratribus ex parte Christi regulam, quam simpliciter conscripserat, secundum quod eum ipse Salvator docuerat, eidem sancto pontifici presentavit, continentem consiliorum Christi, obedientie, paupertatis, castitatis, humilitatis, patientie et caritatis, atque evangelicarum prohibitionum, iuxta formam vite tradite a Domino apostolis et discipulis ad predicandum missis, altissimas perfectiones." Clarenus sagt weiter, daß Reg. III „cum prima est substantialiter una", p. 6 (vgl. p. 34); aus der p. 9 sqq. geht es hervor, daß Clarenus die Reg. I mit Reg. II konfundiert und die Reg. III „hanc secundam regulam" benennt. – 2. Pisanus, Conform., l. I, fructus IX, pars II, ed. Anal. Franc., t. IV, p. 370: „Et cum fratres usque ad duodenarium numerum excrevissent, tunc b. Franciscus, illustratus caelitus de verbis evangelii, quandam composuit regulam, paucis aliis superadditis, quae ad uniformem vivendi modum necessaria videbantur, praesupposita tamen pro fundamento indissolubili observantia sancti evangelii."

licher Zeugen. In der Leg. trium sociorum (= 3 socii) IX. 35 wird bloß allgemein gesagt: „Plures enim regulas fecit et eas expertus est, priusquam faceret illam, quam ultimo reliquit fratribus." Bestimmter spricht der Spec. perf., wo wir im c. 1 lesen: „Beatus Franciscus fecit tres regulas, scilicet illam, quam confirmavit sibi papa Innocentius sine bulla; postea fecit aliam breviorem et haec perdita fuit; postea illam, quam papa Honorius confirmavit cum bulla...." Über die Reg. I lesen wir im Spec. perf. c. 26 (ed. Sabatier, p. 52), daß „sicut revelatum fuit b. Francisco, ut deberet vocari religio fratrum Minorum, sic fecit scribi in prima regula, quam portavit coram d. papa Innocentio tertio, qui eam approbavit et concessit et postea in consistorio omnibus nuntiavit" (p. 74); ähnlich im c. 44, p. 78: „sicut in prima regula continetur."

Allerdings muß bei diesen Zeugnissen vor allem betont werden, daß das Zeugnis des Spec. perf. nicht ganz beweiskräftig ist, und zwar aus dem Grunde, weil in ihm die „regula prima" regelmäßig nicht nur die Ordensregel vom J. 1210, sondern auch die Regel bedeutet, welche uns als Ordensregel vom J. 1221 (= Reg. II) bekannt ist. Die Nichtübereinstimmung, die darin besteht, daß hier von ihrer Bestätigung durch Papst Innocenz III. († 1216) die Rede ist, wird dadurch erklärt, daß die Reg. I samt dem Berichte über die Bestätigung in die Reg. II inseriert wurde, so daß diese Ordensregel nur die letzte Redaktion der Ordensregel darstellt, welche in ihren Anfängen bis zum J. 1210 zurückreicht und welche seit dieser Zeit fortwährend erweitert und ausgestaltet wurde. Daß die „regula prima" im Spec. perf. die Ordensregel vom J. 1221 ist, bestätigt auch das Studium Sabatiers (vgl. Spec. perf., p. LIX: „L'étude du Spec. perf. m'a conduit à penser que cette règle [1221] est en effet la première, mais remaniée sans cesse depuis 1210 jusqu'en 1221"). Von diesem Standpunkte aus ist uns aber das angeführte Zitat des Spec. perf. c. 1 klar: „regula prima" ist die heutige Reg. II vom J. 1221 (in der wir auch wirklich jene Zitate über die Kranken finden), die verlorene Ordensregel ist jene, welche vor dem J. 1223 auf dem Taubenberg verfaßt, aber dann von Elias verloren wurde, und die dritte Ordensregel ist die bekannte Regel vom J. 1223, welche Papst Honorius III bestätigt hat, die sog. regula bullata, hier als Reg. III bezeichnet.[1]

---

[1] Zum Unterschied vom Spec. perf. bedeutet bei Jordan, Chronik Kap. 11 (ed. Boehmer, p. 11) „prima regula" die Regel vom J. 1210. Vgl. unten S. 15.

§ 2. Durch die angeführten Zitate, besonders jene aus dem Testamente, Celano und Bonaventura, ist die erste Frage beantwortet, nämlich ob Franz im J. 1210 überhaupt eine Ordensregel bzw. Lebensformel geschrieben hat. Die Antwort lautet bejahend. Die zweite Frage lautet nun, ob diese Regel uns erhalten ist, wo sie erhalten ist und wie ihr Inhalt beschaffen erscheint. Diese Frage ist nicht nur für die Kritik der Quellen zum Leben des Franz, sondern für das Leben des Franz selbst und für die ersten Anfänge des Minoritenordens von großer Wichtigkeit. Weil diese Ordensregel wörtlich nicht erhalten ist, suchten zahlreiche Autoren zu erforschen, wie und wo sie zu finden wäre. Es schrieben darüber nach Wadding[1] und Suyskens[2] speziell Papini[3], Karl Müller[4], Boehmer[5], Montgomery Carmichael[6], Cuthbert[7] u. a., aber es herrscht keine Übereinstimmung unter ihnen, und keiner erzielte ein befriedigendes Resultat.

Karl Müller, der sich mit dieser Frage mit dem ihm eigenen kritischen Sinn beschäftigt hat, sprach sich über die Reg. I folgendermaßen aus: Es ist ausgeschlossen, daß die Reg. I mit der Reg. II identisch sei. Dagegen sprechen zwölf namentlich aufgezählte Gründe (teilweise Zeugnisse alter Quellen, teilweise innere Kriterien). Die Reg. I blieb bis zum J. 1220 selbständig – „unangefochten und unverändert" (S. 13, vgl. S. 23), und erst die Reg. II hat sie „aufgelöst" (S. 13). Die Reg. I ist nicht erhalten, aber man kann sie in der Reg. II finden, in welcher (wie der Autor genauer zeigt) zwei Schichten erkennbar sind: eine ältere (Kap. 3, 5, 7, [8], 9, 10) und eine jüngere; diese erwuchs aus

---

[1] Wadding, Opuscula 1623, p. 132–168. Vgl. Ann. ad a. 1210.

[2] A. SS., Oct., t. II, p. 588, col. 2.

[3] Papini, Le varie regole composte da S. Francisco, in Storia di S. Francisco 1825, t. I, p. 208–234.

[4] Karl Müller, Die Anfänge des Minoritenordens, 1885, S. 4f. und der Versuch einer Rekonstruktion der Regel von 1210, S. 185–188. – Vgl. ders. in Theol. LZ. 1895, S. 182f.

[5] H. Boehmer, Anal. S. LV. Dessen Artikel über die Ordensregeln des hl. Franz, welcher in der Z. f. Kirchengesch. XXVI erscheinen sollte, konnte ich leider in dieser Zeitschrift überhaupt nicht finden.

[6] Montgomery Carmichael, The Origin of the Rule of St. Francis, in The Dublin Review, April 1904 (kenne ich nur aus den Études franciscaines, XII 175sq. und An. Boll. XXIV 414).

[7] F. Cuthbert, The primitive Rule of St. Francis; in Life of St. Francis of Assisi, 1913, App. I, p. 393–403 (eine franz. Übersetzung erschien in den Ét. franc. XXIX, 1913, p. 140–153).

den neuen Verhältnissen und Vorschriften nach dem J. 1220, während jene die Reste der Reg. I darstellt, welche Reste bei der Zusammenstellung im J. 1221 in die Reg. II „hineingebaut" worden seien. Es sei daher jetzt möglich, durch einen entgegengesetzten Prozeß die Reg. II „auseinanderzubauen" und eine neue Zusammenstellung der Reg. I auf Grund der Reg. II zu versuchen; der Autor versucht es zuerst kritisch (S. 19—23) und dann auch synthetisch (S. 185—188).

Leider ist dieser Versuch nicht gelungen. Boehmer, Anal. S. LV sagt, daß der Richtigkeit der These Müllers schon der große Umfang der rekonstruierten Ordensregel (sie hat wirklich einen Umfang von drei Seiten!) widerstrebt und daß namentlich Belege aus anderen Quellen, welche als Auszüge der Reg. I gelten können, ihr widersprechen. Auch Cuthbert (p. 395) widerspricht Müller, indem er anführt, daß Müller einige Stellen aus späterer Zeit in die Reg. I inseriert hat, ja sogar Stellen, die erst im J. 1221 entstanden sind. Ich möchte mir erlauben, gegen Müller zu betonen, daß sein Versuch deshalb verfehlt ist, weil die ganze methodische Grundlage seiner Ausführungen unrichtig ist. Müller steht auf dem Standpunkte, daß bis zum J. 1219 eine einzige Regel „en bloc" und unverändert existierte, nämlich die Regel vom J. 1210. („Mit Bestimmtheit muß daran festgehalten werden, daß die älteste Regel bis 1220 unverändert in Geltung geblieben ist." S. 23. Vgl. auch Th. LZ. 1895, S. 183) und daß erst nach dem J. 1220 (bzw. nach 1219) infolge veränderter Verhältnisse im Orden und neuer organisatorischer Bedürfnisse eine neue Regel verfaßt wurde, welche die vorangehende absorbierte. Aber das ist eine unrichtige Anschauung, weil gegen sie erstens die ganz klaren Worte des Franz selbst sprechen, daß die Reg. I nur „einige einfache Worte enthielt", zweitens weil wir aus anderen Belegen (vgl. unten) wissen, daß Franz nach dem J. 1210 fortwährend etwas zu der ursprünglichen „Formel" des Lebens hinzufügte, wie die Notwendigkeit es forderte, und drittens, weil die Anschauung Müllers eine neue Mittätigkeit des Franz bei der Abfassung der Reg. II eliminiert.[1]

H. Boehmer fielen, wie gesagt, einmal die Länge von Müllers Reg. I und dann auch die gleichzeitigen Zeugnisse über den Inhalt der wahren

---

[1] S. auch P. Ehrle in Z. f. kath. Theol. XI, 1887, S. 726. Karl Müller modifizierte später seine Meinung über den Umfang der Urregel (s. Theol. Literaturzeitung 1895, S. 183), aber es wäre höchst interessant, seine jetzige Überzeugung darüber ausführlich zu hören.

Reg. I auf. Aber auch er konnte nicht dem Versuche einer „Rekonstruktion" widerstehen und legte der gelehrten Welt der „Franciskanisanten" wenigstens die „Regulae antiquissimae fragmenta" (Anal., p. 88—89) vor. Aber auch dieser Versuch ist nicht zufriedenstellend. Franz spricht z. B. im Testamente, wie er die Reg. I verfaßte (vgl. oben), und fährt fort: „Et illi, qui veniebant ad recipiendum vitam istam, omnia, quae habere poterant, dabant pauperibus." Boehmer macht diesen einfachen erzählenden Satz gleich — zu einer Bestimmung der Reg. I: „Si quis venerit ad recipiendum vitam istam ['vita' heißt hier Ordensregel], omnia sua vendat et ea studeat pauperibus erogare." Oder Franz sagt weiter im Testament (l. c., c. 4): „Et erant contenti tunica una, intus et foris repetiata, cum cingulo et brachis." Boehmer sieht wieder darin das Fragment der Reg. I: „Fratres habeant unicam tunicam et cingulum et brachas." Auf ähnliche Weise stellt er auch die anderen „Fragmente" zusammen, wobei ihm ein Fragment Jordans Chronik darbietet, welche zweifellos — die Reg. II zitiert.

P. Cuthbert beschränkte sich wie Müller auf der Suche nach der ersten Ordensregel der Minoriten auf die Reg. II, versucht aber in viel feinerer Weise aus dieser Quelle den ursprünglichen Kern herauszuschälen. Er geht von der Voraussetzung aus, welche ein Faktum ist, daß nämlich die Reg. I in der Reg. II enthalten ist, gibt aber zu, daß in der Reg. II nicht allein Stellen enthalten sind, die schon durch ihren Ton die Einfachheit des Apostels aus den ersten Tagen seines evangelischen Enthusiasmus verraten (d. h. Stellen aus der Reg. I), sondern auch andere Stellen, welche zwischen 1210 und 1219 in die Reg. I inkorporiert wurden. Diese Zusätze zur Reg. I, die in der Reg. II verborgen sind, seien fünffacher Art: 1. Verfügungen der Kapitel (c. 3, Stücke von c. 4, 5, 6, 7, 9); 2. gerichtliche (! judicial) und prophetische Warnungen vor offenbaren Gefahren (z. B. c. 8, 9, 22); 3. päpstliche Verfügungen (ein Satz im c. 2, 5); 4. alles, was die von Laien abgesonderten Minister und Kleriker betrifft (z. B. c. 16); 5. Stellen, welche auf die weite Verbreitung der Brüder deuten (z. B. c. 16, welches von den auswärtigen Missionen handelt). Cuthbert weist auf diese Zusätze hin, indem er die ganze Regel vom J. 1221 genau durchgeht, und man muß anerkennen, daß er mit der Behauptung, diese Zusätze seien nicht gleichen Ursprungs, recht hat; ich gebe auch zu, daß man im c. 7 Verfügungen der Kapitel erkennen kann (vgl. 2 Cel. 128 über die Heuchler) und daß man in c. 9, 10 und 22 einige von den „Ermahnungen" lesen kann, welche Franz seinen Brüdern auf den Kapiteln vor dem J. 1221 gab (c. 10 ist nur eine Kürzung von 2 Cel. 175); auch ist sicher, daß die Worte „extra obedientiam evagari" im c. 2 der Bulle Papst Honorius III. vom 22. September 1220 entnommen sind, weil dies ja ausdrücklich dort betont wird (iuxta mandatum domini papae).

Andererseits muß jedoch gesagt werden, daß die wirkliche Frage über diese späteren Zusätze anders lautet, als Cuthbert sie stellt. In Wirklichkeit lautet die Frage, ob diese Zusätze — nehmen wir z. B. nur die Zusätze kapitularen Ursprungs — wirklich vor dem feierlichen Kapitel des J. 1221, auf welchem die Ordensregel verfaßt wurde, oder schon auf früheren Kapiteln entstanden sind, wie Cuthbert von den meisten annimmt. Ich bin überzeugt, daß diese „kapitularen" Zusätze ganz gut zum J. 1221 versetzt werden können (auch 2 Cel. 128 kann auf dieses Kapitel bezogen werden), und sehe nicht den genug ausschlaggebenden Grund dafür, daß einige Stücke das Resultat von Verhandlungen auf früheren Kapiteln sein sollten. Im c. 4 der Reg. II lesen wir: „In nomine Domini! omnes fratres, qui constituuntur ministri et servi fratrum, in provinciis et in locis, in quibus fuerint, collocent suos fratres, quos sepe visitent et spiritualiter moneant et confortent. Et omnes alii fratres mei benedicti diligenter obediant eis in hiis, qui spectant ad salutem anime et non sunt contraria vite nostre." Nach Cuthbert (p. 398) ist dies wahrscheinlich eine kapitulare Bestimmung nach der Konstituierung der Provinzen im J. 1217; aber warum sollen wir nicht genauer sagen, daß dies eine Bestimmung des Kapitels vom J. 1219, resp. 1221 ist, besonders da wir im ersten Teil den Einfluß der Minister sehen und im zweiten Teil (fratres mei benedicti) die eigene Stimme des Franz hören (vgl. unten S. 37)? Vom c. 7 sagt Cuthbert, daß es „sehr früh nach der Genehmigung des Ordens" (im J. 1210) in die Reg. I inseriert wurde, weil die Brüder an Zahl gewachsen seien und sich überall ausgebreitet hätten (p. 399); aber die Worte „sint minores" bezeugen, daß dies nicht vor dem J. 1210 geschehen ist, und man kann ganz gut annehmen, daß das ganze gegen die „Höflinge" gerichtete Kapitel erst im J. 1221 redigiert wurde, als die Brüder sich noch mehr ausgebreitet hatten und in den Häusern von Prälaten beschäftigt wurden, als es vorher der Fall war (vgl. unten S. 13 und 27). Wenn die Anschauung über die Entstehung jener Zusätze Geltung haben soll, müßte sie wenigstens durch einige Belege aus der Tätigkeit der Kapitel in den J. 1217—21 bestätigt werden; das ist aber nicht der Fall und daher kann sie nicht angenommen werden: es ist eine so subtile Analyse, daß sie eine bloße Vermutung des Autors ist.[1]

Schlimmer ist es mit den Stellen bestellt, welche Cuthbert als Reste der ersten Ordensregel vom Jahre 1210 betrachtet. Cuthbert geht nämlich von der Anschauung aus, daß ebenso wie jene Stücke der Regel vom J. 1221 (welche wirklich sehr unhomogen ist), die den Charakter rechtlicher Verfügungen oder Ermahnungen, Warnungen und sittlicher Aufforderungen haben, Zusätze kapitularer oder anderer Art vor dem J. 1221 sind, wiederum die anderen Stücke, welche Einfachheit und Idealismus kennzeichnet, der ersten Regel vom J. 1210 angehören. „Now (sagt wörtlich Cuthbert, S. 393—394) it is undoubtedly those passages which glow with the simplicity of the idealism of the primitive Franciscan life, which belong to the Primitive Rule." Während Sabatier glaubte, daß die ursprüngliche Ordensregel vom J. 1210 bloß Stellen aus der Bibel, welche Franz den ersten Genossen vorzulesen pflegte, mit einigen Bestimmungen über die Handarbeit und Beschäftigung der neuen Brüder enthielt (Vie, S. 101), behauptet Cuthbert, daß sich in der ersten Ordensregel „die führenden Züge" des ganzen ersten Lebens widerspiegeln und darin formuliert sind, wie wir sie aus der Geschichte kennen; und diese Züge sind uns in der Reg. II erhalten, denn gerade in ihr kann man Stellen finden, welche offenbar den Charakter der ursprünglichen Einfachheit und des Idealismus von Franzens Geist tragen (S. 394).

Dies ist der Ausgangspunkt und das Kriterium von Cuthberts Analyse und seines Suchens der Reg. I in der Reg. II. Aber dieses Kriterium ist unrichtig, erstens deshalb, weil er in die ganz einfache und

---

[1] Wie die Analyse Cuthberts manchmal subtil ist, beweist z. B., daß der Autor c. 2 der Regel von 1221 in fünf Teile zergliedert, von welchen der erste aus der ersten Regel stammen, der zweite eine Bestimmung gegen die Mißstände nach 1217, der dritte ursprünglich, der vierte und fünfte später entstanden sein soll. Der zweite Teil des „ursprünglichen" lautet: „Quo facto, predictus, si vult vitam istam accipere, omnia sua vendat — si potest spiritualiter, sine impedimento — et ea studeat pauperibus erogare." Cuthbert, der jedoch die verkürzte Version nach der Edition Quarracchi, p. 267 zitiert — bei Boehmer, p. 2 liest man so, wie angeführt wurde, — erkennt in diesem „ursprünglichen" Teile einen inserierten Zusatz — des Papstes, und zwar in den Worten „si potest spiritualiter, sine impedimento". Das ist aber reine Erfindung und natürlicher wird diese Einlage durch den Einfluß der Minister im J. 1221 erklärt. S. unten S. 57.

kurze Reg. I hineinverlegt, was sie gewiß nicht enthielt (alle „dominant characteristics of the primitife life" in der evangelischen Formel), und zweitens, weil er fälschlich voraussetzt, daß jene ursprüngliche Einfachheit und jener Idealismus von Franzens Geist nur im J. 1210 formuliert worden und im J. 1221 schon ganz aus der Welt verschwunden seien, während wir doch voraussetzen können, daß der „einfache" und „idealistische" Geist Franzens die Regel Stück für Stück nach dem J. 1210 bis zum J. 1221 und besonders im J. 1221 verfaßte, als die ganze Regel die literarische Form gewann, in der sie uns erhalten ist. Jene Stücke, welche Cuthbert für Reste der ersten Regel ansieht, können ganz gut später, nämlich im J. 1221 verfaßt worden sein, als Franz (wie wir bestimmt aus Jordan, c. 15 wissen) seine ursprüngliche einfache Ordensregel vom J. 1210 dem Caesarius aus Speier zur stilistischen und literarischen Verarbeitung übergab; diese Überarbeitung wurde dann auf dem Generalkapitel im Mai desselben J. 1221 ergänzt und geordnet.

Wie verfehlt der Versuch einer Rekonstruktion der Reg. I durch Cuthbert ist, könnte auch durch die Anführung aller jener Stellen aus der Reg. II, welche Cuthbert als „primitive" bezeichnet, „ad oculos" bewiesen werden; es handelt sich um die Vorrede, das ganze c. 1, drei Sätze aus c. 2, einen Satz aus c. 5, den letzten Satz aus c. 6, die Mitte von c. 7, den ersten Teil von c. 9, den ersten Teil von c. 11, die ganzen c. 14, 19, 21, Anfang und Ende von c. 24. Wenn man alle diese Stellen zusammenstellen und hintereinander abdrucken würde (wie K. Müller und Böhmer es bei ihrem Versuche taten), so hätten wir wieder eine ausführliche Ordensregel, während wir doch wissen, daß die Reg. I einfach und kurz war. Schon damit fällt Cuthberths Versuch, wenn auch von ihm gesagt werden muß, daß er sehr gewissenhaft und fein zu Werke ging, auf stilistische Eigentümlichkeiten achtete und durch sorgfältig zusammengebrachte Belege aus anderen biographischen Quellen seine Ausführungen unterstützte.[1]

§ 3. An letzter Stelle erlaube ich mir meine Anschauung über die Reg. I anzuführen, wie ich sie in meiner böhmischen Schrift über den hl. Franz, welche im J. 1912 geschrieben wurde und im J. 1913 im

---

[1] Nachträglich muß ich darauf verweisen, was jedem Leser der Analyse Cuthberts sofort klar ist, daß der Autor „primitive" und „spätere" Stücke aus dem Texte der Regel übermäßig herausgreift und vergißt, daß doch in der Reg. II ein gewisser gedanklicher und stilistischer Zusammenhang vorhanden ist.

Drucke erschienen ist (S. 120—123), ausgesprochen habe. Es ist eine ganz einfache und fast „franziskanisch" schlichte Anschauung.

Methodisch halte ich vor allem an den oben zitierten, höchst autoritativen Worten fest, daß nämlich die Reg. I in wenige, ganz schlichte Worte gekleidet war (paucis verbis et simpliciter). „Pauca verba" schließen daher „a priori" zwei oder drei Seiten der Rekonstruktion Müllers, Böhmers und Cuthberts aus.[1] Zweitens halte ich mich an Celanos Worte, welche uns nicht nur den Umfang, sondern auch den Inhalt oder Charakter der Reg. I andeuten: „sancti evangelii praecipue sermonibus utens, ad cuius perfectionem solummodo inhiabat; pauca tamen alia inseruit, quae omnino ad conversationis sanctae usum necessario imminebant" (1 Cel. 32, l. c.).

Von diesen auf den Quellen ruhenden Voraussetzungen ausgehend glaube ich, daß man mit Sicherheit als Reg. I bloß die Einleitung und den ersten Absatz (1. Kapitel) ansehen kann, wie man sie im Zusammenhang und ohne Unterbrechung in der Reg. II liest. Es sind im ganzen ungefähr 20 Zeilen dieses Wortlautes:

„In nomine Patris et Filii et Spiritus sancti. Amen.[2] Hec est vita evangelii Jesu Christi[3], quam frater Franciscus petiit a domino papa Innocentio concedi sibi et confirmari, et dominus papa concessit et confirmavit eam sibi et suis fratribus habitis et futuris."

Diese einleitenden Worte sind höchstwahrscheinlich ein Teil der Reg. I, freilich, wie ersichtlich, ein ganz äußerlicher Bestandteil; es ist die Überschrift der Ordensregel vom J. 1210 und es ist ganz unmöglich zu entscheiden, ob sie zur Regel schon im J. 1210 bei der Be-

---

[1] Einen ähnlichen Standpunkt über die kurze Fassung der ersten Regel nahm schon Suyskens ein in den A. SS., Oct., t. II p. 588 col. 2, aber mit dem Zusatz, daß diese Regel verloren ging.

[2] Diese Invokationsformel konnte, aber mußte nicht in der Reg. I vorhanden gewesen sein. Auch Reg. III beginnt mit den Worten: „In nomine Domini".

[3] So führe ich nach Böhmers Edition, Anal. S. 1 sqq. an. Lemmens gibt in den Opuscula S. 24 teilweise einen anderen Text: „Haec est vita, quam", etc. Böhmers Edition gibt verschiedene Varianten aus den Handschriften, der Text ist überhaupt genauer und zum wissenschaftlichen Gebrauche nützlicher (vgl. aber Sabatiers Kritik in Opuscules II 130—131). Die Worte „evangelii J. Christi" fehlen in den Handschriften des sog. „Porciunculabuches" (B), sind aber in Clarenos Exp. regulae vom J. 1317, resp. 1321—1323 (A) vorhanden.

stätigung, oder erst nach ihr hinzugefügt wurden (daß sie erst im J. 1221 hinzugefügt wurden, ist ausgeschlossen, da Innocens III. im J. 1216 starb). Diese Überschrift aber deutet zugleich an (durch das anzeigende Fürwort: Hec), daß das unmittelbar Folgende die von Innocenz III. bestätigte Ordensregel vom J. 1210 ist. Wir können diesen Teil in folgende Abschnitte teilen:

[I.] „Frater Franciscus et quicumque erit caput istius religionis promittat obedientiam et reverentiam domino Innocentio pape et successoribus eius et omnes alii fratres teneantur obedire fratri Francisco et eius successoribus".[1]

Daß dieser Teil ein Teil der Ordensregel ist, zeigt sein Inhalt, und daß er sich auf die Reg. I bezieht, bezeugen die Worte vom Papste Innocentius III.[2] Die eigentliche Ordensregel folgt nun mit diesem wirklich kurzen und schlichten Wortlaut:

[II.] „Regula et vita istorum fratrum[3] hec est, scilicet vivere in obedientia, in castitate et sine proprio et domini nostri Jesu Christi doctrinam et vestigia sequi.[4] [III.] Qui dicit (Matth. 19, 21): „Si vis perfectus esse, vade et vende omnia, que habes, et da pauperibus, et habebis thesaurum in celo, et veni, sequere me." Et (Matth. 16, 24): „Si quis vult post me venire, abneget semetipsum et tollat crucem suam et sequatur me." Item (Luc. 14, 26): „Si quis vult venire ad me, et non odit patrem et matrem [et] uxorem et filios et fratres et sorores, adhuc autem et animam suam, non potest meus esse discipulus." Et (Matth. 19, 29): „Omnis, qui reliquerit patrem et matrem, patres aut sorores, uxorem aut filios, domos aut agros propter me, centuplum accipiet et vitam eternam possidebit."

---

[1] Vgl. 3 soc. 52, wo von derselben Sache mit beinahe denselben Worten gesprochen wird (beim J. 1210).

[2] In allen Sammlungen und Editionen wird dieser Teil als Einleitung zum folgenden behandelt, es ist aber klar, daß dies Gelöbnis des Gehorsams mit dem weiteren nichts zu tun hat und daß es ein ganz selbständiges Stück ist. Ich habe in meiner Schrift, S. 123, die Anschauung ausgesprochen, daß dieser Teil zur Regel erst bei der Bestätigung hinzugefügt wurde und daß daher die genehmigte Regel mit der ursprünglichen Formel des Lebens, die Franz nach Rom brachte, nicht ganz identisch war.

[3] Celano, der zweifellos die ursprüngliche Regel kannte, spricht auch von „vitae forma et regula" und von „fratres" (l. c.).

[4] Vgl. Celanos Worte, l. c.: „ad cuius (sc. evangelii) perfectionem solummodo inhiabat."

Ich glaube, daß diese Zitate aus der Bibel Bestandteil der Reg. I waren, denn 1 Cel. 32 legt auf sie Gewicht mit den Worten „sancti evangelii praecipue sermonibus utens", wobei das hinter den Worten „simpliciter et paucis verbis" stehende Wörtchen „praecipue" zugleich das Verhältnis der eigenen und der biblischen Worte andeutet, welches die eben angeführten Zitate klar beleuchten.[1]

Es bliebe nun die Frage übrig, ob diese Urregel doch nicht zu kurz ist und ob die Regel vom J. 1210 doch nicht ausführlicher war.[2] Man könnte auf die Worte Celanos hinweisen, welche auf die Charakterisierung der ursprünglichen Regel folgen: „Pauca tamen alia inseruit, quae omnino ad conversationis sanctae usum necessario imminebant" — deutsch: „Er schaltete jedoch wenige andere Worte ein, welche alle zur Übung in der heiligen Gemeinschaft notwendig waren." Aber diese Worte beziehen sich nach meiner Anschauung nicht mehr auf die Regel des J. 1210, sondern auf die weiteren Zusätze, welche Franz in die ursprüngliche Regel inserierte, d. h. einschaltete, resp. zu ihr hinzufügte, und zwar so, wie es nur das notwendigste Bedürfnis der weiteren Übung der Brüder erforderte; auch diese Zusätze waren ganz kurz. Und wirklich führt Celano selbst einige von ihnen an und bestätigt so diese Ausführungen von dem ursprünglichen Charakter und der weiteren Entwicklung der Reg. I.[3]

In Celano lesen wir zuerst den Zusatz über den Namen des Minoritenordens (1 Cel. 38). „Ordinem fratrum minorum primitus ipse (sc. Franciscus) plantavit, et ea scilicet occasione hoc ei nomen impo-

---

[1] Es ist auch bemerkenswert, daß die vier angeführten Zitate sich zum großen Teile mit denjenigen Zitaten decken, die Franz bei der Konversion Bernhards in der Bibel „fand". Vgl. 2 Cel. 15 (cf. 3 Soc. 29): „Aperiunt librum et consilium suum in eo aperit Christus: „Si vis perfectus esse, vade et vende omnia, quae habes, et da pauperibus" (Matth. 19, 21). Secundo id replicant et: „Nihil tuleritis in via" (Luc. 9, 3) occurrit. Addunt hoc tertio et: „Qui vult venire post me, abneget semetipsum (Matth. 16, 24), inveniunt." (Cf. Anon. Perus. c. 10, 11, zit. Böhmer, Anal., p. 84 Anm.) Über „haec est vita et regula nostra" der 3 soc. 29, s. Müller, Th. LZ. 1895, S. 182.

[2] G. Schnürer, Franz von Assisi, 1905, S. 39 deutet an, daß die Urregel nicht nur die angeführte kurze Form hatte, sondern noch „einige kurze am Schlusse angeknüpfte Satzungen" (nämlich aus der Reg. II c. 2 und c. 7) enthielt.

[3] Daß die Zitate Celanos glaubwürdig sind, wird dadurch bezeugt, daß Celano gewissenhaft auch andere Quellen zitiert, z. B. das Testament (1 Cel. 17) und c. 17 der Reg. II (2 Cel. 128).

suit. Cum nempe sic in regula scriberetur: „Et sint minores!", ad huius sermonis prolationem: „Ea quidem hora volo, inquit, ut ordo Fratrum Minorum fraternitas haec vocetur." Dieser Zusatz stammt in seinem Kerne meines Erachtens aus dem Ende des J. 1210 oder Anfang des J. 1211 und knüpft sachlich und zeitlich an jene erzieherische Tätigkeit an, durch welche Franz mit Wort und Tat seine neuen Söhne erzog und von der 1 Cel. 38—41 so interessant in folgender Nachschrift berichtet: „Haec sunt documenta pii patris, quibus, non verbo tantum et lingua, sed opere et veritate maxime novos filios informabat." (1 Cel. 41, ed. P. d'Alençon, p. 44). Daß dieser Zusatz nicht aus dem J. 1221 stammt und auch nicht der Reg. II entnommen ist, das bezeugt gerade die Reg. II, in deren c. 7 (ed. Böhmer, p. 7) von den „minores" in ganz anderem Zusammenhange gesprochen wird. Die Brüder (heißt es hier) sollen weder Kämmerer noch Verwalter in den Häusern (verstehe: von Prälaten) sein, noch sollen sie irgendein Ärgernis erregendes oder der Seele schädliches Amt annehmen. „Sed sint minores et subditi omnibus, qui in eadem domo sunt". Endlich konnte Celano auch nicht das Testament zur Quelle haben, in dem (c. 4) einfach gesagt wird: „Et eramus ydiote et subditi omnibus". Man muß also annehmen, daß er mit den Worten „in regula" an die Regel vom J. 1210, resp. an ihre nach dem J. 1210 fortwährend erweiterte Form denkt, welche bei der letzten Redaktion im J. 1221 neu geordnet wurde, aber so, daß einige frühere Stücke (wie eben „Et sint minores") dabei weggelassen wurden.[1]

Einen zweiten kurzen Zusatz zur Reg. I bringt derselbe Celano in seiner zweiten Legende vom hl. Franz, wo er schreibt (2 Cel. 128): „Tantum autem diligebat virum spirituali laetitia plenum, quod pro generali commonitione in quodam capitulo scribi fecit haec verba: „Caveant fratres, ne se ostendant extrinsecus nubilosos et hypocritas tristes,

---

[1]) Eine andere Möglichkeit ist, daß die Worte „Et sint minores!" erst in die Zusätze der bisher nur „solo verbo" approbierten Regel eingetragen waren, welche Franz im J. 1215 dem Papste von neuem brachte, daß sie aber von Papst Innocens III. selbst gestrichen wurden. Ist dem so, so wäre dadurch eine neue Grundlage zur Fortentwicklung des ursprünglichen Textes gewonnen. Vgl. auch Fr. Leonis Intentio Regulae (ap. L. Lemmens, Doc. ant. franc. t. I, p. 85): „... sicut revelatum fuit b. Francisco, ut deberet vocari religio Fratrum Minorum; et ita scribi fecit in ipsa regula et portavit eam d. papae Innocentio; et ipse approbavit et concessit et postea in concilio omnibus annuntiavit." Cf. auch Spec. perf., c. 26 (vgl. unten S. 28 n. 1) und Clarenos Exp., unten S. 33 n. 2.

sed ostendant se gaudentes in domino, hilares et iocundos et convenienter gratiosos." Dieser Zusatz ist dadurch interessant (abgesehen davon, daß er so gut in den Rahmen jener „Übung in heiliger Gemeinschaft" hineinpaßt), daß er wörtlich in die Reg. II des J. 1221 aufgenommen wurde (c. 7), so daß wir von ihm sagen können, daß er in die Reg. I zwischen dem J. 1212, wo die Kapitel begannen, und dem J. 1221, wo er durch Inserierung in die Reg. II vor Vergessenheit bewahrt blieb, eingetragen wurde.[1]

Es ist undenkbar, daß Celano sich diesen Zusatz erst aus der Redaktion der Reg. II vom J. 1221 aufgezeichnet hätte, erstens deshalb, weil er von dort auch nicht viele andere Sätze nimmt, zweitens, weil er an anderer Stelle diese Reg. II, resp. ihren Entwurf unter dem wahren Namen der Ordensregel zitiert. Er sagt hier (2 Cel. 175): „Unde in quadam regula scribi fecit haec verba: Rogo omnes fratres meos infirmos" usw. (= Reg. II c. 10, aber erweitert). Es ist bemerkenswert, daß Celano hier sagt „in quadam regula", während er früher beim Zitieren der Worte „Et sint minores!" genau „in regula" schreibt. Im ersten Falle denkt Celano wahrscheinlich an den nicht offiziellen Charakter der Reg. II (welche nie vom Papste bestätigt wurde), während er im zweiten Falle die Reg. I in ihrer ursprünglichen oder erweiterten Form im Sinne hat.

Diese an Celano sich anlehnenden Ausführungen können wir durch die Legende der drei Genossen (3 soc.) bestätigen und erweitern; sie ist ja auch eine sehr authentische Quelle. In den 3 soc. 35 lesen wir folgende wichtige Stelle: „Qui cuncta transitoria et praecipue pecuniam contempsit in tantum, ut in omnibus regulis suis commendaret potissime paupertatem et omnes fratres redderet de pecunia vitanda. Plures enim regulas fecit et eas expertus est, priusquam faceret illam, quam ultimo reliquit fratribus. Unde in una ipsarum dixit in detestationem pecuniae (davon ist vorher in den 3 soc. die Rede): „Caveamus, qui reliquimus omnia, ne pro tam modico regnum coelorum perdamus. Et si pecuniam in aliquo loco inveniremus, non curemus plus, quam pulverem, quem pedibus calcamus." Daß die Autoren der Legende der drei Genossen mit den Worten „plures regulas" nicht gerade an die Reg. I vom J. 1210 dachten, erhellt aus 3 soc. 51, wo von dieser

---

[1] Daß die Worte „in quodam capitulo" nicht die Ordenskapitel, sondern die Regelnkapitel bezeichnen können (s. Müller, Th. LZ. 1895, S. 183), halte ich für ausgeschlossen. S. weiter.

Regel besonders gesprochen wird ([papa] regulam, quam [Franciscus] scripserat, approbavit), und auch daraus, daß Franz die Reg. I vom J. 1210 nicht „ausprobierte"; daß gerade mit jenen Worten verschiedene Redaktionen der ersten Regel, oder gar verschiedene Entwürfe der Regel gemeint sind, erhellt aus den Worten „fecit [d. i. diktierte, oder ließ verfassen, oder stellte zusammen — zum Unterschiede von „scripserat"] et eas expertus est." Vielleicht ist damit (mit den Worten „plures regulae") gemeint: 1. Die erweiterte Form der Reg. I und die Zusätze der Jahre 1210—1220, in welcher das angeführte Zitat „caveamus" sich befand (ihm entspricht das Zitat der „prima regula" im Spec. perf. c. 44); 2. der Entwurf der Regel, welchen Franz dem Kapitel im J. 1221 vorlegte und in welchem das Zitat „caveamus" wiederholt wurde; 3. die Regel vom J. 1221, wo wir im c. 8 wirklich jenes Zitat lesen: „Caveamus ergo nos, qui omnia reliquimus, ne pro tam modico regnum celorum perdamus. Et si in aliquo loco inveniremus denarios, de hiis non curemus, tamquam de pulvere, quem pedibus calcamus, quia 'vanitas vanitatum et omnia vanitas'; 4. der Entwurf der Ordensregel vom J. 1223, den Franz auf dem Taubenberg aufsetzte.[1]

Endlich kann man als einen zur Reg. I nach dem J. 1210 und vor dem J. 1221 (resp. 1219) hinzugefügten Zusatz die Bestimmung über die Fasten betrachten, welche wir in Jordans Chronik c. 11 lesen: „secundum primam regulam fratres feria quarta et sexta et per licentiam beati Francisci feria secunda et sabato ieiunabant et omni carnali feria carnes comedebant." Jordanus spricht hier von der „prima regula", wobei er ganz sicher an die erweiterte Form der Reg. I vom J. 1210 denkt, von der er selbst im c. 15 sagt, daß dies die „regula, quam ipse (Franciscus) simplicibus verbis conceperat", war (im c. 4 spricht er von der „regula authentica"); man kann sich schwerlich vorstellen, daß die Bestimmung über die Fasten schon in der Regel vom J. 1210 enthalten gewesen wäre, und es scheint wahrscheinlicher, daß diese Bestimmung zum Texte der ersten Regel später, vielleicht kurz vor dem J. 1219, hin-

---

[1] Suyskens, A. SS., Oct., II p. 589 col. 2 bestreitet, daß unter die „plures regulae" jene gehörte, „quam amisit Elias" (die Regel vom Taubenberg), mit Unrecht, weil diese sich nicht mit der Reg. III vom J. 1223 deckte. Nach meiner Aufzählung waren die „plures regulae" (d. h. mehr als zwei) die vier angeführten. Richtig zeigt aber Suyskens, daß mit den Worten, „in una ipsarum" nicht Reg. I = II gemeint sein kann, weil sich die drei Genossen genauer mit den Worten „prima" oder „unica" regula ausgedrückt hätten (l. c.).

zugefügt wurde; denn sogleich, als Franz in das heilige Land gezogen war, reagierten seine Stellvertreter gegen ihn mit einer anderen Bestimmung (Jordan c. 11). Ich werde darauf noch im Kap. 2 und 3 zurückkommen. Daß Jordan mit den Worten „prima regula" nicht an die Regeln der Jahre 1221 oder 1223 dachte, erhellt aus dem Zusammenhange (er spricht von ihr zum J. 1219) und aus der einfachen Tatsache, daß diese Bestimmung in keiner dieser späteren Regeln vorkommt.

Ich fasse also meine bisherigen Ausführungen über die Reg. I in folgende Sätze zusammen: 1. Die erste vom Papste Innocenz III. bestätigte Regel vom J. 1210, von deren Existenz Franz in seinem Testamente spricht und deren Charakter und Inhalt 1 Cel. 32 andeutet, ist nichts anderes, als ein ungefähr 20 Zeilen umfassender Prolog und das erste Kapitel der heute bekannten Reg. II vom J. 1221.

2. Diese Regel wurde nach dem J. 1210 fortwährend erweitert, aber wieder nur durch ganz kurze Zusätze. Grund und zugleich Ziel dieser Erweiterung war das Streben nach „Übung in heiliger Gemeinschaft" und das Bedürfnis von Ermahnungen und Schutz gegen mögliche oder wirkliche Übertretungen, welches um so größer war, je mehr die Zahl der Brüder wuchs; die Erweiterungen geschahen regelmäßig auf den Kapitelversammlungen, welche einmal im Jahre zusammentraten.

3. Es ist nicht ausgeschlossen, daß einige dieser späteren Zusätze auch in der heutigen Reg. II erhalten sind, aber es läßt sich nicht positiv nachweisen; geradeso kann nicht nachgewiesen werden, ja es scheint ausgeschlossen, daß in der Reg. II noch andere Reste der ursprünglichen von Papst Innocenz III. bestätigten Regel vorhanden wären als jenes zusammenhängende und einheitliche Stück.

KAPITEL II
ÜBER DIE ORDENSREGEL VOM J. 1221

Nachdem wir so gut wie möglich eine klare und genaue Anschauung von der Ordensregel vom J. 1210 und von ihren weiteren Veränderungen gewonnen haben, wollen wir nun die Frage der sog. ersten Regel vom J. 1221 zu lösen versuchen, welche uns unter der Bezeichnung „Regula non bullata, quae dicitur prima" erhalten ist und hier kurz Reg. II genannt wird. Die Anschauungen über diese Frage sind aber einander so entgegengesetzt (einige behaupten, daß von einer Regel vom J. 1221 überhaupt nicht die Rede sein kann), daß ich die Sache von Grund auf erklären muß.

§ 1. Niemand kann bestreiten, daß die Reg. II existiere, weil sie uns in Handschriften erhalten ist und einigemal in Druck herausgegeben wurde. Richtig aber sagt Boehmer, Anal. p. LIII, daß ihre Erhaltung nur der Pietät der Spiritualen zu danken sei; der Orden kümmerte sich um sie nicht, weil sie durch eine neue offizielle, vom Papste im J. 1223 bestätigte Regel ersetzt wurde (regula bullata). Wirklich ist auch die Reg. II nur in Schriftstücken der Spiritualen erhalten, nämlich im sog. Porciunculabuch und in einigen Auslegungen (expositiones) alter Autoren. Der Text des Porciunculabuches ist nicht verläßlich, obwohl er in fünf Handschriften erhalten ist, und keine Handschrift entstand vor dem J. 1350. Daher sind die Auslegungen der Regel wichtig und zwar besonders die Expositio fr. Angeli Clareni von c. 1317, bzw. 1321—22[1], welche wörtlich in der älteren Fassung c. 1—10, 12—14, 16, 17, 19 anführt; der Auslegung des Clarenus steht der Speculum vitae textlich sehr nahe, welcher im J. 1504 und 1509 im Drucke erschienen ist und nach Handschriften wahrscheinlich des 14. Jhs. zusammengestellt wurde.

Eine andere Frage ist die nach der Entstehung und der ursprünglichen Gestalt dieser Regel.

Beachten wir zuerst, was die Handschriften und die älteren Ausleger sagen! Die Handschrift des Porciunculabuches gibt dieser Regel folgende Aufschrift: „Hec est prima regula, quam fecit beatus Franciscus, et papa Innocentius confirmavit eam sine bulla." Im Spec. vitae lautet die Aufschrift ähnlich: „Incipit regula prima sanctissimi patris nostri Francisci, quam ipse fecit, et dominus papa Innocentius tertius sibi confirmavit sine bulla." Es ist klar, daß die Worte „prima regula" und „sine bulla" mit Rücksicht auf die Regel vom J. 1223 geschrieben wurden, welche „secunda" und „bullata" hieß; daß mit diesen Worten jene „einfache und kurze" Regel vom J. 1210 gemeint sei, ist eben eine große Täuschung schon dieser ersten Erhalter und Ausleger der

---

[1] S. jetzt: Clarenus Angelus Fr., Expositio Regulae Fratrum Minorum, quam nunc primum edidit P. Livarius Oliger, O. F. M. Ad Claras Aquas (Quaracchi) 1912.

Reg. II; diese Täuschung ist durch den Prolog der Regel selbst sehr leicht erklärlich, in welchem von der Bestätigung durch Innocenz die Rede ist, und es ist vielleicht möglich in dieser Täuschung auch eine gewisse „pia fraus" der Spiritualen zu sehen, welche diese ganze Regel als die erste und ursprüngliche betrachtet wissen wollten. Wenigstens schreibt Hugo de Digna an einer Stelle (dies führt P. Lemmens in den Opusc., p. 361, p. 1 an): „Hoc ipse diffusius in originali regula sic ponebat." Aber es ist eine wirklich franziskanische „simplicitas", wenn P. Lemmens, l. c., die „einfache und kurze", von Papst Innocenz III. im J. 1210 bestätigte Regel im Wesen mit dieser Reg. II identifiziert, welche 24 Kapitel enthält und 26 Seiten der Edition Boehmers und 38 kleine Seiten seiner eigenen Edition ausfüllt, und wenn er auf Grund dessen behauptet (gegen K. Müller und Sabatier), daß keine Regel vom J. 1221 existiere und daß die sog. Reg. II vom J. 1221 nur die veränderte und erweiterte ursprüngliche Regel vom J. 1210 sei. Es ist eine kritische Täuschung, wenn er sich auf das Zeugnis des Clarenus und des Hugo de Digna beruft, welches offensichtlich falsch ist (vgl. schon das Wort Hugos de Digna „diffusius", das auf c. 9 der Regel hinweist, welches sehr genau das Bitten um Almosen behandelt).

Die Anschauung, daß die Reg. II die ursprüngliche, jedoch veränderte und durch die Zusätze der J. 1210—21 erweiterte Regel vom J. 1210 sei, ist verführerisch und auf den ersten Blick überzeugend. P. Lemmens spricht sie ganz entschieden aus („regula, quam anno 1221 ortam esse volunt, non est nova, sed illa, quam Innocentius III. approbavit, non quidem in forma sua primaria, quae iam deest, sed in illa forma, quam decurrentibus 14 annis pluribus additis et mutatis induit", l. c., p. 160—161; vgl. p. 163—164). P. van Ortroy stimmt zu[1]

---

[1] Van Ortroy sagt in An. Boll., XXIV. 413: „La conclusion qui s'impose à tout esprit non prévenu, c'est qu'il n'a existé que deux rédactions formelles et complètes de la règle: la première, approuvée par Innocent III, en 1209, et qui subit des retouches et des accroissements successifs — il y a lieu d'insister sur ce point — pendant les quatorze ans qu'elle resta en vigueur; la seconde, confirmée par la bulle d'Honorius III, du 29 novembre 1223, n'est qu'un abrégé de la première, dans lequel on a introduit plus d'ordre et de précision, souvent même les expressions sont identiques de part et d'autre." — S. auch den Artikel des P. Edouard d'Alençon „Frères Mineurs" in dem Dictionnaire de théologie catholique, Paris, Letouzey, 1913, vol. VI, fasc. XLIV, col. 811: „Nous n'avons plus le texte de cette toute première règle, approuvée verbalement par Innocent III en 1209. Elle subit d'ailleurs

und selbst Sabatier spricht im Spec. perf. im Grunde dieselbe Anschauung aus.[1]

Aber es sind hier Schwierigkeiten, die nicht außer acht gelassen werden können. Falls wahr ist, daß die Reg. II nur eine neue Redaktion der Reg. I ist, die durch neue Zusätze sowie durch Retuschieren des ursprünglichen Textes entstand, wie sind dann jene Stücke zu erklären, welche wir z. B. aus Celano kennen, aber welche in der Reg. II nicht vorhanden sind? Man wird einwenden, daß dies Reste einer anderen, uns nicht erhaltenen Redaktion sind und wird zur Bestätigung dessen die angeführte Stelle aus 3 soc. 35 zitieren: „plures regulas fecit et eas expertus est." Aber ich habe oben (S. 15) gesagt, daß mit den Worten „plures regulas" sowohl der Entwurf der Regel vom J. 1221, als auch verschiedene (mindestens zwei) Entwürfe vom Taubenberg vor dem J. 1223 gemeint sein können, und betone hier, daß man sich klarer über diese Zusätze und Veränderungen aussprechen muß, wenn man zur Wahrheit oder wenigstens zur Wahrscheinlichkeit über die Reg. II kommen will.

§ 2. Wahr ist, daß uns der Text der Reg. II nicht in sicherer Fassung erhalten ist; wir wissen auch nicht, wie es zu seiner Abfassung

---

de fréquentes rétouches dans les chapitres que François réunissait chaque année. Une crise, qui subit l'ordre pendant son dernier voyage en Orient (1219), lui montra la necessité de donner une législation plus précise à ses frères; c'est pourquoi reprenant la règle primitive avec toutes les modifications qui lui avaient été apportées, de ces miettes il fit une hostie, comme il lui avait été indiqué dans une vision. Cette règle, dans le texte de laquelle il fit enchâsser des textes appropriés de l'Evangile par frère Césaire de Spire, nous est parvenue et on la cite souvent sous le titre inexacte de Première règle, ou mieux sous celui de Règle de 1221, date de sa composition." — S. auch P. Mandonnet, Les origines de l'ordo de poenitentia, 1897, S. 28 Anm.

[1] Sabatier schreibt im Spec. perf., p. XXXVI sq.: „Peut-être devra-t-on un jour modifier dans le détail quelques-unes des idées généralement adoptées sur la règle de 1221. Elle est, je pense, la règle approuvée par Innocent III, dans laquelle on aura enchâssé, chaque année, à la suite des chapitres généraux, les constitutions nouvelles édictées par cette assemblée … et cela expliquerait les textes passablement différents que nous avons de la règle de 1221. Ceux qui l'appellent première règle, ou règle de 1210, auraient raison, et ceux qui l'appellent règle de 1221 n'auraient pas tort." S. auch Sabatier in der ed. Bartholi, Coll. II, p. 125. Aber in „Opuscules de critique hist.", t. Ii, p. 120—121 spricht sich S. gegen die Identifizierung der Reg. I und Reg. II aus.

kam, kennen also dies Dokument weder nach der textlichen noch nach der historischen Seite mit Sicherheit; aber soviel ist sicher, daß das Dokument hier ist und daß es eine literarische Form als Ganzes hat; man kann daher mit ihm kritisch operieren. Neben ihm haben wir einzelne Stücke aus anderen Quellen, welche ich oben (S. 12—16) anführte, welche ich aber nun mit dem Texte der Reg. II konfrontieren muß, um ihr gegenseitiges Verhältnis zu erforschen und zugleich einen gewissen Maßstab zur Beurteilung ihrer Entstehung und ursprünglichen Form zu gewinnen. Man kann diese Stücke in zwei Gruppen zerlegen: a) in der ersten sind solche Stücke, welche mit keiner Stelle in der Reg. II übereinstimmen und daher ein ganz neues „plus" darstellen; b) in der zweiten sind Stücke, welche mit den dazugehörigen Stellen der Reg. II ganz oder teilweise übereinstimmen.

a) Ganz neue Stücke:

1. 1 Cel. 38: „Et sint minores" (vgl. oben S. 13). So war „in regula" geschrieben.

2. Jord. c. 11: „secundum primam regulam fratres feria quarta et sexta et per licentiam beati Francisci feria secunda et sabato ieiunabant et omni carnali feria carnes comedebant" (vgl. oben S. 15).

3. Spec. perf. c. 3: (erat scriptum in regula quoddam capitulum de prohibitionibus sancti evangelii, videlicet): „Nihil tuleritis in via", etc. Weiter wird gesagt, daß „ministri fecerunt removeri de regula illud capitulum: „Nihil tuleritis in via", etc.

4. Spec. perf. c. 44: (in prima regula continetur): „Nihil sub caelo habere volentes, nisi sanctam paupertatem, per quam nutriuntur a Domino in hoc saeculo cibis corporalibus et spiritualibus et in futuro caelestem consequentur hereditatem."

b) Teilweise oder ganz mit der Reg. II übereinstimmende Stücke:

1. Leg. 3 soc. 35 (in una ipsarum dixit in detestationem pecuniae): „Caveamus, qui reliquimus omnia, ne pro tam modico regnum caelorum perdamus. Et si pecuniam in aliquo loco inveniremus, non curemus plus, quam pulverem, quem pedibus calcamus." (Vgl. oben S. 14.)	Reg. II c. 8. Caveamus ergo nos, qui omnia reliquimus, ne pro tam modico regnum celorum perdamus. Et si in aliquo loco inveniremus denarios, de hiis non curemus tamquam de pulvere, quem pedibus calcamus.

Neue, d. Quellen entnomm. u. mit d. Reg. II konfrontierte Regelstücke

2. Leg. 2 Cel. 128 (in quodam capitulo):

Caveant fratres, ne se ostendant extrinsecus nubilosos et hypocritas tristes, sed ostendant se gaudentes in Domino, hilares et iocundos et convenienter gratiosos.

Reg. II c. 7.

Et caveant sibi fratres, quod non se ostendant tristes extrinsecus et nubilosos hypocritas, sed ostendant se gaudentes in Domino, hilares et convenienter gratiosos.

3. Leg. 2 Cel. 175 (in quadam regula):

Rogo omnes fratres meos infirmos, ut in suis infirmitatibus non irascantur vel conturbentur contra Deum vel contra fratres. Non multum sollicite postulent medicinas, nec nimis desiderent liberare carnem cito morituram, quae est animae inimica. De omnibus gratias agant, ut, quales vult eos esse deus, tales se fore desiderent. Quos enim Deus ad vitam praeordinavit aeternam, flagellorum atque infirmitatum stimulis erudit, sicut ipse dixit: „Ego, quos amo, corrigo et castigo."

Spec. perf. c. 42 (in prima regula).

Rogo fratres meos, ut in suis infirmitatibus non irascantur vel conturbentur contra Deum vel contra fratres, nec multum sollicite postulent medicinas, nec nimis desiderent liberare carnem cito morituram, quae est animae inimica, sed de omnibus gratias agant, et quales vult eos Deus esse, tales esse desiderent; quos enim Dominus ad vitam praeordinavit aeternam, flagellorum et infirmitatum stimulis erudit, sicut ipse ait: „Ego, quos amo, arguo et castigo."

Reg. II c. 10.

2. Si autem frater infirmus turbaretur vel irasceretur sive contra Deum suum sive contra fratres, vel si forte postulaverit sollicite medicinas, nimis desiderans liberare carnem cito morituram, quae est anime inimica, a malo sibi evenit, et carnalis est, et non videtur esse de fratribus, quia plus diligit corpus quam animam.

1. Et rogo fratrem infirmum, ut referat de omnibus gratias Creatori, et quod, qualem vult eum esse Deus, talem se esse desideret, sive sanum sive infirmum, quia omnes, quos ad vitam preordinavit eternam deus, flagellorum atque infirmitatum stimulis et compunctionis spiritu erudivit, sicut dicit dominus: „Ego, quos amo, arguo et castigo." Si autem, s. oben 2.

Hierher gehört auch die Variante aus Hugo de Digna, Exp. regulae, c 6, welche fast wörtlich der Reg. II c. 10 entnommen ist und also lautet (Boehmer, p. 27, vgl. Lemmens, Opusc., c. 163) (ante bullam in regula): „Rogo fratrem infirmum, ut referendo de omnibus gratias

Creatori, qualem vult eum Dominus, talem se esse desideret, sanum sive infirmum."

Alle angeführten Stücke sind sehr interessant und werden vielleicht sprechen, wenn wir sie in der rechten Weise befragen. Karl Müller fühlte zuerst den auffälligen Unterschied zwischen 2 Cel. 175 und Reg. II c. 10 und folgerte daraus eine neue Ordensregel, welche er zwischen die J. 1221 und 1223 versetzte.[1] Boehmer bestreitet jedoch die Existenz einer intermediaren Regel vom J. 1222, weil diese nach dem Spec. perf. c. 1 verloren gegangen war, und glaubt, daß das angeführte Bruchstück zu der verlorenen Rezension der Reg. II gehört (regula prima), welche Franz selbst vor dem J. 1223 abfaßte.[2]

Ich erlaube mir eine andere Meinung auszusprechen: das in 2 Cel. 175 aufbewahrte Bruchstück ist wirklich das Bruchstück einer Regel, aber diese Regel war nicht eine Rezension der Regel vom J. 1221, auch nicht eine selbständige Regel aus der Zeit zwischen 1221 und 1223, sondern es war die Vorlage oder der ursprüngliche Entwurf, den Franz vor dem J. 1221 zusammenstellte und dem Generalkapitel im Mai 1221 zur Beratung vorlegte, aus welcher der Entwurf aber in einer sehr veränderten und verwirrten Form hervorging, so wie ihn die heutige Reg. II darstellt.

Wer nämlich aufmerksam den Text Celanos durchliest und ihn mit dem der Reg. II vergleicht, erkennt, wie mir scheint, ohne Schwierigkeit, daß der Text Celanos den Gedanken des Franz weit natürlicher und reiner wiedergibt, als der offensichtlich retuschierte Text der Reg. II. Schon der Ton ist anders (was für die Kritik der Schriften des Franz sehr wichtig ist), denn Franz sagt „rogo" und „non postulent", während die Reg. II eine gesetzliche Bestimmung an dieser Stelle hat: „Si ... postulaverit ..., a malo sibi evenit et carnalis est", etc.; Franz bittet „alle seine kranken Brüder", während die Regel juristisch auf das ein-

---

[1] „Diese Worte (nämlich 2 Cel. 175, oben unter b3 angeführt), sind den Sätzen in c. 10 der Regel von 1221 ähnlich, aber sind auch wiederum im einzelnen, speziell auch in der Anordnung so abweichend, daß man in der Tat auf ihre Zugehörigkeit zu einer späteren Regel wird schließen dürfen, die dann — wenigstens nach diesem kurzen Fragment zu schließen — der von 1221 sehr ähnlich gewesen sein dürfte." Anfänge, S. 24.

[2] Boehmer, Anal. p. LIV–LV: „Ich betrachte demnach unsere Fragmente als Fragmente einer verlorenen Rezension der regula prima, ja ich halte für möglich, daß die regula prima bis 1223 in drei verschiedenen Rezensionen kursierte: A, B und jene verlorene X "

zelne Subjekt zielt: „wenn der Bruder krank ist", usw. Auch die sachlichen Unterschiede sind wichtig, wie ich beim Zitat durch anderen Druck andeutete, und endlich ist die Anordnung bei Franz so frei und unsystematisch, in der Reg. II hingegen so logisch verkettet, daß man an dieser Stelle zweierlei Hand nicht verkennen kann. Läßt man diesen Umstand zu, scheint mir der Schluß natürlicher, daß Reg. II c. 10 auf Grund von 2 Cel. 175 geordnet wurde, als umgekehrt; in diesem Falle würde Franz sich selbst verbessert haben, und zwar in einer Weise, welche die Ausarbeitung eines einfachen Textes aus einem juristisch geglätteten bedeuten würde.

§ 3. Ich setze also eine Regel voraus, welche der Reg. II voranging und ihr in einigen Teilen Vorlage war; Celano bezeichnet sie gut als „quaedam regula", womit er wahrscheinlich sagen wollte, daß dies nicht die bekannte, allgemein als „prima" bezeichnete „regula", oder die Reg. II war (in 1 Cel. 38 wird allerdings nur „regula" gesagt).

Man kann nicht mit Sicherheit sagen, was alles diese Regel, welche wir kurz die Vorlage von c. 1221 heißen können, enthielt; nur annehmen können wir, daß in ihr einige Stücke enthalten waren, welche in die Reg. II übergingen (z. B. 2 Cel. 128 und einige andere „primitive" Stücke, auf welche Cuthbert aufmerksam gemacht hat), und weiter vielleicht jene Stücke (aber wahrscheinlich nicht alle), welche wir sub a) angeführt haben. Mit größerer Bestimmtheit können wir sagen, daß die Vorlage mit Zitaten aus der Bibel „ausgeschmückt", kurz, schon in literarische Form gebracht war. Dafür finden wir in Jordans Chronik ein höchst wertvolles Zeugnis, welcher zum J. 1220 folgendes schreibt: „Et sic (nach Zurückweisung der Neuerungen der Brüder Philipp und Johann von Capella) turbatoribus, Domino favente, subito sedatis, ordinem secundum sua statuta reformavit. Et videns beatus Franciscus fratrem Caesarium sacris litteris eruditum, ipsi commisit, ut regulam, quam ipse simplicibus verbis conceperat, verbis evangelii adornaret. Quod et fecit" (Jord. c. 15). Wenn ich mich nicht irre, dachte Jordanus mit den Worten „regulam, quam ipse simplicibus verbis conceperat" nicht an die Urregel von 1210 an und für sich, sondern entweder an unseren ursprünglichen Entwurf des Franz von c. 1221 — daß er ursprünglich war, bezeugt das Wort „conceperat" —, oder an die erweiterte Urregel oder die „regula prima", von der Jordan vier Kapitel vorher sagt, daß die Brüder „secundum primam regulam" viermal in der Woche fasteten (vgl. das Zitat oben S. 15); diese Wendung gebraucht Jordan beim J. 1219 (ante). Auf jeden Fall haben wir hier das Zeugnis, daß Franzens Regel c. 1221 „mit Worten des Evangeliums geschmückt wurde". Wer glaubt, daß solche in diese Form gebrachte Regel einfach die heutige Reg. II ist, vergißt, daß schon Jordan selbst zufolge, wie angeführt, die „regula prima" den Beschluß über die Fasten enthielt, welcher in der Reg. II nicht vorkommt, und geht allzu leicht über 2 Cel. 175 hinweg! Was mich betrifft, urteile ich aus 2 Cel. 175 und Jord. c. 11, daß Franz nach dem Septemberkapitel 1220 eine von den „plures regulae" verfaßte, von welchen in den 3 soc. 35 die Rede ist, und zwar in der Form eines einfachen Entwurfes, und daß dieser Entwurf biblisch wahrscheinlich vom Bruder Caesarius aus Speier ergänzt und in literarische Form gebracht wurde. Dieses Elaborat wurde dann dem Maikapitel des J. 1221 zur Genehmigung vorgelegt, hier aber einer gründlichen Revision von Seiten der Minister unterzogen; das Resultat der Arbeit war dann jene verwirrte, auf dem Standpunkte eines Kompromisses stehende Reg. II.[1]

Die einzige schwache Seite dieses Beweises (es soll dies offen zugegeben werden) ist der Umstand, daß wir von der eigentlichen Verhandlung über die in solche Form gebrachte Regel auf dem Maikapitel 1221 ganz ungenügend unterrichtet sind. Jordanus, der andeutete, wie sich Franz seine Regel von Caesarius aus Speier in literarische Form

---

[1] Es freut mich, daß ich diese meine Anschauung teilweise durch die Autorität des P. Cuthbert stützen kann, mit dem ich oben bei seiner Rekonstruktion der Urregel nicht übereinstimmen konnte, dessen solides Urteil aber über die Entstehung der Reg. II fast zu demselben Ergebnis führte, zu dem ich durch unabhängige Quellenkritik gelangt bin. P. Cuthbert sagt im „Life of S. Francis of Assisi", 1913, p. 263: „Upon the advice of Card. Ugolino, he (Franz) had re-written the Rule with the assistance of Brother Caesar of Speyer. This revised Rule he now (im Mai 1221) submitted to the Chapter for its acceptance. If the dissident brethren had expected any modification of the original programme of the fraternity, they were now much disappointed. The primitive Rule was maintained intact: but it was amplified by the addition of certain capitular decrees and papal enactments and by a number of admonitions. ..." In der Anmerkung macht der Autor darauf aufmerksam, daß Franz gewöhnt war, die Skizze des Gesetzgebungsaktes, den er vorhatte, den Generalkapiteln vorzulegen, wie die Ep. ad ministrum, Opusc. p. 109 bezeugt. „We may take it therefore (fährt der Autor fort), that the revised Rule was submitted to the Gen. Chapter at least in rough draft. It is, however, not unlikely that Caesar of Speyer gave it a more literary finishing, and added the quotations from Scripture and the Fathers, after(?) the Chapter, with a view to submitting the Rule to the Holy See for approbation."

bringen ließ, schweigt vollkommen darüber, daß auf dem Maikapitel 1221 von der Regel die Rede gewesen wäre (c. 16). Die Existenz der Reg. II kann aus Jordan sozusagen nicht nachgewiesen werden (Boehmer, p. XXXIX, irrt daher, wenn er das Gegenteil behauptet). Aber das Schweigen Jordans, der überhaupt von den Regeln und den mit ihnen zusammenhängenden Zwistigkeiten nicht spricht, ist kein Gegenbeweis; ebenso nicht das Schweigen Celanos, der drei Genossen und der Autoren des Spec. perf., welche alle Grund hatten, von diesem tragischen Augenblicke im Leben des Heiligen zu schweigen.

Vielleicht wird diese Auslegung ungenügend erscheinen, aber wir kennen keine andere Quelle zu den Verhandlungen über die Regel im J. 1221.[1] Trotzdem wäre unrichtig daraus zu schließen, daß im J. 1221 keine Regel auf dem Kapitel durchberaten wurde. So urteilt, wie wir wissen, P. Lemmens, welcher überhaupt die Existenz einer selbständigen Regel vom J. 1221 bestreitet, weil das, was als diese Regel angesehen wurde, bloß die veränderte und ergänzte ursprüngliche Regel vom J. 1210 ist. Diese Meinung ist aber falsch (ganz abgesehen davon, was wir sachlich angeführt haben), erstens weil deren Autor vergißt, daß die Reg. II trotz aller inneren Widersprüche eine so einheitliche und durchdachte äußere Form besitzt (Teilung nach Kapiteln, Kapitelaufschriften), daß sie eine bestimmte, zeitlich einheitliche Redaktion voraussetzt; es ist doch keine rudimentartige Sammlung oder ein Katalog, in welchem die kurze Regel von 1210 an erster Stelle stünde und dann alle Veränderungen und Zusätze, welche im Laufe von 13 Jahren bis zum J. 1223 gemacht wurden, angefügt wären; man darf nicht vergessen, daß in der Reg. II doch eine gewisse Ordnung herrscht[2] und daß sie eine einheitliche Verarbeitung absolut voraussetzt[3]; — zweitens ist die an-

---

[1] Wenn wir auch keine Quelle zu den Verhandlungen über die Regel besitzen, haben wir doch einen positiven Grund, daß die Reg. II erst aus der Zeit nach dem September 1220 stammt, weil in ihr im c. 2 auf die päpstliche Bulle vom 22. Sept. 1220 Bezug genommen wird. Vgl. auch Müller, Anfänge, S. 73.

[2] Vgl. die Kapitelbezeichnungen: 1. Quod fratres vivant in obedientia, sine proprio et in castitate. — 2. De receptione et vestimentis fratrum. — 3. De divino officio et ieiunio. — 4. De ministris et aliis fratribus, qualiter ordinentur. — 5. De correctione fratrum in offensione, etc.

[3] In dieser Hinsicht erscheint die Reg. II sehr markant als Werk des Caesarius aus Speier, dessen Einfluß auf den Stil der Regel ein ausschlaggebender genannt werden muß.

geführte Anschauung deshalb unrichtig, weil sie in der Reg. II die gemeinsame Arbeit zweier Faktoren ignoriert, welche nicht immer übereinstimmend war: die gemeinsame Tätigkeit des Franz und der Minister in einem bestimmten Augenblick. Jeder, der die Reg. II studiert hat, weiß, daß sie große Widersprüche aufweist, genauer gesagt, daß man annehmen kann, daß einige Stücke von Franz sind, andere aber nicht.[1] Die Behauptung, daß die Stücke der zweiten Art nur „kapitulare Zusätze und Veränderungen" sind, ist ungenau und nicht beweiskräftig, weil einige Zusätze dieser Art unlöslich mit Stücken des Franz in demselben Kapitel verbunden sind (c. 2, 5, 7, 9, 10, 20, 24, vgl. Cuthbert, l. c.). Kurz die Anschauung, daß die Reg. II nur die von Innocenz III. bestätigte Regel ist, welche nur in eine andere Form gebracht und durch Zusätze aus den J. 1210—1223 erweitert wurde, ist falsch und unhaltbar.

KAPITEL III

ÜBER DIE ZUSÄTZE ZUR REG. I

Jetzt aber (da wir eine genauere Anschauung über Entstehung und Charakter der Reg. II gewonnen haben) müssen wir uns weiter fragen, was mit jenen Zusätzen war, welche zur Reg. I nach unserer Anschauung vor 1220/1 hinzugefügt wurden, als Franz mit Caesarius von Speier einen neuen Entwurf verfaßte, aus welchem dann die chaotische Reg. II

---

[1] In meiner Schrift über den hl. Franciscus, S. 123—135, versuchte ich eine Analyse der Reg. II von diesem Standpunkte aus, wobei ich bei den einzelnen Kapiteln andeutete, was von Franz und was wahrscheinlich von den Ministern stamme, so daß der kompromißartige Charakter der Regel klar zum Ausdruck kam. Hier füge ich hinzu, daß man die Reg. II in zwei Teile zerlegen könnte, von welchen der erste die c. 1—17 und der zweite c. 18—24 umfaßt. Es ist nicht ausgeschlossen, daß der ursprüngliche Entwurf des Franz im c. 17 mit folgenden Worten schloß: „laudemus Deum, qui est benedictus in secula seculorum. Amen." Wenn wir aber die Reg. II im ganzen als Komposition betrachten, sehen wir, daß das Kompromiß auf der ganzen Linie durchgeführt wurde. In der Reg. II sind sicherlich 1. die ganze und intakte Reg. I von 1210, 2. einige Zusätze aus 1210—1220, 3. einige Stücke aus Franzens Entwurf von 1221, 4. die Bestimmungen der Minister vorhanden.

hervorging? Wozu gehörten diese Zusätze und gab es noch eine andere Ordensregel zwischen der Reg. I von 1210 auf der einen, und der Vorlage von 1221 und der Reg. II auf der anderen Seite?

§ 1. Eine zufriedenstellende Antwort auf diese Frage ist unmöglich! Hier gilt „non liquet" und man kann nur mehr oder weniger wahrscheinliche Hypothesen aufstellen. Meine erste Hypothese lautet also: Franz, der im J. 1210 die Urregel aus Rom brachte, deren Wortlaut uns im Anfange der Reg. II erhalten ist (siehe oben), sprach zahlreiche andere Prinzipe für seine Brüderschaft aus und zwar vielleicht zuerst in den J. 1210 – 1211. Diese Prinzipe sind, wie ich unten ausführen werde, im XV. Kapitel von Celanos Legenda prima in geordneter Form erhalten. Dieses Kapitel handelt nämlich davon, wie Franz nach seiner Rückkehr aus Rom (im Sommer 1210) zuerst dem Volke in den Städten und Burgen predigte und „omnibus quoque tribuebat normam vitae, ac salutis viam in omni gradu veraciter demonstrabat" (1 Cel. 37). „Sed de ordine (setzt Celano fort), quem charitate pariter et professione (d. h. gebunden durch die vom Papste bestätigte Regel) assumpsit et tenuit, praecipue sermo in manibus est. Quid enim? Ordinem Fratrum Minorum primitus ipse plantavit, et ea scilicet occasione hoc ei nomen imposuit. Cum nempe sic in regula scriberetur: „Et sint minores!", ad huius sermonis prolationem: „Ea quidem hora, volo (inquit), ut „ordo Fratrum Minorum" fraternitas haec vocetur" (1 Cel. 38). Diese wichtige Stelle übersetze ich und lege zugleich folgendermaßen aus:[1] Nachdem Franz vom Papste auf Grund der vorgelegten „vitae forma et regula" die Bestätigung der Brüderschaft erhalten hatte (1 Cel. 38 – hier spricht Celano noch nicht von „ordo"), begründete er nach der Rückkehr aus Rom einen Orden und zwar so, daß er als „caput istius religionis" in die Regel folgende Worte hinzuschreiben ließ: „Et sint minores" usw. Diese Worte wurden zu unserer Urregel hinzugefügt und ergänzten sie ausgezeichnet, denn die Urregel enthielt bisher nur drei Grundsätze: den des Gehorsams, der Reinheit und Vermögenslosigkeit (die Zitate aus der Bibel beziehen sich sämtlich auf das Verlassen der Welt und die Vermögenslosigkeit); nun wurde noch der Zusatz der Demut hinzugefügt und in den Titel des Ordens als

---

[1] Eine andere Parafrase siehe in A. SS., Oct. A. II, p. 593, col. 1: „Tres enim ordines ordinavit; quorum primum ipse professione, simul et habitu super omnes excellentissime tenuit, quem et Ordinem Fratrum Minorum, sicut in regula scripserat, appellavit."

onomastischer Grundsatz gelegt (Ordo Fratrum Minorum). Ich glaube daher, daß der erste Zusatz zur Grundregel lautete: „Et sint Minores", etc.[1]

Als Franz den Orden eingerichtet und ihm den Namen gegeben hatte, erzog er ihn durch mündliche **Ermahnungen** zu tugendhaftem und vorbildlichem Leben. Diese Ermahnungen haben mit der Schrift des Franz „Admonitiones" nichts gemeinsam und es ist unbekannt, ob sie Franz schriftlich zusammenfassen ließ.[2] Aber daß Franz diese Ermahnungen erteilte, bezeugt 1 Cel. 38—41 in der Fortsetzung der angeführten Worte: „Et sint Minores" (vgl. auch „vita secunda" in A. SS., Oct., t. II, p. 593, col. 1). Celano beschreibt an dieser Stelle sehr genau und systematisch die Tugenden der ersten Brüder. Diese Beschreibung ist unmittelbar mit dem Fakte der Gründung des „Ordens der minderen

---

[1] Diese Auslegung ist durch Celanos Zeugnis begründet. Spec. perf. hingegen behauptet, daß jene Worte schon in der Regel standen, welche Franz dem Papste vorlegte; die Stelle lautet (c. 26): „Unde sicut revelatum fuit b. Francisco, ut deberet vocari religio fratrum Minorum, sic fecit scribi in prima regula, quam portavit coram d. papa Innocentio tertio, qui eam approbavit et concessit et postea in consistorio [1215] omnibus nuntiavit." S. oben S. 13 Anm. 1.

[2] 1 Cel. 82: „cum litteras aliquas, salutationis vel admonitionis gratia faceret scribi, non patiebatur ex hiis deleri litteram aliquam aut sillabam, licet superflua saepe aut incompetens poneretur" beziehen sich nicht auf die „admonitiones", sondern auf andere Schriften des Franz. Auf eine schriftliche Fixierung wenigstens einiger Ermahnungen, würden die Worte 1 Cel. 45 (cf. Bonav. c. IV n. 3) deuten, welche teilweise auch im Testamente sich befinden (c. 2): „deprecati sunt (schreibt Celano) eum patres tempore illo (in Rivo Torto oder schon in Porciuncula), ut doceret eos orare, quoniam in simplicitate spiritus ambulantes, adhuc ecclesiasticum officium ignorabant. Quibus ipse ait: 'Cum orabitis, dicite: Pater noster, et: Adoramus te, Christe, [hic] et ad omnes ecclesias tuas, quae sunt in universo mundo, et benedicimus tibi, quia per sanctam crucem tuam redemisti mundum'." — Von einem anderen Ereignis berichtet 2 Cel. 160 und fast mit denselben Worten Actus b. Francisci c. 13, ed. Sabatier, p. 187—188 (vgl. auch Spec. c. 82): „Alio tempore (schreibt Cel.), apud S. Mariam de Porciuncula, considerans homo dei, quod lucrum orationis per verba otiosa post orationem deflueret, contra lapsum otiosorum verborum hoc remedium ordinavit, dicens: 'Quicumque fratrum otiosum vel inutile verbum protulerit, teneatur statim dicere suam culpam et pro singulis otiosis semel dicere Pater noster. Sic autem volo, ut si ipse prius se culpaverit de commisso, dicat Pater noster pro anima sua, si ab alio prius fuerit redargutus, animae redarguentis attribuat'." — Zu allem s. auch Bartol. de Pisa, Conform. fructus XII, pars II, ed. Anal. Franc., t. IV p. 582—583.

Brüder" verknüpft und aus dem Zusammenhange erhellt, daß sie sich auf das Leben der Brüder in Rivo Torto bezieht; wir könnten daher sagen, daß sie der Zeit zwischen Sommer 1210 und Frühjahr 1211 resp. dem Winter 1210/11 angehört. Die Beschreibung Celanos ist sehr begeistert und legendenhaft übertrieben, aber ein Körnchen Wahrheit enthält sie doch. Celano erzählt, wie das Leben der ersten Brüder ganz tugendrein und vorbildlich gewesen sei, und sagt, daß es besonders diese Tugenden geschmückt haben (welche er dann genauer beschreibt): humilitas (das bezieht sich unmittelbar auf die vorhergehende Bezeichnung „minores"), charitas, obedientia, paupertas, securitas, exercitium, patientia, meditatio, carnis maceratio, contemptus sui, pax, morum honestas. Am Schluß aber sagt er: „Haec sunt documenta[1] sui patris, quibus non verbo tantum et lingua, sed opere et veritate maxime, novos filios informabat" (1 Cel. 41). Diese Schlußbemerkung bezeugt, daß das Vorhergehende nicht Beschreibung und Wirklichkeit ist, sondern Vorschrift und Ideal, welche Franz mit Wort und Tat vor die Augen der neuen Brüder stellte.[2] Ist nicht zuviel anzunehmen, daß wir hier allerdings in sehr geordneter Form die Spur der ersten Ermahnungen des Franz haben, welche den späteren Ermahnungen auf den Kapiteln vorangingen? Ich habe diese Ermahnungen mit anderen Schriften des Franz verglichen und habe bloß zwei ähnliche Stellen im Testamente gefunden: unter tit. „humilitas" wird gesagt, daß die Brüder „omnibus subditi" waren (vgl. c. 4 des Test.) und unter tit. „paupertas": „Sola tunica erant contenti, repetiata quandoque intus et foris"; ähnlich im c. 4 des Test.: „Et erant contenti tu-

---

[1] Das Wort „documenta" darf uns allerdings nicht zur Anschauung verleiten, daß es schriftliche oder andere Erinnerungen bedeute. Vgl. „documenta salutis" in A. SS. II 593 col. 1 und „documenta" in Bonaventuras Legende, c. IV n. 3.

[2] Cel. gibt zwar alle seine Sätze in der Weise der Bekanntmachung wieder (Et vere minores, qui, omnibus subditi existentes, semper quaerebant locum vilitatis, etc.), aber es genügt, sie als Bedingung zu lesen und alles ist klar. Es ist undenkbar, daß die ersten Brüder zu Rivo Torto mit allen Tugenden geschmückt gewesen wären, die Cel. beschreibt. Es waren dies nur Wünsche, Ermahnungen, Vorbild und Ideal, wie ich eben sagte. Vgl. auch die Fortsetzung in 1 Cel. 42. 43, bes. die Sätze: „S. Franciscus quotidianam, immo continuam, sui et suorum inquisitionem diligentissime faciebat" — und unten: „Docebat eos, non solum mortificare vitia et carnis incentiva reprimere, verum etiam et ipsos exteriores sensus, per quos mors intrat ad animam."

nica una, intus et foris repetiata, cum cingulo et brachis".[1] Aber diese Ähnlichkeiten sind zu unbedeutend, als daß man daraus auf den Ursprung der Stelle Celanos schließen könnte. Es ist jedoch wahrscheinlich, daß sich Celano jene ganze Stelle nicht ausgedacht hat, und daß die angeführten „documenta" wirklich mündliche Ermahnungen sind, durch welche Franz seinen jungen Orden nach 1210 „informierte". In welchem Umfang und in welcher Form diese Ermahnungen in die Regel übergegangen sind, kann man aber nicht sagen.

Als Franz im Frühjahr 1211 Rivo Torto verließ und nach Porciuncula übersiedelte, „ordinavit (erzählen 3 soc. 57), quod fieret capitulum bis in anno, scilicet in Pentecoste et in dedicatione s. Michaelis. In Pentecoste conveniebant omnes fratres apud S. Mariam et tractabant, qualiter melius possent regulam observare[2]... Sanctus autem Franciscus faciebat admonitiones, reprehensiones et praecepta, sicut ei iuxta consilium Domini videbatur. Omnia vero, quae dicebat eis, verba, affectuose et sollicite operibus ostendebat ... Admonebat sollicite fratres, ut s. evangelium et regulam, quam promiserant, firmiter observarent..." Die Brüder sollten geistliche Zeremonien und die Priester ehren, sollten die üppigen nicht verachten. „...Hoc quoque (Franciscus) dicens, addebat: 'Talis deberet esse fratrum conversatio inter gentes, ut quicumque audiret vel videret eos, glorificaret patrem caelestem et devote laudaret'." Die Brüder sollten zum Frieden führen (wieder werden die Worte in direkter Rede angeführt). Andererseits tadelte Franz die Brüder (arguebat, corripiebat) und segnete (benedicebat) „expleto capitulo" und schickte sie in die Provinzen. — Mit dieser Stelle[3] kann man die Erzählung 2 Cel. 208 verbinden (obwohl sich das Beispiel am Ende dieses Kapitels erst auf das J. 1219 bezieht, vgl. Spec. c. 76): „Communem professionem et regulam ardentissime zelabatur et illos, qui circa eam zelotes essent, sin-

---

[1] Vgl. auch den Satz in 1 Cel. 40: „Aliqui se instrumentis ferreis circumdabant, aliqui vero ligneis ergastulis se cingebant." Ähnlich in Actus, c. 20, v. 26: „multi fratres portabant ad carnem et circulos ferreos..." Die Wendung „incentiva carnis reprimere" ist auch in 3 soc. 59 vorhanden.

[2] Vgl. Anon. Perusinus (A. SS., Oct., II 599, col. 1): „In Pentecoste conveniebant omnes fratres ad capitulum apud ecclesiam S. Mariae de Porciuncula. In quo capitulo tractatur, qualiter possent aliam(!) meliorem Regulam observare." Im weiteren besteht Übereinstimmung, ibid.

[3] Zum Inhalte vgl. auch Spec. c. 27, wie Franz zu mäßiger Enthaltung mahnte; das Ende lautet: „sed volo et praecipuo vobis, ut quilibet fratrum secundum nostram paupertatem suo corpori satisfaciat, sicut ei necesse fuerit."

gulari benedictione dotavit. Hanc enim suis dicebat librum vitae, spem salutis, medullam evangelii, viam perfectionis, clavem paradisi, pactum aeterni foederis. Hanc volebat haberi ab omnibus, sciri ab omnibus, et ubique in allocutionem taedii et memoriam praestiti iuramenti cum interiori homine fabulari. Docuit eam semper in commotionem agendae vitae portare prae oculis, quodque plus est, cum ipsa mori debere." — Die angeführten Stellen sind in zweierlei Hinsicht interessant: Erstens bezeugen sie, daß Franz die Brüder mit fester Hand zur Einhaltung der Regel anhielt, welche die höchsten Grundsätze des Ordenslebens enthielt, und zweitens deuten sie an, daß Franz neben der Empfehlung der Regel auf den Osterkapiteln seit dem Jahre 1212, als diese, wie es scheint, begannen, neue Ermahnungen vortrug, welche die Regel ergänzten; ja, aus den Worten „Franciscus faciebat admonitiones, reprehensiones et praecepta"[1] könnte man schließen, daß einige von diesen Ermahnungen in die Regel eingetragen und so zu Regelvorschriften wurden; so sind auch die Worte der 3 soc., l. c., zu verstehen, daß die Brüder auf den Maikapiteln „tractabant, qualiter melius possent regulam observare."

Leider sind wir über diese Maikapitel ganz ungenügend unterrichtet. Wir können bloß aus 3 soc. 57 und Anon. Perus. (A. SS., l. c., p. 599) annehmen, daß das erste Kapitel im Mai 1212 abgehalten wurde. Aber schon auf diesem ersten Kapitel wurde die Regel durch neue Gebote ergänzt, wie eben gesagt wurde, und zwar aus dem Grunde, welchen Suyskens in A. SS., l. c., p. 600, n. 289 anführt und welcher sehr plausibel ist: Franz wollte Ende 1212 nach Syrien reisen und es ist wahrscheinlich, daß er vor dieser langen und gefährlichen Reise über alle Dinge des Ordens auf dem Kapitel handeln und seinem Vertreter (P. Catanii?) und seinen Brüdern, welche er verließ, eine umfangreichere Ordensregel hinterlassen wollte, als die ursprüngliche war. Derselbe Grund hat auch vor der Reise nach Spanien im J. 1213, nach Frankreich im J. 1217 und nach Ägypten im J. 1219 Geltung. Wir wissen aber nicht, was in

---

[1] Von den „praecepta" spricht schon 1 Cel. 39: „Sed nihil sanctae obedientiae praeceptis audebant praeponere obedientissimi milites, qui, antequam perficeretur obedientiae verbum, se ad exsequendum imperium praeparabant, nihil scientes discernere in praeceptis, ad quaeque iniuncta, omni contradictione remota, quasi praecipites concurrebant." — Anon. Perus., l. c., p. 600, col. 1 fügt über die Bestimmungen, von denen die 3 soc. reden, hinzu: „admonitionem devote, reprehensionem rationabiliter et praeceptum dulciter faciebat"; weiter unten wird gesagt, daß Franz „ferventer et dulciter loquebatur".

jenen ersten Jahren zur Regel hinzugefügt wurde und wie es geschah. Andererseits besteht kein Grund, Franzens Anwesenheit auf den Maikapiteln der J. 1213, 1214 (wenn er damals schon aus Spanien zurückgekehrt war), 1215, 1216, 1217 und 1218 zu leugnen.

Auf dem Kapitel von 1214 oder 1215 nahm er einige gelehrte Männer (quidam litterati viri et quidam nobiles, 1 Cel. 57) in den Orden auf. Die Zahl der Brüder wuchs (1 Cel. 74 sagt allerdings zum J. 1217: „non multos adhuc fratres habens") und der Orden hatte bald nicht nur zahlreiche Mitglieder, sondern auch mächtige Gönner. Zu den ersten Gönnern gehörte der Kard. Johann vom hl. Paulus, der Bischof von Sabina, welcher schon die Verhandlungen des Franz im J. 1210 unterstützte und mit dem Franz wahrscheinlich öfter, besonders bei seinen Besuchen in Rom (1213, 1215) in Berührung kam; 3 soc. 61 berichten, daß dieser Kardinal „beato Francisco consilium et protectionem saepius impendebat, vitam et actus ipsius sancti ac fratrum suorum omnibus aliis cardinalibus commendabat." Die Kardinäle wünschten dann, Brüder auf ihrem Hofe nicht zum Dienste, sondern wegen ihrer Frömmigkeit zu haben (ibid.). Diese Beziehungen wurden, wie es scheint, besonders beim Aufenthalte des Papstes in Perugia in den J. 1215—1216 gepflegt und auf Perugia beziehen sich wahrscheinlioh die Worte des Anon. Perus. (A. SS., l. c., p. 606, n. 322): „Quadam autem die, cum venisset b. Franciscus ad curiam, petierunt ab eo de fratribus singuli cardinales; et ille benigne concessit eis secundum voluntatem eorum." Hierher gehört auch das gleichzeitige Zeugnis des Jakob von Vitry, welches ebenso bedeutungsvoll wie unklar ist: „Homines autem illius religionis (sagt Vitry in dem bekannten Briefe vom 2. Okt. 1216) semel in anno cum multiplici lucru ad locum determinatum conveniunt, ut simul in Domino gaudeant et epulentur, et consilio bonorum virorum suas faciunt et promulgant institutiones sanctas et a domino papa confirmatas. Post hoc vero per totum annum disperguntur per Lombardiam et Thusciam et Apuliam et Siciliam. Frater autem Nicholaus, Domini papae provincialis, vir sanctus et religiosus, relicta curia, nuper ad eos confugerat, sed quia valde necessarius erat domino pape, revocatus est ab ipso (ed. Böhmer, Anal., p. 98—99 und Sabatier, Spec. perf., p. 300).

Aus den angeführten Worten geht hervor, daß auf den Kapiteln der Brüder in den J. 1212—1216 „auf den Rat guter Leute" (zu welchen vor allem der Kardinal Johann und Bruder Nikolaus gehörten),

„institutiones sanctae" aufgestellt und proklamiert werden. Wir können nicht sagen, was unter diesem Ausdrucke gemeint ist. Es scheint, daß damit nicht die Zusätze zur Regel, sondern die Ablässe von Porciuncula gemeint sind, welche gerade aus dem J. 1216 stammen.[1] Kapitelbeschlüsse über die Regel wurden bis zum J. 1223 vom Papste nicht bestätigt,[2] und „institutiones sanctae" können nicht gut Kapitelbeschlüsse bedeuten, welche übrigens nie „proklamiert" wurden.

§ 2. Erst die Kapitel der J. 1217—1219 brachten, wie es scheint, neue Ansätze zur Entwicklung des Ordens, soweit dieser in der Regel stipuliert war. Inspirator und Beschützer der neuen Formen war nach der gewöhnlichen Anschauung der Kardinal Hugolino. Wichtig ist die Frage, wann der Einfluß Hugolinos begann. Celano (1 Cel. 74) sagt irrtümlich, daß Franz mit dem Kardinal erst vor seiner Reise nach Frankreich in Florenz im J. 1217 bekannt wurde. Die Legende der 3 soc. 61 sagt ausdrücklich, daß der Kardinal Hugolino schon nach dem Tode des Kardinals Johann (†1216) die Brüderschaft liebte und beschützte und daß Franz, als er von ihm hörte, „zu ihm mit den Brüdern trat" und ihn zuerst um Schutz bat. Erst später (postea) bat er ihn, „ut in Pentecoste dignaretur fratrum capitulo interesse." „Qui (fährt die Leg. fort) statim benigne assensit, atque ex tunc interfuit eorum capitulo omni anno."[3] Nach Sabatier (Vie, p. 228) nahm der Kardinal zuerst an dem Kapitel vom 29. Mai 1216 teil, aber wahrscheinlicher ist, daß dies im J. 1217 oder erst 1218 geschah. Gegen die Teilnahme an dem Maikapitel 1217 spricht der Beschluß über die Missionen nach Frankreich, von welchen der Kardinal Franz abhalten mußte (der Kardinal war im Mai 1217 in Genua, vgl. MGH. SS., XVIII p. 138).[4] Trotzdem

---

[1] Alfons Fierens hat in seiner gründlichen Schrift über die Ablässe „De geschiedkundige Oorsprong van den Aflaat van Portiuncula" etc. Gent 1910, nicht beachtet, daß es möglich wäre, in den angeführten Worten Jakobs von Vitry den ältesten Beleg für die These von der Begründung der Ablässe von Porciuncula durch Franz zu finden. S. auch Sabatier, Coll. II, Introduction, p. XX sq.

[2] Was Ang. Clarenus (Exp. Reg., Prooem. [ed. Oliger], p. 6, c. 1 p. 16, c. 4 p. 101) über die Kundmachung der Regel seitens des Papstes Innocenz III. auf dem Lateranschen Konzil im J. 1215 sagt, ist nicht sicher, aber bemerkenswert.

[3] Vgl. Anon. Perus., A. SS., l. c., p. 607, n. 324, die Variante: „At ille annuit et singulis annis veniebat."

[4] Vgl. über diese Frage Sabatier, Spec. perf., p. 122—123 Anm. Was Davidsohn in den Forsch. zur G. Florenz, IV. 67—70 über die Begegnung des Franz mit Kardinal Hugolino, die derselbe bis April 1221 versetzt, festzu-

können wir zugeben, daß er schon vorher den Brüdern „consilium" gab und damit auf die Kapitelbeschlüsse einen Einfluß übte.

Andererseits scheint es zweifellos, daß die neuen Brüder, die in den Orden aus gelehrten und edlen Kreisen vom J. 1215 und 1216 an eintraten, auf die Entwicklung des Ordens und der Ordensregel einen sehr starken Einfluß übten. Der Einfluß dieser Männer scheint um so stärker gewesen zu sein, je stetiger, näher und korporativer er wurde. Sie waren es, welche es auf dem Maikapitel des J. 1217 erwirkten, daß Minister gewählt und Ordensmissionen eingerichtet werden sollten. „Expletis itaque (sagen 3 soc. 62) undecim annis ab inceptione religionis[1] et multiplicatis numero et merito fratribus, electi fuerunt ministri et missi cum aliquot fratribus quasi per universas mundi provincias, in quibus fides catholica colitur et servatur."[2] Franz blieb bei dieser Veränderung wahrscheinlich passiv, aber es scheint, daß er gerade auf dem Kapitel von 1217 in die Regel einige Sätze eintragen wollte, deren Inhalt sich auf die Mission bezog. Als solche muß man erstens die Bestimmung über das Benehmen der Brüder auf den Missionsreisen[3] und zweitens die Bestimmung über die Verehrung des Leibes und Blutes Christi im Altarsakramente ansehen. Über die letztere Bestimmung ist ein Bericht im Spec. perf. c. 65 erhalten, welcher sich wahrscheinlicher auf das Kapitel von 1217 bezieht. „Finito illo capitulo (wird hier erzählt), in quo multi fratres missi fuerunt ad quasdam provincias ultramontanas [und nicht ultramarinas, wie man in der Edition Sabatiers p. 118 liest], remanens b. Franciscus cum quibusdam fratribus dixit ad illos ..." Weiter wird gesagt, daß sich Franz Frankreich als Missionsland auswählte, weil dort der Leib Christi besonders

---

stellen versucht, kann man als gelungen nicht betrachten. Der päpstl. Brief vom 22. April 1217 schließt nicht aus, daß Hugolin nach dem 22. April 1217 eine Zeit in Florenz verweilte, ebensogut wie es nicht bewiesen wird, daß Franz vor der Schenkung des Spitals von San Gallo nach Florenz kommen konnte. S. auch Böhmer, Jord., p. LXXV sq. und Brem, P. Gregor IX, p. 111 sq.

[1] Daß mit den Worten „inceptio religionis" das J. 1206 gemeint ist, scheint zweifellos; der Orden (ordo) begann freilich erst 1209. Lempp, Fr. Élie, Coll. III, p. 39, n. 2 versucht vergebens die Worte der 3 soc. 62 erst zum J. 1219 zu versetzen.

[2] In gleicher Weise schreibt Anon. Perus. in A. SS., l. c., p. 609, n. 333.

[3] Vgl. c. 14 Reg. II: „Quando fratres vadunt per mundum, nihil portent in via...". Weiter unten: „Non resistant malo ..., qui aufert eis vestimentum, etiam tunicam non prohibeant..." Die Brüder benahmen sich wirklich so in Ungarn, cf. Jord. c. 6.

verehrt wurde, was ihm sehr lieb war. „Nam b. Franciscus tantam reverentiam et devotionem in corpore Christi habebat, quod voluit scribi in regula, ut fratres in provinciis, ubi morarentur, curam et sollicitudinem magnam haberent de hoc et admonerent clericos et sacerdotes, ut corpus Christi in bono loco et honesto reponerent, quod si ipsi negligerent, fratres illud agerent. Voluit etiam poni in regula, quod, ubicumque fratres invenirent nomina Domini et verba illa, per quae conficitur corpus Domini, non bene et honeste reposita, ipsi ea recolligerent et honeste reponerent, honorantes Dominum in sermonibus suis. Et licet non scriberentur haec in regula, quia ministris non videbatur bonum, ut fratres haec haberent in mandatum, tamen in Testamento suo et in aliis scriptis suis voluit relinquere fratribus voluntatem suam de hiis." Es ist möglich, daß sich dieser Versuch erst auf den Entwurf der Regel vom J. 1221 resp. 1223 bezieht, welchen die Minister unterdrückten, aber es ist auch möglich, daß er schon zum Kapitel vom J. 1217 zu versetzen ist, sowohl deshalb, weil von ihm im Zusammenhange mit der Reise nach Frankreich im J. 1217 die Rede ist,[1] als auch, weil mit dem Worte „voluit scribi" der Wille und Wunsch des Franz ausgedrückt ist, welche nicht in Erfüllung gingen, während jener Entwurf wirklich geschrieben wurde. Auf jeden Fall aber kam es im J. 1217 zu keinem Zusatze dieser Art.

Dem Beschlusse des Kapitels vom J. 1217 zufolge zogen die neuen Minister mit einigen Brüdern nach Frankreich, Deutschland, Ungarn, Spanien und in italienische Provinzen, wohin die Brüder bisher nicht gekommen waren (Jord. c. 3, mit dem falschen Datum 1219). Aber sie kehrten unverrichteter Dinge zurück, weil ihre Regel noch nicht öffentlich bestätigt war.[2] Sie kamen nach Assisi „mit großer Verbitterung" (cum magna amaritudine, 3 soc. 62) und sie drängten auf dem nächsten Kapitel vom 3. Juni 1218 darauf, daß ihnen Franz „a domino papa privilegium" oder ein Empfehlungsschreiben an die Bischöfe erwirke, damit diese ihnen zu predigen erlauben (Spec. 50). Franz widersprach,

---

[1] Vgl. auch im Kontext die Worte: „voluit scribi in regula, ut fratres in provinciis, ubi morarentur", etc. Dies scheint eher auf die Zeit vor den Missionsreisen im J. 1217 zu weisen.

[2] Cf. 3 soc. 62: „licet praefatus dominus Innocentius tertius ordinem et regulam approbasset ipsorum, non tamen hoc suis litteris confirmavit." Die Regel von 1210 wurde „solo verbo" genehmigt resp. bestätigt, aber nicht durch eine päpstliche Bulle.

aber der Kardinal Hugolino und auch andere Kardinäle schrieben „multis praelatis, qui persecutiones intulerant fratribus, ne ulterius eis essent contrarii, sed potius ad praedicandum et habitandum in suis provinciis consilium et auxilium eis darent, tamquam bonis et sanctis religiosis, auctoritate sedis apostolicae approbatis" (3 soc. 66). Es ist nicht bekannt, ob diese Briefe vor dem Generalkapitel des J. 1218 oder erst (wie es wahrscheinlicher ist) vor demjenigen des J. 1219 geschrieben wurden (3 soc. 62 sagen einfach: In sequenti capitulo). Auch sonst ist über das Kapitel von 1218 nichts bekannt.

§ 3. An das berühmte Rohrkapitel vom Mai 1219 knüpft der Beginn der großen Missionen jenseits der Alpen und des Meeres an. Die Brüder wurden nach Frankreich, Spanien, Griechenland und Tunis geschickt und, soweit die Reise durch christliche Länder ging, mit den angeführten Briefen der Kardinäle und auch mit der päpstlichen Bulle vom 11. Juni 1219[1] versehen. Es ist nicht sicher, ob damals die Regel um die Verfügung über die Missionstätigkeit bereichert wurde, aber unmöglich ist es nicht. In 3 soc. 66 lesen wir: „In sequenti ergo capitulo data licentia a b. Francisco ministris recipiendi fratres ad ordinem, misit eos ad provincias supradictas (bezieht sich auf c. 62) portantes litteras cardinalium cum regula bulla apostolica confirmata." Lassen wir die Frage beiseite, was mit den Worten „regula bulla apostolica confirmata" gemeint ist (es kann bloß die Empfehlungsbulle vom 11. Juni 1219 gemeint sein), vergleichen wir jedoch mit jener „licentia" c. 4 der Regel vom J. 1221, welches den Charakter eines selbständigen Kapitelbeschlusses hat: „In nomine Domini! Omnes fratres, qui constituuntur ministri et servi aliorum fratrum, in provinciis et in locis, in quibus fuerint, collocent suos fratres, quos sepe visitent et spiritualiter moneant et confortent. Et omnes alii fratres mei benedicti diligenter obe-

---

[1] Diese päpstliche Bulle und Briefe der Kardinäle waren wahrscheinlich die Folge von Franzens Predigt vor dem Papste, von welcher 3 soc. 64 sprechen und dann hinzufügen: „Finita vero praedicatione, recommendavit regulam suam domino papae et cardinalibus universis..." Die Briefe der Kardinäle und die päpstliche Bulle ersetzten die schriftliche Bestätigung der Regel, welcher Franz widerstrebte und welche erst im J. 1223 erteilt wurde. Leg. 3 soc. 62 spricht von einer neuen, vom Papste anticipando bestätigten Regel. Daß die päpstliche Bulle und die Briefe der Kardinäle „indistinct opposition to the will of Francis" waren, wie Cuthbert behauptet, Life p. 242, ist unwahrscheinlich, denn 3 soc. 66, l. c., sagen: „misit eos ... portantes litteras cardinalium", etc.

diant eis in hiis, que spectant ad salutem anime et non sunt contraria vite nostre." Es ist die Möglichkeit nicht ausgeschlossen, daß diese Bestimmung in die Regel gerade im J. 1219 inseriert wurde, als die Brüder in weite Gegenden zogen und tiefere Grundlagen zur Missionstätigkeit des Ordens gelegt wurden (vgl. oben S. 7). — Außer diesem Beschlusse wurde die Regel im J. 1219 vielleicht noch durch andere Bestimmungen erweitert. Auf dem Kapitel kam, wie die Legenden erzählen, eine Menge von Brüdern zusammen und Franz predigte mit gewöhnlichem Erfolge. Die Brüder unterwarfen sich dort asketischen Übungen, indem sie „loricas ad carnem et circulos ferreos" trugen, „propter quod aliqui infirmabantur et multi impediebantur orare, aliqui moriebantur" (Actus, c. 20 v. 26). Aber Franz liebte das Extreme nicht (cf. 3 soc. 59), sondern „circa fratres discretus et temperatus" (Spec. c. 27 p. 56), befahl er nicht nur, daß die Brüder jene Drahthemden und Eisenringe ablegen sollten (Actus, l. c.), sondern auch „prohibuit in quodam capitulo, ut nullus frater portaret subtus ad carnem nisi tunicam" (Spec. c. 27). Wahrscheinlich geschah dies durch eine Verfügung, welche in die Regel eingetragen wurde. — Es ist nicht ausgeschlossen, daß damals, wenn nicht schon früher, zur Regel die schon angeführte Stelle gegen die traurigen Heuchler (2 Cel. 128) hinzugefügt wurde, und es ist sehr wahrscheinlich, daß auf dem Kapitel von 1219 auch jene liberale Verfügung über das Fasten viermal in der Woche beschlossen wurde, von der Jordan spricht (Jord. c. 11, vgl. oben S. 15 und 20).

Das folgende Kapitel desselben J. **1219** brachte der Regel resp. der Gesetzgebung des Ordens, einen Zusatz, welcher gerade eine Antwort auf die Beschlüsse des vorhergehenden Kapitels über das Fasten war. Jord. c. 11 schreibt darüber folgendermaßen: „Et quia secundum primam regulam fratres feria quarta et sexta et per licentiam b. Francisci feria secunda et sabato ieiunabant et omni carnali feria carnes comedebant, isti vicarii (nämlich die Brüder Matthäus von Narni und Bruder Gregor von Neapel, welche den Orden während der Reise des Franz nach dem Osten verwalteten) cum quibusdam fratribus senioribus Ytalie unum capitulum celebrarunt, in quo statuerunt, ut fratres diebus carnalibus carnibus procuratis non uterentur, sed tantum sponte a fidelibus oblatas manducarent. Et insuper statuerunt, ut feriam secundam ieiunarent cum aliis duobus diebus, et ut feria secunda et sabato sibi lacticinia non procurarent, sed ab eis abstinerent, nisi forte a devotis fidelibus offerentur." Es scheint, daß diese Bestimmungen außerhalb der Regel hinzugefügt wurden, wie aus den weiteren Worten Jord. c. 12 hervorgeht: „Super quibus constitucionibus, eo quod presumpserant aliquid addere regule sancti patris, quidam frater laycus indignatus", etc.; weiter unten wird gesagt, daß „vicarii super suam regulam novas leges adicere presumpsissent."[1]

Antwort auf diese „neuen Gesetze" waren dann die Bestimmungen, welche am Ende des c. 3 der Regel vom J. 1221 zu lesen sind und welche offenbar von Franz stammen, wie der letzte Satz zeigt: „Et liceat eis manducare de omnibus cibis, qui apponuntur eis, secundum evangelium." In Jord. c. 12 liest man am Ende dasselbe als Worte des Franz: „Comedamus ergo secundum evangelium, quae nobis apponuntur."

Diese Bestimmungen über das Fasten haben, wie die angeführten Zitate beweisen, ihren sachlichen und logischen Zusammenhang, sie haben aber auch ihre historische Bedeutung, wie aus der Geschichte des Ordens in jenen Jahren hervorgeht. Die Vikare ahmten mit ihren „Gesetzen" über das Fasten (bisher galt Pflichtfasten Mittwoch und Freitag, fakultatives Fasten Montag und Samstag und keine Beschränkung im Essen; nun sollte Pflichtfasten Mittwoch, Freitag und Montag, strenges Fasten (ohne Milch) Montag und Samstag und immer Beschränkung gelten) zweifellos Regeln alter Orden nach, besonders die des Benediktinerordens, welche stete Zurückhaltung im Essen forderten und welche überhaupt Norm und Vorbild der neuen, monastisch-legalen Richtung im Orden des Franz waren.[2]

Aber Franz richtete sich nach dem „Evangelium" und stellte sich, die Gefahr erkennend, mit dem ihm eigenen Eifer und seiner ganzen Unnachgiebigkeit der neuen Richtung entgegen. Davon zeugt das Bei-

---

[1] Sicher ist, daß jene Bestimmungen der Vikare aufgeschrieben wurden, denn Jord. c. 12 sagt, daß sie ein gewisser Bruder nahm (assumptis secum illis constitucionibus) und sie dem Franz brachte, welcher sie dann las (constitucionibus perlectis). Sie wurden zur Regel auch deshalb nicht hinzugesetzt, weil die Vikare dazu nicht die Vollmacht besaßen; diese hatte Franz allein (potestatem habetis vos, sagt Jord. c. 12). Zum Texte s. auch die Wörter Clarenos in der Exp. reg.: „Ministri aliqui cum quibusdam fratribus... presumpserunt de regula aliqua subtrahere et consuetudines introducere non paucas, dissonas et discordes a traditionibus fundatoris" (ed. Oliger, p. 7).

[2] Vgl. darüber gute Ausführungen Cuthberts, Life p. 245 sq. Aus Jord. c. 14 (Ende) erhellt aber, daß der Kard. Hugolino keinen direkten Anteil daran hatte.

spiel des Johann Stacius aus Bologna (2 Cel. 58, Spec. perf. c. 6, Actus c. 61) und besonders die dramatische Szene auf dem Generalkapitel des J. 1220 (Spec. c. 68).[1] Diesem Kapitel gingen Verhandlungen mit dem Papste und dem Kardinal Hugolino voraus, deren Resultat die Bestimmung des Kardinals Hugolino zum „Papste" des Franz war (Jord. c. 14, cf. 1 Cel. 99—100, 3 soc. 65). „Et sic (sagt Jord. c. 15) turbatoribus, Domino favente, subito sedatis, ordinem secundum sua statuta reformavit. Et videns b. Franciscus fratrem Cesarium sacris litteris eruditum, ipsi commisit, ut regulam, quam ipse simplicibus verbis conceperat, verbis evangelii adornaret. Quod et fecit (s. oben S. 23)." Die Worte „ordinem secundum sua statuta reformavit" beziehen sich wahrscheinlich auf die Verhandlungen des Kapitels vom 17. Mai 1220, an welchem der Kardinal Hugolino als neuer „Papst" des Ordens teilnahm. Franz wies feierlich alle Mönchsregeln ab, welche ihm von gelehrten Brüdern vorgelegt wurden (fratres sapientes et scienciati oder: sapientes et in scientia docti), und erklärte, daß er auf der eigenen Regel beharre, welche ihm von Gott gezeigt und gegeben wurde und welche auf den Grundsätzen der Einfachheit und Demut beruhte.[2] Mit dieser Erklärung war schon die „Reform des Ordens nach den Statuten des Franz" gegeben, welcher die Widerrufung des Privilegiums des Bruders Philipp für arme Frauen und die Abweisung der Bitte des Bruders Johann um die Bestätigung des neuen Ordens folgen;[3] positiv geschah

[1] Böhmer u. a. versetzen dieses c. 68 erst zum Generalkapitel 1221, aber mit Unrecht; Kard. Hugolino nahm an dem Kapitel von 1221 nicht teil (vgl. Jord. c. 16) und die Beziehung auf die Mönchsregeln paßt besser gleich zum ersten Kapitel, welches Franz nach der Rückkehr aus Osten abhielt.

[2] So interpretiere ich Spec. 68 (= Leo, Doc. 103—104, s. auch A. Clareni Hist. tribul., ed. Döllinger, Beiträge zur Sekteng. II. 440—442) und bestimme die Aufeinanderfolge der Kapitel nach 1219. Jord. c. 15 (wie auch an anderen Stellen) zieht viele Ereignisse in Eines zusammen und unterscheidet die einzelnen Ereignisse nicht gehörig. Die Neuerungen der Vikare wurden gewiß gleich auf dem Herbstkapitel von 1219 beschlossen, Franz kehrte im Frühjahr 1220 von der Reise zurück, der Kard. Hugolino wurde bald darnach zum „Papste" des Ordens ernannt, dann folgten das Kapitel vom 17. Mai 1220, von dem oben die Rede ist, und die weiteren Ereignisse, wie im Text ausgeführt wurde. Zur Chronologie s. auch Her. Fischer in den Freiburg. Histor. Stud. IV. 1907. Die Gegenbeweise des P. van Ortroy in A. Boll. XXXI. 451 —462 können mich nicht überzeugen.

[3] Vielleicht wurde auch die Bestimmung über das Fasten gleich revoziert, weil wir keine Erwähnung von ihr mehr treffen. In Reg. II c. 3 wird das Fasten zeitlich vom Aller Heiligentag bis zur Geburt Christi und von

damals vielleicht der Versuch, in der Regel bestimmte Grundsätze der Armut und Einfachheit zu fixieren, wovon der Spec. perf. c. 3¹ folgendermaßen erzählt:

[A] „Quodam autem tempore, quando b. Franciscus reversus fuit de ultramarinis partibus, quidam minister loquebatur secum de capitulo paupertatis, volens cognoscere suam voluntatem et intellectum, et maxime, quia tunc erat scriptum in regula quoddam capitulum de prohibitionibus s. evangelii, videlicet (Luc. IX 3): ‚Nihil tuleritis in via‘, etc. Et respondit b. Franciscus: „Ego sic intelligo, quod fratres nihil debeant habere, nisi vestimentum cum corda et femoralibus, sicut dicit regula, et, si necessitate coguntur, possint portare calciamenta."² Ähnlich sprach sich Franz gegen den Besitz von Büchern aus, da er wollte „stricte intelligere capitulum paupertatis." Er sagte: „Nec volo, nec debeo, nec possum venire contra conscientiam meam et perfectionem s. evangelii, quam professi sumus."³ Entschieden aber sprach er vor allen Brüdern (d. i. auf dem Kapitel): „Vos vultis videri ab hominibus fratres Minores et vocari observatores s. evangelii, operibus autem vultis habere loculos!" Unsere Quelle fährt dann mit folgenden wichtigen Worten fort (cf. Leo, l. c., p. 88 und Clarenus, l. c., p. 445):
[B] „Verumtamen licet ministri scirent, quod secundum regulam fratres tenerentur s. evangelium observare, nihilominus fecerunt removeri de regula illud capitulum [ubi dicebatur]: ʽNihil tuleritis in via', etc., credentes se propter hoc non teneri ad observantiam perfectionis evangelii. Quapropter b. Franciscus, cognoscens per spiritum sanctum, coram quibusdam fratribus dixit: „Putant fratres ministri Dominum et me decipere? Imo, ut sciant omnes fratres [se] teneri ad observandam perfectionem s. evangelii, volo, quod in principio et in fine reden Hl. 3 Königen bis Ostern bestimmt. „Aliis autem temporibus (wird liberal erklärt) [fratres] non teneantur secundum hanc vitam nisi sexta feria ieiunare. Et liceat eis manducare de omnibus cibis, qui apponuntur eis, secundum Evangelium."

¹ Vgl. auch Intentio regulae fr. Leonis, in Doc. ant. franc. I p. 86—87, Ang. Clarenus in Hist. tribul. (ed. Döllinger, Beiträge II p. 445, cf. Doc. ant. I p. 77) und in Exp. reg., ed. Oliger p. 8—9.

² Diese Bestimmung wurde darnach vor 1220 in die Regel eingetragen, vielleicht schon 1217 oder 1219, als die Brüder in fremde Länder zogen, deren Klima das Gehen mit bloßen Füßen nicht erlaubte. In der Reg. II ist sie nicht, in der Reg. III (1223) nur der zweite Teil. S. unten S. 57 n.

³ Siehe die Worte: „domini nostri Jesu Christi doctrinam et vestigia sequi" der Urregel und die dazu gehörigen Zitate aus der Bibel (Reg. I c. 1).

gulae sit scriptum, quod fratres teneantur s. evangelium domini nostri Jesu Christi firmiter observare..." (Spec. c. 3).

Wenn unsere Vermutung richtig ist, daß diese Stelle wenn nicht ganz, so doch wenigstens in ihrem ersten Teile [A] ihrem Ursprunge nach zu den Kapitelverhandlungen im Mai 1220 gehört (quando reversus fuit de ultramarinis partibus), können wir aus ihr sehr wichtige Schlüsse ziehen:[1] Damals (tunc) wurde in die Regel das Kapitel von der vollständigen Armut und der evangelischen Schlichtheit mit Berufung auf die Worte Matth. IX 2: „Nihil tuleritis in via" inseriert (scriptum in regula). Vielleicht ließ sie Franz von Caesarius aus Speier eintragen (cf. Jord. c. 15) und legte sie dann dem Kapitel zur Genehmigung vor.[2] Aber die Minister lehnten diese Bestimmung ab und ließen sie aus der Regel streichen. Da befahl Franz, daß am Anfang und Ende der Regel eingetragen werde, daß die Brüder verpflichtet seien, das Evangelium Christi treu einzuhalten. Man kann annehmen, daß Franz dem Caesarius aus Speier dies zu tun befahl, welcher damals mit der Redaktion der neuen Regel betraut war.[3] Wir könnten daher den An-

---

[1] Gewöhnlich wird diese Stelle zum J. 1223 versetzt und behauptet, daß die Worte „nihil tuleritis" zwar in der Reg. II c. 14 vorhanden waren, aber dann im Entwurfe zur Reg. III unterdrückt wurden, so daß sie nicht in die Reg. III kamen. Dem steht entgegen 1. daß die Quelle dies Ereignis klar in die Zeit nach der Rückkehr des Franz aus dem Osten versetzt; 2. daß die Quelle von der Hinzufügung eines Kapitels zur Regel spricht, was damals geschah; 3. der Verweis auf die „regula" hinsichtlich der Kleidung. Diese Bestimmung befindet sich, wie gesagt, nur in der Reg. III und es müßte daher die ganze Stelle erst aus der Zeit nach 1223 stammen (vgl. auch unten).

[2] Eine andere Möglichkeit ist, daß Franz damals den ersten Entwurf seiner Regel auf das Kapitel brachte (vgl. Jord. c. 15: „regulam, quam ipse simplicibus verbis conceperat...", s. oben S. 39). Dazu könnten wir die Sätze aus Actus in Valle Reatina, ap. Sabatier, Spec. perf. p. 256 hinzufügen: „ad compendiosiorem formam redigere — mit dem Zusatze: Ista autem facta sunt, antequam cederet omnino officium ministerii." Andererseits aber kann man diese Stelle mit guten Gründen bis auf die J. 1222/23 beziehen.

[3] Die zweite Möglichkeit, welche bei der Interpretation dieser wichtigen, aber schwierigen Stelle zugestanden werden muß, besteht darin, daß jene Stelle „nihil tuleritis" zweimal in die Regel eingetragen und zweimal wieder entfernt wurde; zum erstenmal in den Entwurf der Reg. II 1221 und zum zweitenmal in den Entwurf der Reg. III 1223; und erst auf die zweite Ausstreichung dieser Worte beziehen sich die angeführten Worte im Absatze [B]. Vgl. unten. S. dazu auch A. Clareni Exp. Reg., ap. Oliger p. 101—102, die das ganze c. 8 Reg. II (mit einem Varianten) schon zum J. 1215 versetzt.

fang der neuen Redaktion der Regel zum Generalkapitel des J. 1220 mit gewisser Wahrscheinlichkeit versetzen.

Trotzdem scheint das Resultat der weiteren Verhandlungen infolge des Einflusses Hugolinos ein Kompromiß gewesen zu sein. Wenigstens ist die päpstliche Bulle über das Noviziat vom 22. September 1220 eine Äußerung weiterer Monachisation des Ordens und schließlich ein Sieg der gelehrten Brüder oder Minister. Die Bulle wurde den Brüdern auf dem Septemberkapitel des J. 1220 bekannt gemacht, auf welchem Franz der Führung des Ordens entsagte und sie in die Hände des Bruders Petrus Catanii legte, der Jurist (iuris peritus et dominus legum, Jord. c. 11), aber trotzdem ein treuer Gefährte des Heiligen war.[1] Seinen Seelenzustand kann man aus Spec. c. 72 (cf. c. 81) herauslesen und es scheint sicher, daß er bei seiner Abdikation von neuem erklärte, daß er den Orden nicht auf Gelehrtheit und Bücher, sondern auf Demut, Schlichtheit, Gebet und Armut begründet haben wollte (ibid.).[2] Diese Grundsätze suchte er dann in seiner neuen Regel zur Geltung zu bringen, welche er dem Generalkapitel im Mai 1221 vorlegte. Von den Verhandlungen über die Regel auf diesem Kapitel ist aber leider nichts bekannt; wir wissen nur, was ihr Resultat war, nämlich die bis heute erhaltene Regel, welche ein Kompromiß zwischen den Idealen des Franz und den Anschauungen der Minister und gelehrten Brüder bedeutet. Es kam sicher erst nach harten Kämpfen dazu, welche jedoch fast in allen Quellen in diskretes Schweigen gehüllt erscheinen (vgl. oben S. 25—26).

---

[1] Auf die Abdikation bezieht sich zweifellos Spec. c. 81 und es wäre interessant durch Vergleichung dieser Stelle mit anderen die Entwicklung eines Faktums in der schriftlichen Überlieferung zu studieren. Ein solcher Vergleich würde kaum zugunsten strenger Glaubwürdigkeit des Spec. ausfallen.

[2] Vgl. Ende Spec. c. 72: „Hoc verbum (über den guten Mönch) dicebat saepissime coram ministris et aliis fratribus, maxime in capitulo generali." Gegen den Namen „magister" in Actus c. 17 und gegen jenen „prior" s. Reg. II c. 6. Vgl. auch, wie er von der „sapientia huius mundi" in Reg. II c. 17 spricht.

ZWEITER TEIL
DIE ENTSTEHUNG UND FORMATION DER REGEL VOM J. 1223

KAPITEL I
DIE ENTSTEHUNG UND DER URSPRÜNGLICHE WORTLAUT DER REGEL

§ 1. Die Entstehung der neuen Regel, welcher die Bestätigung durch die päpstliche Bulle vom 29. November des J. 1223 zuteil wurde, ist in legendarische Erzählungen von den Brocken, der Hostie und von der Verfassung der Regel auf dem Taubenberge gehüllt (Spec. perf. c. 1, 2 Cel. 209, Bonav. IV 11, Pisanus, Marianus, Actus in Valle Reatina). Die ursprünglichen Quellen konstatieren nur das Faktum, daß eine neue Regel verfaßt und vom Papste bestätigt wurde.[1] Leg. 3 soc. 62 sagt (fälschlich an die Verfolgung der Brüder in Deutschland und Ungarn vor 1221 anknüpfend): „Quod cum notificatum fuisset dicto domino cardinali (= dem Hugolino), vocavit b. Franciscum et duxit eum ad d. papam Honorium, d. Innocentio iam defuncto, et aliam regulam a b. Francisco compositam fecit per eundem d. Honorium cum bulla pendente solemniter confirmari." Ähnlich schreibt der Anon. Perus. (A. SS., Oct., t. II, p. 369, n. 495) mit folgender Variante: „Et fecit (sc. Card. Hugolino) sibi (sc. Francisco) aliam Regulam et confirmari. Et d. papa munimine roboravit." Dazu tritt das Zeugnis Hugolinos selbst, welcher als Papst Gregor IX. in der Bulle „Quo elongati" vom 28. September 1230 sagt: „Et quum ... in condendo praedictam Regulam, obtinendo confirmationem ipsius per Sedem Apostolicam, sibi astiterimus ..." (Spec. perf., ed. Sabatier, p. 315).

---

[1] 1 Celano hat über die Reg. III kein Wort. Vgl. Sabatier, Spec. perf., p. CVI. Nur 2 Cel. 209 erzählt die Brockengeschichte. Vgl. Sabatier, Bartholi, p. 125 sq.

Wie wir sehen, sind diese authentischen Zeugnisse ganz allgemein! Wenn wir mehr wissen wollen, müssen wir andere Quellen befragen, welche auf alter Ordenstradition über die Entstehung der Reg. III beruhen. Aus diesen Quellen erhellen diese Tatsachen: 1. Franz verfaßte in den J. 1221—23 auf dem Taubenberge eine neue Regel, welche infolge der Nachlässigkeit des Bruders Elias verloren ging; 2. aus dem neuen Entwurfe wurden auf Drängen der Minister viele Sätze gegen den Willen des Franz fortgelassen; 3. der auf solche und andere Weise berichtigte Text wurde dann vom Papste Honorius am 29. November 1223 bestätigt. Die wichtigsten Quellen für diese Ereignisse sind Bonaventura resp. Celano und der Spec. perf.; die anderen kann man auf den einen oder den anderen zurückführen.

Bonaventura schrieb über die Entstehung der Reg. III auf Grund guter Quellen und auch die Anordnung des Stoffes ist bei ihm richtig; daher kann sein Bericht an erster Stelle zitiert werden. Er schreibt also (Leg. c. IV. 11): „Cum autem, dilatato iam ordine, vivendi formam per d. Innocentium approbatam disponeret per successorem ipsius Honorium in perpetuum facere roborari, huiusmodi fuit a deo revelatione commonitus. [Cf. 2 Cel. 209.] Videbatur quidem sibi de terra micas panum subtilissimas collegisse multisque famelicis fratribus ipsum circumstantibus debere tribuere. Cumque micas tam tenues distribuere formidaret, ne forte inter manus exciderent, vox ei desuper ait: 'Francisce, unam de micis omnibus hostiam facito et manducare volentibus tribue.' Quo id agente, quicumque illud non devote recipiebant, aut receptum contemnebant donum, mox lepra infecti, notabiles apparebant. — Recitat mane vir sanctus haec omnia sociis, dolens, se non percipere mysterium visionis. Sequenti vero die, cum vigil in oratione persisteret, huiuscemodi vocem de caelo delapsam audivit: 'Francisce, micae praeteritae noctis verba evangelii, hostia Regula, lepra iniquitas.' — Volens igitur confirmandam Regulam, ex verborum evangelii aggregatione profusius traditam, ad compendiosiorem formam, iuxta quod dictabat visio monstrata, redigere, in montem quendam cum duobus sociis, Spiritu sancto ducente, conscendit. ..." Aus dieser legendenhaften Erzählung[1] kann festgehalten

---

[1] Ähnlich liest man bei 2 Cel. 209 (mit dem Zusatze: „Tempore, quo de regula confirmanda fiebat inter fratres collatio" — sonst sagt Bonaventura mehr als Celano), Clarenus in H. Tribul. (ed. Döllinger, Beiträge zur Sektengeschichte II, S. 455—457) und in Exp. regulae (ed. Oliger, p. 9 und 127), bei Pisanus in Conform., fructus IX, p. II (ed. Anal. Franc. IV, p. 371

werden, daß Franz vor dem J. 1223 seine Regel vom Papste bestätigt und daß er sie deshalb kürzer haben wollte, weil die bisherige infolge der Anhäufung der Worte des Evangeliums zu weitläufig war. Es besteht kein Zweifel, daß mit der bisherigen Regel nicht jene ursprüngliche „vivendi forma per d. Innocentium approbata" vom J. 1210, sondern die umfangreiche Reg. II von 1221 gemeint ist, welche wirklich von Caesarius aus Speier mit zahlreichen Zitaten aus der Bibel „ausgeschmückt" worden war. Indirekt geht aus den Worten Bonaventuras hervor, daß die Reg. II eben ihres Umfanges wegen nicht genügte. (Wir wissen, daß sie auch deshalb nicht genügte, weil sie kompromißartig, chaotisch, unpraktisch und ganz undurchführbar war.)

Der Speculum perfectionis c. 1 hat über die Entstehung der Reg. III einen Bericht, welcher mit dem Bonaventuras nicht unvereinbar ist, besonders wenn wir ihn nach der in der Hschr. Mazarin. erhaltenen Version lesen (ed. Sabatier, p. 251). Diese Version lautet: „Et nota, quod b. Franciscus fecit tres regulas, vid. illam, quam confirmavit papa Innocentius tertius sine bulla. Secundo fecit aliam breviorem, vid. illam, quam fecit propter visionem sibi ostensam de hostia parva, quam monitus fuit facere de multis fragmentis, quae ei tenere videbatur et ex ea tribuere volentibus manducare, et haec regula perdita fuit ..."[1] Postea fecit aliam, quam confirmavit papa Honorius cum bulla, de qua regula multa fuerunt extracta per ministros contra voluntatem b. Francisci. ..."

Soviel über die Beweggründe der Abfassung der Reg. III. Über die Abfassung selbst sind zwei Berichte erhalten: ein kurzer und nüchterner und ein umfangreicher und fantastischer. Der Historiker kann nur dem ersten den Vorzug geben und diesen gibt Bonaventura, l. c.: „[Franciscus] in montem quendam cum duobus sociis, Spiritu sancto ducente, conscendit, ubi pane tantum contentus et aqua, ieiunans conscribi eam fecit, secundum quod oranti sibi divinus spiritus suggerebat. Quam cum, de monte descendens, servandam suo vicario commisisset, et ille,

---

und V, p. 251), bei Marianus aus Florenz (vgl. A. SS., Oct., t. II, p. 636, n. 476—479), u. a. Es ist unmöglich, die Brockengeschichte auf die Verfassung der Reg. II zu beziehen, wie es P. Ed. d'Alençon tut (s. oben S. 19 n.), weil die Erwähnung des Fonte Colombo die Nachricht zum J. 1223 fixiert. Vgl. oben.

[1] Im eigentlichen Texte des Spec. perf. c. 1 druckt Sabatier diese Worte nach der Vatik. Handschrift ab, in der die Worte über die Hostie ganz fehlen (vgl. auch Fr. Leonis Intentio regulae, ap. L. Lemmens, Doc. ant. franc. I, p. 83).

paucis elapsis diebus, assereret per incuriam perditam, iterato sanctus vir ad locum solitudinis rediit eamque instar prioris, ac si ex ore dei verba susciperet, illico reparavit. ..." Spec. perf. c. 1 (vgl. Scripta Leonis, in Doc. ant. franc., I 101—103), Actus in Valle Reatina, Pisanus u. a. (vgl. A. SS., l. c., p. 636—637) hingegen hüllen diese Erzählung in das Kleid biblischer Reminiszenzen und berichten von einem Zusammenstoß zwischen Franz und den Ministern, welcher wahrscheinlich erst auf dem Kapitel, auf welchem über diese Regel verhandelt wurde, geschah.[1] Trotzdem kann man auch aus dieser Version, welche in der Form des Spec. perf. die Version des Bruders Leo genannt werden kann, etwas beibehalten, denn es ist sicher, daß Bruder Leo an der Abfassung der Reg. III teilgenommen hat.[2] Wir lesen z. B. am Ende des c. 53 (nach der Edition vom J. 1509, ap. Sabatier, p. 90, v. 25), daß gemäß der Erzählung Bruder Leos „b. Franciscus, dum fecit regulam, de omni capitulo separatim consulebat Dominum, si esset secundum voluntatem suam. Quum autem venisset ad capitulum de paupertate, dixit Dominus: 'Recide, omnia recide!'" Nach Bonaventuras Bericht verfaßte Franz, wie wir hörten, die Regel auch der Inspiration Gottes gemäß; dies bedeutet, daß er sich bei dieser für ihn so anstrengenden geistigen Arbeit durch Gebet und Meditation stärkte und erfrischte.

§ 2. Soviel wissen wir von der Art und Weise der Arbeit bei der Zusammenstellung der Reg. III. Was den Inhalt betrifft, gehört die Erwähnung vom Kapitel über die Armut (vgl. das eben angeführte Zitat) vor allem hieher, welche wir im Spec. perf. c. 2 [= Fr. Leonis Intentio Regulae, n. 4, in Doc. ant. fr. I 86] lesen. Bruder Leo versichert hier, daß Franz „dixit fratribus haec [hoc] (nämlich daß sie die Regel und

---

[1] Suyskens, A. SS., p. 367, n. 485 verwirft mit Recht diese Erzählung: „Ego, quo magis historiam hanc expendo, eo magis (si ea, quae ex Bonaventura continet, excipias) cogor pro fictitia habere, non una ductus ratione."

[2] Br. Leo konnte als Schreiber an der Abfassung teilgenommen haben, während der zweite, Br. Bonizo aus Bologna, mit seinen juristischen und biblischen Kenntnissen helfen konnte. Caesarius aus Speier war vom 30. Juni 1221 bis zum 11. Juni 1223 in Deutschland, Peter Catanii (Jurist) war tot, Br. Elias nicht gegenwärtig. Über die Teilnahme des Br. Leo vgl. Spec. perf. c. 11: „Nos vero, qui cum ipso, quando scripsit regulam, fuimus et fere omnia alia sua scripta, perhibemus testimonium", etc. Vgl. auch ibid., p. CXLIII unten (das Zeugnis Ubertinos von Casale: „audivit a sancto fratre Leone, qui presens erat et regulam scripsit").

Armut streng einhalten sollen) et alia plurima [plura] et etiam fecit in regula plura scribi, quae [quam] cum assidua oratione [et meditatione] a Domino postulabat pro utilitate religionis, affirmans ea [eam] penitus esse secundum Dei voluntatem; sed postquam ea ostendebat[1] fratribus, videbantur eis gravia et importabilia. ... Et quia valde [multum] timebat scandalum et in se et in fratribus, nolebat contendere cum ipsis, sed condescendebat invitus [licet non voluntarie] voluntati eorum et coram Domino se excusabat." Eine ähnliche Erklärung Leos ist im Spec. perf. c. 11 [= Fr. Leonis Intentio, l. c., p. 98—99, vgl. Hist. tribul., ap. Döllinger, II 454] zu lesen (quod plura fecit scribi [scripsit] in regula et aliis scriptis suis). Schon diese Worte bezeugen, daß die ursprüngliche Form der Reg. III erstens umfangreicher als der heute erhaltene Text war und daß sie zweitens „schwere und unerträgliche" Bestimmungen enthielt, welche infolge des Widerstandes der Brüder entfielen.[2]

Aber wir können noch weiter gehen und an einem konkreten Falle zeigen, wie der ursprüngliche Entwurf der Reg. III aussah und wie er dann in der offiziellen Fassung verändert wurde.[3] Diesen Fall gibt uns der bekannte Brief des Franz an einen Minister.[4] Zum Unterschiede von anderen Forschern, welche (wie P. Edouard) als Adressaten bald Peter Catanii, bald (wie Sabatier und Lempp) den Bruder Elias ansehen, glaube ich (mit P. Lemmens), daß der Brief an einen unbekannten Provinzialminister in der Fremde (wahrscheinlich in einer italienischen Provinz) gerichtet ist und eine Antwort auf einen anderen Brief derselben Person darstellt.[5] Aber uns interessiert der Brief hier

---

[1] Zeigen konnte er nur das, was geschrieben war.

[2] Von diesem Standpunkte aus sind die Ausführungen von Suyskens (A. SS., p. 638), daß die Reg. III weniger streng ist, als die Reg. II, zwecklos.

[3] Etwas ähnliches haben wir oben S. 21—22 bei 2 Cel. 175 und c. 10 der Reg. II konstatiert.

[4] Aus der Literatur vgl. Ed. Alinconius, Ep. s. Fr. ad ministrum gener., 1899. — Sabatier in Francisci Bartholi tractatus, p. 113-131. — W. Götz, Quellen, S. 33-40. — Ed. Lempp, Fr. Élie de Cortone, p. 50-51 u. 159-161. — P. Lemmens in Opusc., p. 189-191.

[5] Dieser Brief des Provinzials bezog sich zweifellos auf ein disziplinarisches Vorgehen gegen Brüder, welche dem Provinzial verantwortlich waren. Die Brüder ließen sich eine Todsünde gegen die Regel zuschulden kommen und wurden von den Guardianen dem Provinzial zur Bestrafung übergeben. Der Provinzial wußte nicht, was er tun sollte, denn nach der bisherigen Regel (c. 5) sollte er die Sünder, „sicut sibi secundum Deum melius videbitur ex-

nur insoweit, als er Quelle zur Reg. III ist. In dieser Beziehung ist der zweite Teil des Briefes interessant, der mit folgenden Worten beginnt: „De omnibus autem capitulis, que sunt in regula, quae loquuntur de mortalibus peccatis, Domino adiuvante, in capitulo Pentecostes cum consilio fratrum faciemus istud tale capitulum." Aus diesen Worten geht, was die formale Seite betrifft, hervor: 1. daß Franz mehrere bisherige Kapitel der Regel in ein Kapitel vereinigen wollte, um so die bisherige Regel durch Kürzung zu korrigieren — er hatte also dieselbe Absicht, welche Bonaventura mit den Worten charakterisiert: „regulam ... ad compendiosiorem formam redigere" (vgl. oben); — 2. daß Franz diese Absicht auf dem nächsten Pfingstkapitel mit dem Rate der Brüder verwirklichen wollte; diese Worte (consilio fratrum) zeigen ganz klar den Gang der Verhandlungen bei der Einführung der Regel im J. 1223 (gewiß geschah es auch früher so): Franz verfaßte den Entwurf einer Regel, auf dem Kapitel beriet er sich über diesen Entwurf mit den Brüdern (es versteht sich von selbst, daß er sich, wenn 3000 bis 5000 Brüder anwesend waren, nur mit einigen Auserwählten, vor allem mit den Ministern beriet) und dann erst wurde der vereinbarte Text der Regel auf dem Kapitel kundgemacht. Daß aber Franz trotz allem „konstitutionellen" Verhandeln ziemlich autokratisch vorging, bezeugt eben unser Brief, in welchem Franz dem Minister schon den fertigen Entwurf eines bestimmten Kapitels mit dem Zusatze vorlegte: „Hoc scriptum, ut melius debeat observari, habeas tecum usque ad Pentecosten; ibi eris cum fratribus tuis.[1] Et ista et omnia alia, quae minus sunt in regula, Domino Deo adiuvante, procurabis adimplere." Der Adressat sollte sich also im vorliegenden Falle schon nach dem Rate des Franz richten, welcher zugleich Gesetz war.[2]

Sachlich bezieht sich der Brief zweifellos auf die Reg. II und man kann also mit ihm wie mit einem Stücke der Vorlage der Reg. III operieren. Zu diesem Zwecke wollen wir den Text der betreffenden Verfügung vergleichen, wie man ihn im Briefe liest, und wie er dann in

---

pedire", behandeln. Es muß ein schwerer Fall gewesen sein, da der Provinzial, seine Verantwortung fühlend (factum animae), schon dem Amte entsagen und Einsiedler werden wollte (eremitorium).

[1] D. h.: Dorthin kommst du mit den Brüdern aus deiner Provinz.

[2] Vgl. auch den entschiedenen Ton im ersten Teil des Briefes: „Et ita velis et non aliud. Et hoc sit tibi per veram obedientiam Domini Dei et meam, quia firmiter scio, quod illa est vera obedientia."

der Reg. III gestaltet wurde, und wollen zugleich den ursprünglichen Text der Reg. II hinzufügen.

Reg. II c. 5 (Text A).	Ep. ad ministrum (Text B).	Reg. III c. 7 (Text C).
[1] Et si viderint [fratres] aliquem illorum carnaliter et non spiritualiter ambulare pro rectitudine vite nostre, post tertiam admonitionem, si non se emendaverit, in capitulo Pentecostes renuntient ministro et servo totius fraternitatis, nulla contradictione impediente. [2] Si vero inter fratres, ubicumque sint, fuerit aliquis frater volens carnaliter et non spiritualiter ambulare, fratres, cum quibus est, moneant eum et instruant et corripiant humiliter et diligenter. Quod si ille post tertiam admonitionem noluerit se emendare, quam citius possunt, mittant eum vel significent suo ministro et servo, qui minister et servus de eo faciat, sicut sibi secundum Deum melius videbitur expedire. [3] Et caveant omnes fratres, tam ministri et servi quam alii, quod propter peccatum alicuius vel malum exemplum non turbentur et irascentur ..., sed spiritualiter, sicut melius possunt, adiuvent illum, qui peccavit, quia 'non est sanis opus medicus, sed male habentibus' (Matth. 9, 12).	[1] Si quis fratrum, instigante inimico, *mortaliter* peccaverit, per obedientiam teneatur recurrere ad guardianum suum. Et omnes fratres, qui scirent eum peccasse, non faciant ei verecundiam nec detractionem, sed magnam misericordiam habeant circa ipsum et teneant multum privatum peccatum fratris sui; quia 'non est opus sanis medicus, sed male habentibus' (Matth. 9, 12). Similiter per obedientiam teneantur eum mittere custodi suo cum socio. Ipse custos misericorditer provideat ei, sicut ipse vellet provideri sibi, si in consimili casu est. [2] Et, si in aliquo peccato *veniali* ceciderit, confiteatur fratri suo sacerdoti et, si non fuerit ibi sacerdos, confiteatur fratri suo, donec habebit sacerdotem, qui eum absolvat canonice, sicut dictum est [sc. in c. 20 Reg. II]. Et isti penitus non habeant potestatem iniungendi aliam penitentiam, nisi istam: 'Vade et noli amplius peccare' (Joh. 8, 11).	[1] Si qui fratrum, instigante inimico, mortaliter peccaverint, pro illis peccatis, de quibus ordinatum fuerit inter fratres, ut recurratur ad solos ministros provinciales, teneantur praedicti fratres ad eos recurrere, quam citius poterint, sine mora. — [2] Ipsi vero ministri, si presbyteri sunt, cum misericordia iniungant illis paenitentiam; si vero presbyteri non sunt, iniungi faciant per alios sacerdotes ordinis, sicut eis secundum deum melius videbitur expedire. — [3] Et cavere debent, ne irascantur et conturbentur propter peccatum alicuius quia ira et conturbatio in se et in aliis impediunt caritatem.

50 Teil II. Kap. 1. Die Entstehung und urspr. Wortlaut der Reg. III

Reg. II c. 5 (Text A). Cf. Reg. II c. 20: Fratres mei benedicti, tam clerici, quam laici,	Ep. ad ministrum (Text B).	Reg. III c. 7 (Text C).

confiteantur peccata sua sacerdotibus nostre religionis. Et si non potuerint, confiteantur aliis discretis et catholicis sacerdotibus, scientes firmiter et attendentes, quia, a quibuscumque sacerdotibus catholicis acceperint penitentiam et absolutionem, absoluti procul dubio erunt ab illis peccatis, si penitentiam sibi iniunctam procuraverint humiliter et fideliter observare. Si vero tunc sacerdotem habere non potuerint, confiteantur fratri suo (Jac. 5, 16). Non tamen ob hoc dimittant acurrere ad sacerdotes, quia potestas ligandi et solvendi solis sacerdotibus est concessa ...

Alle diese Texte sind sowohl an und für sich als auch in ihrem gegenseitigen Verhältnisse sehr interessant.[1] Der Text A, welcher den anderen vorangeht, besteht aus zwei Sätzen; im Satze [1] wird das Gericht über den schuldigen Bruder dem Generalminister auf dem Pfingstkapitel übertragen, während im Satze [2] das Gericht über schuldige Brüder dem Provinzial überlassen wird, welcher mit dem Sünder nach seinem Gutdünken verfahren soll; nur soll er Zorn und Ärgernis vermeiden. Das Gerichtsverfahren war also nicht einfach! Ähnlich war auch schon der vorhergehende Akt, nämlich die Bestimmung über das Bekennen der Sünden in der Reg. II nicht praktisch, weil sie forderte, daß der Sünder in erster Linie dem Ordenspriester, in zweiter einem beliebigen kirchlichen Priester und erst in dritter dem Mitbruder beichte; in den Einsiedlerhütten z. B., wo es keine Priester gab, konnte dies zu langer Verheimlichung der Sünde führen. Franz fühlte die Unzulänglichkeit dieser Ordensgesetze und als er in einem bestimmten Fall das Urteil fällen sollte, brachte er einen neuen Antrag über das „Strafverfahren" vor (Text B). Wer eine Todsünde begangen hat, soll sich zuerst an seinen Guardian wenden; der Guardian sollte die Sache offenbar nur untersuchen, wobei die Zeugen barmherzig sein und über die Sünde vor anderen schweigen sollten; zum Gericht sollte der Sünder dem betreffenden Kustos in Begleitung eines Bruders geschickt werden und der Kustos sollte wieder milde mit ihm verfahren. Der mit einer gewöhnlichen Sünde belastete Sünder sollte noch einfacher und milder abgeurteilt werden: er sollte seinem Mitbruder beichten, wenn kein Priester zur Stelle ist; der Priester soll ihm die kanonische Absolution erteilen, d. h. ihm Buße auferlegen, aber keine an-

---

[1] Vgl. auch Sabatier, Bartholi, p. 128.

dere, als ihm mit den Worten der Schrift zu sagen: „Gehe und sündige hinfort nicht mehr." Franz legte hier offenbar auf zwei Dinge Gewicht: auf ein einfaches und diskretes Gerichtsverfahren (wer eine Todsünde begangen hat — Guardian — Kustos; wer nur gewöhnlich gesündigt hat — Mitbruder — Priester) und auf barmherziges Handeln (misericordia ist der Grundton des Briefes). Bemerkenswert ist die vollständige Übergehung der Instanz der Minister und die freie Auffassung der Beichte (der Sünder soll dem Mitbruder und dann irgendeinem Priester beichten). Deshalb reagierte die offizielle Regel auf diese beiden Tendenzen und bestimmte (Text C), daß das Urteilen über bestimmte Todsünden[1] nur den Provinzialministern reserviert bleiben soll, und zweitens, daß andere Ordensgeistliche die Absolution erteilen sollen, insoweit diese Minister nicht Priester seien. Ich hoffe, daß jedem die Reaktion bzw. Rektifikation klar ist, welche die Reg. III (Text C) dem ursprünglichen Entwurfe des Franz (Text B) bringt.[2]

§ 3. Franz verfaßte den ersten Entwurf der Reg. III wahrscheinlich auf Fonte Colombo im Laufe des J. 1222. Die Arbeit nahm längere Zeit in Anspruch, da Franz „de omni capitulo consulebat Dominum" (l. c.), wobei er 40 Tage in Gebet und Fasten verharrte. Es wäre inter-

[1] Diese Todsünden finden wir in den späteren Regelauslegungen spezifiziert; vgl. A. Clareni Exp. Reg., c. 7, ed. Oliger, p. 179: „Intentio s. Francisci fuit, quod iste modus recurrendi ad ministros servaretur in peccatis mortalibus manifestis, et quod fratres de manifestis peccatis, que pluribus notaverant, ad solos ministros recurrere peccantes taliter ordinarent, sicut erat de receptione pecunie et de peccato fornicationis vel alterius manifeste inmunditie, et de pravitate heretica quacunque, et de manifesto et notabili furto rerum et elemosinarum datarum fratribus ad necessarium usum vite et divinum cultum, et de minis cum arrogantia et percussione factis propriis fratribus vel quibuscunque aliis personis, et de omnibus etiam aliis publicis mortalibus, pro quibus ordinaretur a fratribus idipsum in suis capitulis generalibus. Potest etiam accipi hoc et intelligi de quibuscunque occultis mortalibus aliis, pro quibus ordinaretur 'inter fratres', quod 'ad solos ministros' pro absolutione secrete haberetur recursus, vel ad alios, quibus ministri super hoc commicterent vices suas."

[2] Daß es wirklich eine Reaktion gewesen war, geht auch aus späteren Regelauslegungen hervor; es genügt, die betreffende ganz ministerielle Erörterung des Bart. Pisanus (Conf., l. I, fr. IX, Anal. franc. IV, p. 415—417) zu lesen. — Ich bemerke noch, daß das Bestreben der Minister, in der offiziellen Regel des J. 1223 einige Bestimmungen der Regel von 1221 aufrecht zu erhalten, zutage tritt. Vgl. im gegebenen Falle den Satz „Et caveant". Auch die Worte „recurrere, quam citius possunt" liest man in Reg. II c. 6.

essant zu wissen, ob dies vor oder erst nach dem Generalkapitel vom Mai 1222 geschah, von dem sonst nichts bekannt ist; weil jedoch Franz am 15. August 1222 in Bologna predigte, ist es wahrscheinlich, daß er erst im Herbste 1222 an die Abfassung der Regel schritt. Die vermeintliche Intervention der Provinzialminister mit Elias an der Spitze konnte nach dem Septemberkapitel des J. 1222 vor sich gegangen sein, als die Arbeit noch nicht fertig war; als sie vollendet war, stieg Franz vom Berge herab und übergab sein Elaborat (welches Bruder Leo aufgeschrieben hatte) seinem Vikar und dem General des Ordens, dem Bruder Elias. Ob diese Übergabe in Porciuncula oder im Reatiner Tale geschah, ist unbekannt. Sicher ist nur, daß das Elaborat des Franz nach einigen Tagen verloren ging; die Quellen sagen, daß dies infolge der Nachlässigkeit des Bruders Elias geschah (per incuriam)[1], wir können aber eher annehmen, daß ein übereifriger Bruder absichtlich den Entwurf der Regel vernichtete, von der das Gerücht ging, daß sie „ardua ultra vires humanas atque impossibilis ad servandum" sei. Franz kehrte wieder auf Fonte Colombo zurück und verfaßte nach langer Arbeit eine neue Regel ähnlich der ersten, wieder 40 Tage fastend und betend (es geschah dies wahrscheinlich im Winter 1222/23). Nach Vollendung der Arbeit ging er noch im Winter 1223 direkt nach Rom (vgl. Spec. perf. c. 67 „tempus hiemale"), um mit Kardinal Hugolino über die päpstliche Bestätigung der Regel zu verhandeln. Vielleicht wollte er über die Köpfe der sich auflehnenden Minister seinem Orden ein neues und letztes Gesetz seines Lebens und seiner Arbeit geben.

Aber die Verhandlungen (s. auch unten Kap. II sub c. 10) führten wahrscheinlich nicht zum Ziele; es fehlte die vorhergehende Übereinkunft mit dem Kapitel als gesetzgebendem Mitarbeiter. Die Worte Hugolinos „in condendo Regulam sibi astiterimus" beziehen sich erst, wie aus dem Zusammenhange ersichtlich ist, auf die Verhandlungen, welche unmittelbar der päpstlichen Bestätigung des vom Kapitel genehmigten Textes im Herbste 1223 vorangingen. Franz war genötigt, sein Elabo-

---

[1] Nur A. Clarenus in Hist. tribul., ap. Döllinger II 451—452, sagt offen: „Frater Elyas cum sequacibus suis et quibusdam ministris et qui adversari ei palam non audebant, viro dei fratri Leoni, qui regulam sibi a sancto traditam conservabat, furtim seu latentes subtrahunt et abscondunt, putantes tali modo b. Francisci propositum impedire, ne iuxta verbum Christi ad eum coelitus factum regulam summo pontifici praesentaret et eam faceret approbari." Vgl. dazu Ed. Lempp, Fr. Élie, p. 48—49.

rat dem Generalkapitel vorzulegen, welches am 11. Juni 1223 in Porciuncula zusammenkam. Auch Kardinal Hugolino war wahrscheinlich den Verhandlungen zugegen. Leider wissen wir über den Verlauf dieser Verhandlungen fast nichts.[1] Sicher können wir bloß den Standpunkt der Parteien, den allgemeinen Charakter der Regel, über die verhandelt wurde, und das summarische Resultat festlegen.

Was den Standpunkt anbelangt, forderte Franz unerbittlich, daß seine Regel, welche er als Werk göttlicher Inspiration ansah, wörtlich und ohne Bemerkung erhalten werde (Spec. perf. c. 1). Psychologisch ist das sehr begreiflich, da Franz bis zum Tode dem Gebote des Lebens und der Lehre Christi gemäß nach der „perfectio religionis" strebte, welche die ihm von Gott eingegebene Regel enthielt (Spec. perf. c. 81). Er wollte je weiter, desto mehr Christus ähnlich werden, und es ist nicht ohne Bedeutung, daß er sich täglich das betreffende Evangelium aus dem Meßbuche vorlesen ließ (Spec. perf. c. 117). Die Minister hingegen standen auf dem Standpunkt des kirchlich-sozialen Monachismus, sie sorgten mehr für den Orden als solchen, als um die Verwirklichung des Ideals Christi; die Brüder waren so zahlreich, daß sie zuerst eine feste Organisation haben mußten, ehe sie ihre Sendung erfüllen konnten! Sie rieten daher dem Franz, „ut aliquid concederet fratribus, saltem in communi, ita quod tanta multitudo haberet, ad quod recurreret" (Spec. perf. c. 13 und Scripta fr. Leonis, in Doc. ant. I 101). Aber Franz war mit seinem Christus unerbittlich und legte den Brüdern in seiner Regel viele Bestimmungen vor, „quae cum assidua oratione et meditatione a Domino postulabat pro utilitate religionis, affirmans ea penitus esse secundum Dei voluntatem" (Spec. perf. c. 2). Es ist natürlich bei dem grundsätzlich so verschiedenen Standpunkte, daß den Brüdern diese Bestimmungen „gravia et importabilia" erschienen (ibid.), als sie ihnen vorgelegt wurden. Sie lehnten sich gegen sie auf und Franz gab nach, wenn auch ungern und mit Entschuldigungen vor Gott (ibid.), weil er Ärgernis fürchtete und nicht mit den Brüdern streiten wollte (vielleicht hatte er auch auf dem Kapitel nur eine Minorität hinter sich). So kam es, daß viele Dinge (multa) aus dem Entwurf des Franz infolge des Einflusses der Minister weggelassen wurden (Spec. perf. c. 1).

---

[1] Vgl. Sabatier, Bartholi, p. 126 Anm.: „Au chapitre du 1223, s. Fr. soumit ses projets à l'ensemble des frères, mais la discussion dut être si longue, si vive et si confuse, qu'il fut peut-être décidé de charger les ministres provinciaux de préparer, de concert avec le fondateur, la refonte de la règle."

KAPITEL II
PARALLELE ANALYSE DER REG. II UND REG. III

Schon aus dem allgemeinen Unterschiede der Parteien im Orden ging hervor, daß die Regel des Franz auf dem Kapitel im Juni 1223 strenger Revision unterworfen und radikal verändert werden mußte. Positiv wissen wir es von dem angeführten Kapitel des Franz über Bestrafung von Todsünden, von dem bei der Revision und Zusammenstellung der offiziellen Regel gar nichts übrig blieb. Ich will versuchen, auch andere damals vorgenommene Änderungen festzustellen und zu diesem Zwecke die einzelnen Bestimmungen der Reg. III durchgehen, sie mit der Reg. II vergleichen und darin suchen, was von Franz und was von den Ministern stammt.[1] Sehr belehrend (auch für den Ton) ist schon das Kap. 1.

Reg. II c. 1 (excerpta).	Reg. III c. 1 (vollständig).
1. In nomine Patris et filii et Spiritus sancti.	1. In nomine Domini incipit vita minorum fratrum.
2. Regula et vita istorum fratrum haec est, scil. vivere in obedientia, in castitate et sine proprio et Domini nostri Iesu Christi doctrinam et vestigia sequi, qui dicit ...	2. Regula et vita minorum fratrum haec est, scil. Domini nostri Iesu Christi s. evangelium observare, vivendo in obedientia, sine proprio et in castitate.
3. Frater Franciscus et quicumque erit caput istius religionis, promittat obedientiam et reverentiam d. Innocentio papae et successoribus eius. Et omnes alii fratres teneantur obedire fratri Francisco et eius successoribus.	3. Frater Franciscus promittit obedientiam et reverentiam d. papae Honorio ac successoribus eius canonice intrantibus et ecclesiae Romanae. Et alii fratres teneantur fratri Francisco et eius successoribus obedire.

Wenn wir wissen, daß c. 1 der Regel vom J. 1221 (Reg. II) eigentlich ein Bestandteil der ursprünglichen Regel vom J. 1210 (Reg. I) ist, müssen wir voraussetzen, daß es im Entwurfe des Franz treu reproduziert wurde und daß die Veränderungen und Zusätze in der Reg. III von den Ministern oder vom Kardinal Hugolino stammen; der Unterschied zwischen den Worten „d. n. I. Christi doctrinam et evangelia sequi" (mit den weiteren Zitaten aus der Bibel) und den Worten „d. n. I. Christi

---
[1] Vgl. auch K. Müller, Anfänge, S. 81 f.

s. evangelium observare" ist so groß (im ersten Falle ist von der Erfüllung bestimmter Gebote Christi, im zweiten einfach von der Einhaltung des Evangeliums Christi durch die Einhaltung der drei Mönchsgelübde die Rede), daß man in der neuen Stilisation nicht die Hand des Franz, sondern die fremder Leute sehen kann, welche den ursprünglichen Gedanken des Franz sehr geschickt mit einem Federstrich änderten und vergewaltigten; den Einfluß des Kardinals könnte man im Zusatze „canonice intrantibus et ecclesiae Romanae" erkennen.

Über die Aufnahme von Brüdern handelt c. 2 und zwar wieder in beiden Regeln in wesentlich verschiedener Weise.

Reg. II c. 2.	Reg. III c. 2.
Überschrift: De receptione et vestimentis fratrum.	Überschrift: De hiis, qui volunt vitam istam accipere et qualiter recipi debeant.
1. Si quis *divina inspiratione* voluerit accipere hanc vitam et venerit ad fratres nostros, benigne recipiatur ab eis. — 2. (a) *Quod si fuerit firmus accipere vitam nostram,* multum caveant sibi fratres, ne de suis negociis temporalibus se intromittant, (b) sed suo ministro, quam citius possunt, eum representent. — 3. Minister vero benigne ipsum recipiat et confortet, et vite nostre tenorem ei diligenter exponat. — 4. Quo facto, predictus, si vult vitam istam accipere, omnia sua vendat — *si potest spiritualiter, sine impedimento* — et ea studeat pauperibus erogare. — 5. Caveant vero sibi fratres et ministri fratrum, quod de negotiis suis *nullo modo* intromittant se. — 6. Nec recipiant ab eo aliquam pecuniam, neque per se neque per interpositam personam; si tamen indigent aliis necessariis corporis, preter pecuniam recipere possunt fratres causa presentis necessitatis, sicut alii pauperes. — 7. Et cum reversus fuerit, minister concedat ei pannos probationis *usque ad annum,* scilicet duas tunicas sine caputio et cingulum et brachas et caparonem usque ad cingulum. — 8. Finito vero anno *et ter-*	1 (ad 1 et 2 b). Si qui voluerint hanc vitam accipere et venerint ad fratres nostros, mittant eos ad suos ministros provinciales, quibus solummodo et non aliis recipiendi fratres licentia concedatur. — 2 (ad 3, cf. 11) Ministri vero diligenter examinent eos de fide catholica et ecclesiasticis sacramentis. — 3 (ad 4). Et si haec omnia credant et velint ea fideliter confiteri et usque in finem firmiter observare et uxores non habent (vel si habent et iam monasterium intraverint uxores, vel licentiam eis dederint auctoritate dioecesani episcopi, voto continentiae iam emisso, et illius sint aetatis uxores, quod non possit de eis oriri suspicio), dicant illis verbum s. evangelii (Matth. 19, 21), quod vadant et vendant omnia sua et ea studeant pauperibus erogare. — 4 (ad 10). *Quod si facere non potuerint, sufficit eis bona voluntas.* — 5 (ad 5, cf. 2 a). Et caveant fratres et eorum ministri, ne solliciti sint de rebus suis temporalibus, ut libere faciant de rebus suis, quidquid Dominus inspiraverit eis. — 6 (ad 6). Si tamen con-

mino probationis, recipiatur ad obedientiam. — 9. Postea non licebit ei ad aliam religionem accedere neque 'extra obedientiam evagari' iuxta mandatum domini pape, quia secundum evangelium (Luc. 9, 62) 'nemo mittens manum ad aratrum et aspiciens retro, aptus est regno Dei'. —

silium requiratur, licentiam habeant ministri mittendi eos ad aliquos Deum timentes, quorum consilio bona sua pauperibus erogentur.—7 (ad 7). Postea concedant eis pannos probationis, videlicet duas tunicas sine caputio et cingulum et braccas et caparonem usque ad cingulum, nisi eisdem ministris aliud secundum Deum aliquando videatur. — 8 (ad 8). Finito vero anno probationis, recipiantur ad obedientiam, promittentes vitam istam semper et regulam observare.—9 (ad 9). Et nullo modo licebit eis de ista religione exire iuxta mandatum d. papae, quia secundum s. evangelium (Luc. 9, 62) 'nemo mittens manum suam ad aratrum et aspiciens retro, aptus est regno Dei'. —

10. *Si autem aliquis venerit, qui sua dare pauperibus non potest sine impedimento et habet spiritualem voluntatem, relinquat illa et sufficit ei.* — 11. *Et nullus recipiatur contra formam et institutionem s. ecclesie.* —

12. Alii vero fratres, qui promiserunt obedientiam, habeant unicam tunicam cum caputio et aliam sine caputio, si necesse fuerit, et cingulum et brachas. — 13. Et omnes fratres vilibus vestibus induantur, et possint eas repeciare de saccis et aliis peciis cum benedictione Dei, quia dicit Dominus in Evangelio (Matth. 11, 8): 'Qui in veste pretiosa sunt et in deliciis et qui mollibus vestiuntur, in domibus regum sunt.' — 14. Et licet dicantur hypocrite, non tamen cessent bene facere; nec querant caras vestes in hoc seculo, ut possint habere vestimenta immortalitatis et glorie in regno celorum'.

10 (ad 12). Et illi, qui iam promiserunt obedientiam, habeant unam tunicam cum caputio et aliam sine caputio, qui voluerint habere. Et qui necessitate coguntur, possint portare calceamenta.—11 (ad 13). Et fratres omnes vestimentis vilibus induantur, et possint ea repeciare de saccis et aliis peciis cum benedictione Dei. — 12 (ad 14). Quos moneo et exhortor, ne despiciant neque iudicent homines, quos vident mollibus vestimentis et coloratis indutos, uti cibis et potibus delicatis, sed magis unusquisque iudicet et despiciat semetipsum.

Aus diesem Vergleiche beider Texte erhellt zunächst nach der formalen Seite, daß die Reg. II auf dieser Stelle nur um einige Sätze (siehe, was im Texte der Reg. II durch Kursivdruck gekennzeichnet wird) und um ein Zitat aus der Bibel (Satz 13) gekürzt wurde, obwohl auch dieses Zitat im Texte der Reg. III gebraucht wurde. Hingegen wurde der Text der Reg. III an einigen Stellen erweitert (siehe, was im Texte der Reg. III durch Sperrdruck gekennzeichnet wird). Sachlich ist klar, daß sich in den Zusätzen und Änderungen bis auf eine Stelle der Einfluß der Minister und der Kirche geltend machte; dies bezeugt besonders 1. die Bestimmung, daß die Provinzialminister neue Brüder aufnehmen können (ad 1 et 2 b), 2. die Betonung der Erforschung der Rechtgläubigkeit neuer Brüder (ad 3), 3. die Freiheit, auch Verheiratete als Brüder aufnehmen zu können (ad 4), 4. das Recht der Minister, nach Bedürfnis die Kleidung der Novizen zu ändern (ad 7), und 5. die Freiheit der Brüder, einen zweiten Rock ohne Kapuze tragen zu dürfen (ad 12). Für die Teilnahme des Franz bleibt sehr wenig übrig. Es ist wahrscheinlich, daß die Vorlage des Franz, wenn eine solche existierte, verworfen wurde und daß es dem Franz gelang, nur sehr wenig in den offiziellen Text der Regel zu bringen; seinem Einfluß würden die Worte im Satze 5 entstammen: „ut libere faciant de rebus suis, quidquid Dominus inspiraverit eis"; ähnlich sind vielleicht der Satz 6 und in den folgenden Sätzen einige Worte von Franz („secundum Deum aliquando" im Satze 7 und „promittentes vitam istam semper et regulam observare" im Satze 8). Ebenso stammen vielleicht die Worte im Satze 10: „Et qui necessitate coguntur, possint portare calceamenta" von Franz oder sind wenigstens älteren Ursprunges.[1] Sicher aber ist der letzte Satz Eigentum des Franz: „Quos moneo et hortor", nicht allein deshalb, weil er sich formell als von Franz stammend ausgibt, sondern auch sachlich; denn wir wissen aus 3 soc. 58, daß Franz auf diese Weise vom Anfange des Ordens an ermahnte; es ist nicht ausgeschlossen, daß dieser Satz (welcher nur ganz frei an die vorher-

---

[1] Vgl. Spec. perf. c. 3 (= Fr. Leonis Intentio Reg., n. 5, Doc. ant. I 87) und die obigen Ausführungen auf S. 40. Hier bemerke ich nur, daß Franzens Worte: „Ego sic intelligo, quod fratres nihil debeant habere, [1] nisi vestimentum cum corda et femoralibus, sicut dicit regula, [2] et si necessitate coguntur, possint portare calciamenta" ganz gut zugunsten der auf dem Maikapitel ergänzten Regel von 1220 erklärt werden können, welche dann die Vorlage der Regel von 1221 war, und zwar deshalb, weil der Verweis auf die Regel sich auf den Satz [1] bezieht, welcher in keiner Regel zu finden ist, weil er zu jener unterdrückten Stelle „Nihil tuleritis in via" gehörte; der Satz [2] aber ist Franzens Verfügung auch schon aus jener Zeit des J. 1220.

gehenden angegliedert ist) wörtlich dem ursprünglichen Entwurfe de
Regel entnommen wurde.

Weiter lautet die Reg. III und die mit ihr verglichene Reg. II:

Reg. II c. 3.
Überschrift: De divino officio et
ieiunio.

1. Dicit Dominus in Evangelio (Marc. 9, 28): 'Hoc genus demoniorum non potest exire nisi in ieiunio et oratione.' Et iterum (Matth. 6, 16): 'Cum ieiunatis, nolite fieri sicut hypocrite tristes.' Et (Matth. 26, 41): 'Vigilate et orate, ne in tentationem intretis.' Et (Luc. 11, 2): 'Cum oratis, dicite: Pater noster, etc.' — 2. Propter hoc omnes fratres sive clerici, sive laici faciant divinum officium, laudes et orationes, secundum quod debent facere. — 3. Clerici faciant officium et dicant pro vivis et pro mortuis secundum consuetudinem clericorum Romane ecclesie. Et pro defectu et negligentia fratrum dicant omni die 'Miserere mei, Deus' et 'Pater noster'; pro fratribus defunctis dicant 'De profundis' cum 'Pater noster'. — 4. Et libros tantum necessarios ad implendum eorum officium possint habere; et laicis scientibus legere psalterium liceat habere illud; aliis vero nescientibus litteras librum habere non liceat. — 5. Laici vero dicant 'Credo in deum' et viginti quatuor 'Pater noster' cum 'Gloria Patri' pro matutino; pro laudibus vero quinque; pro prima 'Credo in Deum' et septem 'Pater noster' cum 'Gloria Patri'; pro tertia, sexta et nona, pro unaquaque earum septem; pro vesperis duodecim; pro completorio 'Credo in Deum' et septem 'Pater noster' cum 'Gloria Patri'; pro mortuis septem 'Pater noster' cum 'Requiem eternam'; et pro defectu et ne-

Reg. III c. 3.
Überschrift: De divino officio et ieiunio, et quomodo fratres debeant ire per mundum.

1 (ad 3). Clerici faciant divinum officium secundum ordinem sanctae Romanae ecclesiae excepto psalterio, ex quo habere poterunt breviaria. —

2 (ad 5). Laici vero dicant viginti quatuor 'Pater noster' pro matutino; pro laude quinque;

pro prima, tertia, sexta, nona, pro qualiquet istarum septem;

pro vesperis autem duodecim; pro completorio septem et orent pro defunctis. —

gligentia fratrum tria 'Pater noster' quolibet die. — 6. Et similiter omnes fratres ieiunent a festo Omnium Sanctorum usque ad Natale Domini et ab Epiphania, quando Dominus noster Iesus Christus incepit ieiunare, usque ad Pascha. — 7. Aliis autem temporibus non teneantur *secundum hanc vitam* nisi sexta feria ieiunare. — 8. Et liceat eis manducare de omnibus cibis, qui apponuntur eis, secundum evangelium (Luc. 10, 8).

(ex c. 11):
ad 8. Et omnes fratres caveant sibi, ut non calumnientur aliquem, 'neque contendant verbis' (2. Tim. 2, 14), immo studeant retinere silentium, quandocumque eis Deus gratiam largietur. Neque litigent inter se neque cum aliis, sed procurent humiliter respondere, dicentes: 'Inutiles servi sumus' (Luc. 17, 10)... Et sint 'modesti, omnem ostendentes mansuetudinem ad omnes homines' (Tit. 3, 2). Non iudicent, non condemnent.... — ad 9 (ex c. 15). Iniungo omnibus fratribus meis, tum clericis quam laicis, euntibus per mundum vel morantibus in locis, quod nullo modo apud se vel apud alium nec aliquo alio modo bestiam aliquam habeant. Nec etiam eis liceat equitare, nisi infirmitate vel magna necessitate cogantur. — ad 8 et 10 (ex c. 14). Quando fratres vadunt per mundum, nihil portent in via... et 'in quamcumque domum intraverint, primum dicant: 'Pax huic domui' (Luc. 10, 4).

3 (ad 6). Et ieiunent a festo Omnium Sanctorum usque ad Nativitatem Domini. — 4. Sanctam vero Quadragesimam, quae incipit ab Epiphania usque ad continuos quadraginta dies, quam Dominus suo sancto ieiunio consecravit, qui voluntarie eam ieiunant, benedicti sint a Domino, et qui nolunt, non sunt astricti. — 5. Sed aliam usque ad Resurrectionem Domini ieiunent. — 6 (ad 7). Aliis autem temporibus non teneantur nisi sexta feria ieiunare. — 7 (ad 8). Tempore vero manifestae necessitatis non teneantur fratres ieiunio corporali. — 8. Consulo vero, moneo et exhortor fratres meos in domino Iesu Christo, ut, quando vadunt per mundum, non litigent, 'neque contendant verbis' (2.Tim. 2, 14), nec alios iudicent; sed sint mites, pacifici et modesti, mansueti et humiles, honeste loquentes omnibus, sicut decet. — 9. Et non debeant equitare, nisi manifesta necessitate vel infirmitate cogantur. — 10. In quamcunque domum intraverint, primum dicant: 'Pax huic domui.' — 11 (ad 8). Et secundum s. evangelium de omnibus cibis, 'qui apponuntur eis, liceat manducare' (cf. Luc. 10, 5. 8).

Wieder sehen wir an diesem Beispiele, daß die Reg. III nicht nur gekürzt, sondern auch erweitert und geändert wurde. Die Verarbeitung geschah formell und sachlich. Formell wurden die Zitate aus der Bibel im Satze 1 der Reg. II weggelassen, was vielleicht schon im Entwurfe des

Franz durchgeführt wurde. Sachlich ist die Vereinfachung des officiums der Kleriker und Laien bemerkenswert. In der Reg. III wird das officium der römischen Kirche mit allen seinen Konsequenzen eingeführt. Den Laien wird der Psalter aus der Hand genommen und den Klerikern nur das Brevier aus dem Psalter gelassen; beiden wird die übermäßige Gebetslast erleichtert, besonders den Laien (es fielen weg drei „Credo in Deum", drei „Gloria Patri", ein "Requiem aeternam" und die Zahl der Vaterunser wurde von 86 auf 76 herabgesetzt).[1] Die Fastenzeit wurde um 40 Tage nach den hl. drei Königen gekürzt und in Zeiten schwerer Not überhaupt aufgehoben. Es ist nicht ausgeschlossen, daß dieser gemäßigte Wortlaut der Regel in Sachen des Fastens auf Franz zurückgeht (darauf würde die Wendung „benedicti sint a Domino" sowie der

---

[1] Die Bedeutung dieser Veränderung hat besonders P. Hilarin, Offices rhytmiques de St. François et de St. Antoin, Frib., 1901, Auszug in Ét. fr. V, 1901, p. 490–504 sehr gut erklärt. Vgl. auch L. Batiffol, La primitiva liturgia francescana, franz. in Bull. de la Soc. Nat. des Antiquaires de France, 1894, p. 204–206, und ital. in Misc. franc. VI, 1895/7. p. 159–159. – P. Hilarin führt aus, daß die Brüder gemäß der Reg. II das sog. Officium der lateinischen Kirche gebrauchten, welches sehr umfangreich war, da es einige Bücher, wie Psalter, Antifonar, das Buch der Antworten, das Buch der Hymnen und das Lektionar umfaßte (daher der Satz 4 von den Büchern in der Reg. II); nach Reg. III übernahmen die Brüder das Officium der röm. Kirche oder päpstlichen Kapelle, welches Papst Honorius III., der berühmte Liturgist Innocenz' III. (er hieß vorher Kard. Cencius), eingeführt hatte und welches sehr kurz war (ein Band), so daß es auch arme Klöster sich anschaffen konnten. Die Reg. III entschloß sich für das röm. „Brevier" (officium breviatum capellae papalis), 1. weil der Orden jetzt eine tätige Körperschaft der röm. Kirche war; 2. weil sich ihn jeder Bruder und jedes Kloster anschaffen konnten; 3. weil ihn die Brüder auf Reisen mit sich tragen und ihn auch außerhalb des Chores rezitieren konnten, was eine große liturgische Neuerung war, und 4. weil es Honorius III. so wünschte. Der Minoritenorden verbreitete dann das röm. Brevier in der ganzen Kirche. Hingegen gebrauchte er den sog. gallikanischen und nicht den röm. Psalter. – Daß aber die Frage nicht einmal ca. 1240 fest gelöst war, beweisen Quattuor Mag., Exp. Reg., c. 3, ed. Firm., III, f. 16[b] (aliqui fratres ... volunt dicere, quod utrumque breviarium, sc. diurnum, quod est missale, et nocturnum, quod est horarum, respicit, quod dicitur: „Ex quo [vid. tempore!] poterunt habere breviaria"). – Zur Sache s. auch die Notiz des A. Clarenus, der in Exp. reg., c. 3 (ed. Oliger, p. 82) zu den Worten der Reg. III „ex quo habere poterunt breviaria" bemerkt, daß die Brüder, „quando non habebant breviaria, faciebant officium iuxta morem illarum ecclesiarum vel clericorum, cum quibus inveniebantur". Auch die folgenden Worte des Clarenus, ibid., p. 82–89, sind bemerkenswert.

Hinweis auf das vierzigtägige Fasten Christi, welches auch Franz bei der Abfassung der Regel auf sich nahm, hindeuten). Von Franz stammen dann noch die Sätze 8 und 10, welche ein treues Echo seiner alten „admonitiones" aus der Zeit der ersten Missionen (vgl. oben S. 30—31) sind, welche schon im c. 11 und 15 der Regel von 1221 festgehalten sind.

Wie die Reg. III im zweiten Teile des c. 3 die Anordnung und die Komposition der vorhergehenden Regel verändert, so geschieht es auch in allen folgenden Beispielen. Während c. 4 der Reg. II „De ministris et aliis fratribus, qualiter ordinentur" handelt, spricht c. 4 der Reg. III darüber, „quod fratres non recipiant pecuniam", was dem c. 8 der Reg. II entspricht. So ist dem auch in den folgenden Kapiteln.

Reg. II c. 8.	Reg. III c. 4.
Überschrift: Quod fratres non recipiant pecuniam.	Überschrift: Quod fratres non recipiant pecuniam.
1. Dominus precipit in evangelio (Luc. 12, 15): 'Videte, cavete ab omni malitia et avaritia.' Et (Luc. 21, 34): 'Attendite vobis a sollicitudine huius seculi et a curis huius vite.' — 2. Unde nullus fratrum, ubicumque sit et quocumque vadit, aliquo modo tollat nec recipiat nec recipi faciat pecuniam aut denarios, nec occasione vestimentorum nec librorum nec pro pretio alicuius laboris, immo nulla occasione, quia non debemus maiorem habere utilitatem et reputare in pecunia et denariis quam in lapidibus. — 3. Et illos vult diabolus excecare, qui eam appetunt vel lapidibus meliorem reputant. — 4. Caveamus ergo nos, qui omnia reliquimus, ne pro tam modico regnum celorum perdamus. Et si in aliquo loco inveniremus denarios, de hiis non curemus tanquam de pulvere, quem pedibus calcamus, quia 'vanitas vanitatum, et omnia vanitas' (Eccle. 1, 2). — 5. Et si forte, quod absit, contingeret, aliquem fratrem pecuniam vel denarios colligere vel habere, omnes fratres teneamus eum pro falso fratre et pro apostata et fure et latrone et	

loculos habente, nisi vere penituerit. —
6. Et nullo modo fratres recipiant nec recipi faciant nec querant nec queri faciant pecuniam vel pecunie elemosinam nec denarios pro aliquibus domibus vel locis nec cum persona pro talibus locis pecunias vel denarios querente vadant. — 7. Alia autem servitia, que non sunt contraria vite nostre, possunt fratres facere cum benedictione Dei. — 8. Fratres tamen in manifesta necessitate leprosorum possunt pro eis querere elemosinam. — 9. Caveant tamen multum a pecunia. — 10. Similiter caveant omnes fratres, ut pro nullo turpi lucro terras circumeant.

1 (ad 6). Praecipio firmiter fratribus universis, ut nullo modo denarios vel pecuniam recipiant per se vel per interpositam personam.

2 (ad 8). Tamen pro necessitatibus infirmorum et aliis fratribus induendis per amicos spirituales ministri tantum et custodes sollicitam curam gerant secundum loca et tempora et frigidas religiones, sicut necessitati viderint expedire; eo semper salvo, ut, sicut dictum est, denarios vel pecuniam non recipiant.

Der Unterschied zwischen den Bestimmungen der Reg. III und der Reg. II in dieser grundlegenden Frage des Geldbesitzes ist wirklich bemerkenswert. Es handelt sich hier nicht um einfache Kürzung und stilistische Anordnung des Textes, sondern um eine wesentliche Änderung in der Sache selbst! Franzens eigentlicher Gedanke über das Geld war einfach und radikal, wie die Worte Matth. 10, 9—10 (= Mar. 6, 8—9 und Luk. 10, 4) beweisen, welche seine apostolische Konversion am 24. Februar 1209 bewirkten (3 soc. 25, vgl. 3 soc. 29). Diese Worte wurden dann in den J. 1217—1219 in die Regel eingetragen, aber von den Ministern unterdrückt (im J. 1220, vgl. S. 39—40). In der erhaltenen Redaktion der Reg. II von 1221 liest man sie zwar im c. 14, aber als einfache, kurze, in biblische Worte gekleidete Missionsverfügung. Als Statut wurden sie zuerst im angeführten c. 8 der Reg. II formuliert. Sie klingen in ein absolutes Verbot, Geld anzunehmen, aus, dessen Wert dem der Steine und des Staubes, den wir mit den Füßen treten, gleichgesetzt wird; den Brüdern wird streng verboten, Geld für persönliche (für Kleider, Bücher, als Arbeitslohn) oder kollektive Zwecke (für Kirchen und Klöster) anzunehmen; nur für Aussätzige können sie in direkter Not ein Almosen fordern, welches aber nicht in Geld bestehen darf. In der Reg. III wird das Verbot relativ gefaßt. Den Brüdern ist es zwar verboten, Geld anzunehmen, aber den Ministern und Kustoden wird erlaubt, für die Bedürfnisse der Kranken und die Bekleidung anderer Brüder zu sorgen, wie es Ort, Zeit und kaltes Klima erfordern. Geld sollten sie dafür nicht annehmen, aber sie konnten, wie ersichtlich ist, statt des Geldes alle übrigen nützlichen Dinge in Empfang nehmen.[1] Während in der Reg. II erlaubt wird, nur für Aussätzige Almosen zu fordern, geschieht dies in der Reg. III allgemein „pro necessitatibus infirmorum et aliis fratribus induendis" (für die Bedürfnisse der Kranken und die Bekleidung der Mitbrüder). Dabei ist bemerkenswert, daß in der Reg. III sehr ungenau von „cura gerere", was ein ziemlich kasuistischer Begriff ist, die Rede ist, während Reg. II ausdrücklich „querere elemosinam" sagt. Außerdem wird in der Reg. III ein neuer Begriff „per amicos spirituales" eingeführt, welcher später, als die Regel durch die päpstliche Bulle „Quo elongati" ausgelegt wurde, Personen bedeutete, welche die Brüder bei sich beherbergten und welche ihnen Mittel darbieten konnten, die dem Orden als Almosen gespendet wurden.[2]

Die Geldfrage wird weiter in den Kapiteln, welche über die Arbeit und besonders über die Almosen und das Besitzrecht der Brüder handeln, erklärt. Die Parallele der betreffenden Stellen der Reg. I und II ergibt sich auf folgende Weise:

---

[1] Trotzdem erschien auch diese Bestimmung den Ministern zu streng und sie rieten dem Franz, wenn wir die Stelle aus Spec. perf. c. 13 hieherverlegen können, „ut aliquid (wahrscheinlich Geld) concederet fratribus, saltem in communi, ita quod tanta multitudo haberet, ad quod recurreret". Mit den Worten „tanta multitudo" kann die Versammlung der Brüder auf den Generalkapiteln gemeint sein.

[2] Ich muß bemerken, daß die Interpretation dieser Stelle in der Bulle „Quo elongati" nicht ganz klar ist. — Vgl. dazu Bart. Pisanus, Conform., l. I, fructus IX, p. II, ed. Anal. franc. IV, p. 406: „Tertium videndum, quod intelligitur per 'amicos et spirituales'? Respondet frater Ugo [de Digna, Exp. Reg. ad 4. c.], quod antiquitus ministri et custodes 'declinantes ad loca de duobus praefatis fratribus valde necessariis populum in praedicatione exhortabantur, et tunc fideles aliqui, ab aliis positi ad huiusmodi procuranda in his vice populi, absque fratrum sollicitudine providebant', et dicti vocabantur amici spirituales; sic in quibusdam locis aliqui fideles ad praefata ab episcopis deputabantur et fratrum amici spirituales censebantur. Attamen secundum dictos summos pontifices [sc. Innocentium in declaratione, papam Nicolaum et papam Iohannem XXII], qui loquuntur de praesenti puncto, intelligunt per amicos spirituales dantes et substitutos, ad quos pro praefatis fratres possunt habere recursum."

64   Teil II. Kap. 2. Parallele Analyse der Reg. II und III

Reg. II c. 7.

Überschrift: De modo serviendi et laborandi.

... (im ersten Absatze ist von den Brüdern-Kämmerern in den Häusern von Prälaten die Rede). 1. Et fratres, qui sciunt laborare, laborent et eandem artem exerceant, quam noverint, si non fuerit contra salutem anime sue et honeste poterunt operari. — 2. Nam propheta ait (Ps. 127, 2): 'Labores manuum tuarum, quia manducabis, beatus es, et bene tibi erit.' Et apostolus dicit (2. Thess. 3, 10): 'Qui non vult operari, non manducet.' Et 'unusquisque in ea arte et officio, in quo vocatus est, permaneat' (1. Cor. 7, 24). — 3. Et pro labore possint accipere omnia necessaria preter pecuniam. — 4. Et cum necesse fuerit, vadant pro elemosina, sicut alii pauperes. — 5. Et liceat eos habere ferramenta suis artibus oportuna. — 6. Omnes fratres studeant bonis operibus insudare, quia scriptum est (Hieron. Ep. 125): 'Semper facito aliquid boni operis, ut te diabolus inveniat occupatum.' Et iterum (Anselm. Ep. 49): 'Ociositas inimica est anime.' — 7. Ideo servi Dei semper orationi vel alicui bone operationi insistere debent.

Reg. III c. 5.

Überschrift: De modo laborandi.

1 (ad 1. 6 et 7). Fratres illi, quibus gratiam dedit Dominus laborandi, laborent fideliter et devote, ita quod, excluso otio animae inimico, sanctae orationis et devotionis spiritum non exstinguant, cui debent cetera temporalia deservire.

2 (ad 3). De mercede vero laboris pro se et suis fratribus corporis necessaria recipiant praeter denarios vel pecuniam, et hoc humiliter, sicut decet servos Dei et paupertatis sanctissimae sectatores.

Man kann sich nicht vorstellen, daß Franz in seinem Entwurfe zur Reg. III so gesprochen hätte, wie es der genehmigte Text tut, der eine offensichtliche Fälschung des ursprünglichen Gedankens des Franz über die Arbeit der Brüder ist. In der Reg. II wird von der Handarbeit der Brüder-Handwerker gesprochen, während in der Reg. III von einer von der Gnade Gottes erteilten Mönchsarbeit die Rede ist, durch welche der Müßiggang verhindert werden soll; diese Arbeit wird dann dem „Geiste des hl. Gebetes und der Frömmigkeit" untergeordnet, welcher nun in die Mitte des Mönchslebens gestellt ist. Die Worte vom Lohne für solche Arbeit sind dann nur ein auf das Haupt dieser „Diener

Gottes und Nachfolger der allerheiligsten Armut"[1] gelegtes Rosenkränzlein. Es ist kein Wunder, daß Franz vor seinem Tode nicht zögerte, eine „Novelle" zu diesem Pasquille seines ursprünglichen Gedankens zu schreiben; er tat es im Testamente (c. 5) mit folgenden Worten: „Et ego manibus meis laborabam et volo laborare. Et omnes alii fratres firmiter volo, quod laborent de laboritio, quod pertinet ad honestatem (vgl. „honeste" in Reg. II). Qui nesciunt, discant, non propter cupiditatem recipiendi pretium laboris, sed propter exemplum et ad repellendam otiositatem. Et quando non daretur nobis pretium laboris, recurramus ad mensam Domini, petendo elemosinam ostiatim."[2]

Über die weitere Frage, die Frage des Besitzes, handeln die Reg. II und Reg. III folgendermaßen:

Reg. II.	Reg. III. c. 6.
	Überschrift: Quod nihil approprient sibi fratres et de elemosyna petenda et de fratribus infirmis.
Schluß vom c. 7. — 1. Caveant sibi fratres, ubicumque fuerint, in heremitoriis vel in aliis locis, quod nullum locum sibi approprient nec alicui defendant. — 2. Et quicumque ad eos venerit amicus vel adversarius, fur vel latro, benigne recipiatur. — 3. Et ubicumque sunt fratres et in quocumque loco se invenerint, spiritualiter et diligenter debeant se revereri et honorare ad 'invicem sine murmuratione' (1. Petri 4, 9). — 4. Et caveant sibi fratres, quod non se ostendant tristes extrinsecus et nubilosos hypocritas, sed ostendant	1 (ad 1). Fratres nihil sibi approprient nec domum nec locum nec aliquam rem.

---

[1] Die Wendung „servi Dei et paupertatis sanctissimae" kann von den Worten der Reg. II c. 9: „Omnes fratres studeant sequi humilitatem et paupertatem d. n. Iesu Christi" abgeleitet werden.

[2] Eine Wiederkehr zu dieser ursprünglichen Fassung der Arbeit kann man in den spiritualistischen Regelauslegungen bemerken; vgl. z. B. A. Clareni Expositio Reg., c. 5, ed. Oliger, p. 110—122, obzwar hier „gratia laborandi" als „ars et potentia et scientia laborandi" interpretiert wird (p. 111). Vgl. auch Bart. Pisanus, Conform., l. I, fr. IX, in Anal. franc. IV, p. 407—408, wo aber die Arbeit nicht mehr zum „praeceptum" wird und Franzens Bestimmung über die Handarbeit, wie hier gesagt wird, „potest ad laborem spiritualem sic referri sicut ad corporalem".

se gaudentes in Domino, hilares et convenienter gratiosos. —

c. 9. De petenda elemosina.

1. Omnes fratres studeant sequi humilitatem et paupertatem Domini nostri Iesu Christi et recordentur, quod nihil aliud oportet nos habere de toto mundo, nisi, sicut dicit apostolus (1. Tim. 6, 8), 'habentes alimenta et quibus tegamur, hiis contenti simus'. — 2. Et debent gaudere, quando conversantur inter viles et despectas personas, inter pauperes et debiles et infirmos et leprosos et iuxta viam mendicantes. — 3. Et cum necesse fuerit, vadant pro elemosinis. — 4. Et non verecundentur, sed magis recordentur, quia d. n. l. Christus, filius dei vivi omnipotentis, posuit faciem suam ut petram durissimam (Is. 50, 7), nec verecundatus est pro nobis fieri pauper et hospes et vixit de elemosinis, ipse et b. Virgo et discipuli eius. — 5. Et quando facerent eis homines verecundiam et nollent eis dare elemosinam, referant inde gratias deo, quia de verecundiis recipient magnum honorem ante tribunal d. n. Iesu Christi. — 6. Et sciant, quod verecundia non patientibus, sed inferentibus imputatur. — 7. Et elemosina est hereditas et iustitia, que debetur pauperibus, quam nobis adquisivit d. n. Iesus Christus. — 8. Et fratres, qui eam adquirendo laborant, magnam mercedem habebunt et faciunt lucrari et adquirere tribuentes; quia omnia, que homines relinquent in mundo, peribunt, sed de caritate et de elemosinis, quas fecerant, habebunt premium a domino. —

2 (ad 3 et 4). Et tamquam 'peregrini et advenae' (1. Petri 2, 11) in hoc saeculo, in paupertate et humilitate Domino famulantes, vadant pro elemosyna confidenter, nec oportet eos verecundari, quia Dominus pro nobis se fecit pauperem in hoc mundo. —

3 (ad 7). Haec est illa celsitudo altissimae paupertatis, quae vos, carissimos fratres meos, heredes et reges regni caelorum instituit, pauperes rebus fecit, virtutibus sublimavit. — 4. Haec sit 'portio vestra, quae perducit in terram viventium' (Ps. 141, 7). — 5. Cui, dilectissimi fratres, totaliter inhaerentes, nihil aliud pro nomine d. n. Iesu Christi in perpetuum sub caelo habere velitis. — 6. (S. oben den 3. Satz, c. 7.) Et ubicumque sunt et se invenerint fratres, ostendant se domesticos invicem inter se. —

9. Et secure manifestet unus alteri necessitatem suam, ut sibi necessaria inveniat et ministret. — 10. Et quilibet diligat et nutriat fratrem suum, sicut mater diligit et nutrit filium suum, in quibus ei dominus gratiam largietur (es folgen die Bestimmungen über Essen und Trinken.)

7 (ad 9 et 10). Et secure manifestet unus alteri necessitatem suam, quia, si mater nutrit et diligit filium suum carnalem, quanto diligentius debet quis diligere et nutrire fratrem suum spiritualem? —

c. 10. De infirmis fratribus.
1. Si quis fratrum in infirmitatem ceciderit, ubicumque fuerit, alii fratres non dimittant eum, nisi constituatur unus de fratribus vel plures, si necesse fuerit, qui serviant ei, sicut vellent sibi serviri. ...

8 (ad 1). Et, si quis eorum in infirmitatem ceciderit, alii fratres debent ei servire, sicut vellent sibi serviri.

Das Verbot mobilen Besitzes, welches im 1. und 2. Satze der Reg. III c. 6 ausgedrückt ist, konnte auf dem Kapitel mit der Zustimmung des Franz stilisiert worden sein, weil es im Testamente c. 7 bloß mit anderen Worten wiederholt wird: „Caveant sibi fratres, ut ecclesias, habitacula paupercula et omnia alia, que pro ipsis construuntur, penitus non recipiant, nisi essent, sicut decet sanctam paupertatem, quam in regula promisimus, semper ibi hospitantes, sicut 'advene et peregrini'" (1. Petri 2, 11). Für die franziskanische Patina dieser Worte zeugt auch, daß in der päpstlichen Bulle „Quo elongati" dies Verbot in mönchischer Weise ausgelegt wurde, indem zwischen dem Besitz (proprietas), der verboten wird, und der Benützung (usus) unterschieden wird. Wenn im Satze 2 vom Almosen und davon die Rede ist, daß sich die Brüder des Bittens um Almosen nicht schämen sollen, braucht dies noch nicht für eine konstitutive Proklamation des Bettelordens angesehen zu werden, wie Müller (l. c., S. 84) es tut; denn im Wesen ist diese Bestimmung in der Reg. II enthalten, sie war ja Franzens Gedanke seit Beginn seiner Tätigkeit. Die Emporhebung des Bettelns freilich, wie sie in den Sätzen 3, 4 und 5 zu lesen ist, entspricht ganz und gar nicht Franzens Geist, weil ihm das Betteln einfach eine moralische und nicht eine theologische Tugend war, wie jetzt geschehen sollte.[1]

---

[1] Trotzdem lebte der ursprüngliche Gedanke des Bettelns im Orden ziemlich lange, wie z. B. (um nur aus der Regelliteratur zu zitieren) Bart. Pisanus beweist, der in seiner Exp. Reg. sich folgendermaßen ausdrückt: „Attamen sciendum, quod non est mendicandum nisi ad necessitatem, et non

Die weiteren Kapitel der Reg. III enthalten zum größeren Teile gesetzgebende Bestimmungen, welche das Verhältnis der Brüder und ihrer Vorgesetzten regeln. Daß auch diese Bestimmungen geändert und geregelt wurden, bevor sie die Gestalt gewannen, in der sie uns erhalten sind, zeigt gleich c. 7, das „de paenitentia fratribus peccantibus imponenda" handelt; das ist eben das Kapitel, von welchem der Wortlaut des Franz und derjenige der Minister erhalten ist (wie wir oben auf S. 49 zeigten), und an welchem wir den Unterschied des Standpunktes beider Ordensgesetzgeber vom J. 1223 klar demonstrieren könnten. Die weiteren Kapitel der Reg. III sind nicht weniger interessant, obwohl wir ihre Entstehung weniger vollständig, bloß durch den Vergleich mit der Reg. II und anderen Aufzeichnungen des Franz erklären können.

Kap. 8 handelt über die Wahl des Ordensgenerals und über das Pfingstkapitel.

Reg. II c. 18.	Reg. III c. 8.
Überschrift: Qualiter ministri conveniant ad invicem.	Überschrift: De electione generalis ministri huius fraternitatis et de capitulo Pentecostes.
	1. Universi fratres unum de fratribus istius religionis teneantur semper habere generalem ministrum et servum totius fraternitatis et ei teneantur firmiter obedire. — 2 [a] Quo decedente electio successoris fiat a ministris provincialibus et custodibus in capitulo Pentecostes; [b] in quo provinciales
2 (ad 2 [b]). Omnes autem ministri, qui sunt in ultramarinis et ultramontanis partibus, semel in tribus annis, et alii ministri semel in anno veniant ad capitulum in festo Pentecostes apud ecclesiam s. Marie de Portiuncula, nisi a ministro et servo totius fraternitatis aliter fuerit ordinatum.	ministri teneantur semper insimul convenire, ubicumque a generali ministro fuerit constitutum; et hoc semel in tribus annis vel ad alium terminum maiorem vel minorem, sicut a praedicto ministro fuerit ordinatum. — 3. Et si aliquo tempore appareret universitati ministrorum provincialium et custodum praedictum ministrum non esse suffi-

ad superfluitatem; quia, si sic, esset alienum (= das Geld) accipere; ac praetendere paupertatem, ubi non est, hypocrisis est. Ad imitandum d. Iesum, quando indigent, mendicent confidenter fratres; et non solum inducantur ad hoc Christi exemplo, sed praemio, quod penuria hac et paupertate obtinetur" (Conf., l. I, fruct. IX, Anal. franc. IV, p. 414).

1 (ad 4). Quolibet anno unusquisque minister cum fratribus suis potest convenire, ubicumque placuerit eis, in festo S. Michaelis archangeli, de hiis, que ad Deum pertinent, tractaturus.

cientem ad servitium et communem utilitatem fratrum, teneantur praedicti fratres, quibus electio data est, in nomine Domini alium sibi eligere in custodem. — 4. Post capitulum vero Pentecostes ministri et custodes possint singuli, si voluerint et eis expedire videbitur, eodem anno in suis custodiis semel fratres suos ad capitulum convocare.

Es kann nicht festgestellt werden, ob der 1. Satz in der Reg. III über den Ordensgeneral von Franz oder von den Ministern stammt; sicher aber ist, daß er nichts enthält, womit Franz nicht übereinstimmen konnte; denn obwohl in der Reg. II vom General nicht ausdrücklich die Rede ist, wissen wir doch aus dem Testamente, daß Franz den General anerkannte und ihm „mit festem Willen" gehorchen wollte; er sagt da im c. 9: „Et firmiter volo obedire ministro generali huius fraternitatis et alii guardiano, quem sibi placuerit michi dare." Auch stilistisch schließt jener Satz die Mitarbeit des Franz nicht aus, denn er enthält Wendungen und Ausdrücke, welche ganz dem Franz angehören (universi fratres; fratres istius religionis; teneantur semper; minister et servus; firmiter obedire). Aber die weiteren Sätze über die Wahl des Generals verraten schon fremden Einfluß; die Wahl sollen die Provinzialminister und Kustoden auf dem Pfingstkapitel durchführen und sie haben auch das Recht, einen ungenügenden General abzusetzen und sich einen anderen als „custos" zu wählen. Wie wir aus dem ganzen Leben des Franz in jenen Jahren wissen, liebte er die Provinzialminister nicht sonderlich und es ist ausgeschlossen, daß er in der definitiven Regel des J. 1223 den Provinzialministern nicht nur das Recht zur Wahl, sondern auch das Recht zur Absetzung eines „ungenügenden" Generals gegeben hätte; es ist im Gegenteil natürlicher, anzunehmen, daß sich in der betreffenden Verfügung der Standpunkt der Minister geltend machte, was übrigens zu einer logischen Ungleichmäßigkeit in diesem Absatze geführt hat; in Satz 1 sind nämlich alle Brüder dem Minister zu „festem" Gehorsam verpflichtet, in Satz 4 aber wird der Gemeinde der Provinzialminister und Kustoden das Recht erteilt, über einen „ungenügenden" General das Urteil zu fällen, zu urteilen und ihn abzusetzen (vgl. auch unten S. 105). Die weitere Entwicklung begünstigte freilich noch mehr die Provinzialminister, wie die Bulle „Quo elongati" vom J. 1230 zeigt, welche die Wahl des Generals in die Hände der Provinzialminister und bloß der Delegaten der Kustoden legt, aus denen in den einzelnen Provinzen je einer gewählt wird.[1] — In der Bestimmung über die Kapitel kann nicht festgestellt werden, inwieweit darin der ursprüngliche Gedanke des Franz ausgedrückt oder erhalten ist. Wir wissen (vgl. oben S. 30), daß Franz nach dem J. 1212 eine alljährliche Versammlung aller Brüder auf dem Pfingstkapitel in Porciuncula und ein fakultatives Septemperkapitel einführte. In der Reg. II vom J. 1221 wird eingeführt 1. fakultativ ein alljährliches Provinzkapitel (der Brüder und des Ministers); 2. ein alljährliches Pfingstkapitel in Porciuncula, zu dem die Minister aller italienischen Provinzen kommen sollen (von den Brüdern ist nicht die Rede) und 3. ein Generalkapitel in Porciuncula, zu dem nicht nur die Minister der italienischen, sondern auch jene der transmarinen und transalpinen Provinzen einmal im Laufe von drei Jahren kommen sollen. Nun werden in der Reg. III vom J. 1223 die provinzialen bzw. kustodialen (in custodiis) Kapitel beibehalten, die cismontanen Kapitel (der italienischen Minister) beseitigt und wieder festgesetzt, das Generalkapitel aller Provinzialminister[2] einmal in drei Jahren abzuhalten; aber es wird dem General überlassen, diese Zeit zu verlängern oder zu verkürzen und auch den Ort des Kapitels zu bestimmen. Diese letzte Bestimmung über das Generalkapitel ist im Wesen nicht neu, blieb aber trotzdem in der Erinnerung der Zeitgenossen als Neuerung haften, wahrscheinlich deshalb, weil die cismontanen Pfingstkapitel beseitigt wurden, welche bis zum J. 1223 alljährlich in Porciuncula abgehalten wurden; die Verfasser der Leg. 3 soc. 62 wissen deshalb von der Reg. III nichts mehr, als daß in ihr „prolun-

---

[1] Eine demokratische Reaktion gegen diese Maßregel bilden einige Regelauslegungen der Spiritualen, z. B. jene des A. Clarenus aus dem J. 1321—23, in welcher das Wahlrecht im Notfalle allen Ordensbrüdern überlassen wird („sic omnes fratres tenentur, quando a ministris et custodibus propter aliquod scandalum non posset electio fieri, procurare totis viribus habere generalem"), ed. Oliger, p. 189; unten p. 189—190 spricht sich Clarenus direkt gegen die päpstliche Verordnung aus.

[2] Nicht der Minister und Kustoden, wie K. Müller, Anfänge, S. 86 sagt, weil im Text (siehe oben) einfach gesagt wird: „in quo provinciales ministri teneantur semper insimul convenire"; die Kustoden sollten wahrscheinlich zum Generalkapitel bloß bei der Wahl des Generals kommen. Auch kann man nicht von einem besonderen Beschluß über eine Stimme der Kustoden aus den Provinzen sprechen (Müller, S. 87, Anm. 1), weil diesen „Beschluß" erst der Papst selbst in der Bulle „Quo elongati" einführt.

Reg. III, c. 8 über die Kapitel und c. 9 über die Prediger

gatus est terminus capituli propter vitandum laborem fratrum, qui in remotis partibus commorabantur".

Das folgende Kap. 9 handelt von den Predigern und lautet also:

Reg. II c. 17.	Reg. III c. 9.
Überschrift: De predicatoribus.	Überschrift: De praedicatoribus.
1 [a]. Nullus fratrum predicet contra formam et institutionem ecclesie et [b] nisi concessum sibi fuerit a ministro suo. — 2. Caveant vero sibi ministri, ne alicui indiscrete concedant. — 3. Omnes tamen fratres operibus predicent. — 4. Et nullus minister vel predicator appropriet sibi ministerium fratrum vel officium predicationis, sed quacumque hora ei iniunctum fuerit, sine omni contradictione dimittat suum officium. — 5. Unde deprecor in caritate, 'que Deus est' (1. Io. 4, 8), omnes fratres meos predicatores, oratores, laboratores, tam clericos quam laicos, ut studeant se humiliare in omnibus, non gloriari nec in se gaudere nec interius se exaltare de bonis verbis et operibus, immo de nullo bono, quod aliquando Deus dicit, facit et operatur in eis et per ipsos, secundum quod dicit Dominus (Luc. 10, 20): 'Verumtamen in hoc nolite gaudere, quia spiritus subiiciuntur vobis'. — 6. Et firmiter sciamus, quia non pertinent ad nos nisi vitia et peccata. — 7. Et magis debemus gaudere, 'cum in tentationes varias inciderimus' (Iac. 1, 2), et cum sustinuerimus quascumque anime vel corporis angustias et tribulationes in hoc mundo propter vitam eternam, etc. —	1. Fratres non praedicent in episcopatu alicuius episcopi, cum ab eo illis fuerit contradictum. — 2 (ad 1 [b]). Et nullus fratrum populo penitus audeat praedicare, nisi a ministro generali huius fraternitatis fuerit examinatus et approbatus, et ab eo officium sibi praedicationis concessum. — 3. Moneo quoque et exhortor eosdem fratres, ut in praedicatione, quam faciunt, sint 'examinata et casta eorum eloquia' (Ps. 11, 6; 17, 30), ad utilitatem et aedificationem populi, annuntiando eis vitia et virtutes, poenam et gloriam cum brevitate sermonis, quia 'verbum abbreviatum fecit Dominus super terram' (Rom. 9, 28).

Diese drei Sätze der Reg. III über die Prediger entsprechen kaum sämtlich der Sinnesart des Franz; Erlaubnis zum Predigen forderte zwar auch Franz, der sie selbst der Reg. I zufolge erteilte (3 soc. 51), aber die strenge Bestimmung über die Approbation des Generals[1] und die vorsichtige Verfügung über das Predigen in den Bistümern verraten schon einen anderen Geist; der erste Satz wurde vielleicht in Rom unter dem Einflusse des Kardinals Hugolino geändert, weil er offensichtlich von der Bestrebung inspiriert ist, die Jurisdiktion und Autorität der Bischöfe über die Brüder festzuhalten.[2] Die Brüder haben vielleicht später gegen diese Bestimmung reagiert und direkt vom Papste Privilegien zum Predigen erstrebt, aber Franz stellte sich mit den bekannten Worten aus dem Testamente dagegen, welche sich zweifellos auf diese Angelegenheit beziehen. Er schreibt im c. 8 des Testamentes wörtlich also: „Precipio firmiter per obedientiam fratribus universis, quod, ubicumque sunt, non audeant petere aliquam litteram in curia Romana, per se, neque per interpositam personam, neque pro ecclesia, neque pro aliquo loco, neque sub specie predicationis, neque pro persecutione suorum corporum, sed, ubicumque non fuerint recepti, fugiant in aliam terram ad faciendam penitentiam cum benedictione Dei." Franz kehrte mit diesen Worten auch zu den Worten der Reg. II über das Ertragen von Verfolgungen beim Predigen zurück (c. 16 und 17).[3] — Der letzte Satz im c. 9 der Reg. III würde mit der Wendung „Moneo quoque et exhortor" an Franz erinnern, aber die weiteren, mit zwei Zitaten aus der Bibel geschmückten Sätze zeigen eine fremde Hand.

Das Kap. 10 besteht inhaltlich aus drei Teilen, welche wir einzeln durchnehmen werden. Der erste Teil handelt von den Ermahnungen und vom Gehorsam der Brüder und entstand sichtlich durch Änderung des Textes der Reg. II, wie diese Parallele zeigt:

---

[1] In der Bulle „Quo elongati" wird diese Approbation dem General von neuem auferlegt und nicht erlaubt, daß die Brüder, welche im Predigen geprüft werden müßten, von anderen Personen in den Provinzen selbst geprüft werden.

[2] Vitry sagt freilich (Historia orientalis, l. II, c. 32), daß die Brüder die Erlaubnis haben, in allen Kirchen, „prelatorum tamen loci ob reverentiam requisito consensu", zu predigen.

[3] Andererseits muß man zugeben, daß sich Franz wahrscheinlich nicht grundsätzlich dem Satz „Fratres non praedicent in episcopatu", etc. entgegenstellte, weil er im Testamente c. 3 sagt: „nolo predicare ultra voluntatem ipsorum" (sacerdotum).

Reg. II c. 4.
Überschrift: De ministris et aliis fratribus, qualiter ordinentur.

1. In nomine Domini! [a] *Omnes fratres, qui constituuntur ministri et servi aliorum fratrum, in provinciis et in locis, in quibus fuerint, collocent suos fratres,* [b] *quos sepe* visitent et *spiritualiter* moneant *et confortent.* — 2. Et omnes alii fratres mei benedicti diligenter obediant eis in hiis, que spectant ad salutem anime et non sunt contraria vite nostre. — 3. Et faciant inter se, sicut dicit Dominus (Matth. 7, 12): 'Quecumque vultis, ut faciant vobis homines, et vos facite illis.' Et (Tob. 4, 16): 'Quod tibi non vis fieri, non facias alteri.' — 4. Et recordentur ministri et servi, quod dicit Dominus (Matth. 20, 28): 'Non veni ministrari, sed ministrare', et quod commissa est eis cura animarum fratrum, de quibus, si aliquis perderetur propter eorum culpam et malum exemplum, in die iudicii oportebit eos reddere rationem coram d. I. Christo.

Reg. III c. 10.
Überschrift: De admonitione et correctione fratrum.

1 (ad 1 [a]). Fratres, qui sunt ministri et servi aliorum fratrum, (ad 1 [b]) visitent et moneant fratres suos et humiliter et caritative corrigant eos, non praecipientes eis aliquid, quod sit contra animam suam[1] et regulam nostram.[2] — 2. Fratres vero, qui sunt subditi, recordentur, quod propter Deum abnegaverunt proprias voluntates. — 3 (ad 2). Unde firmiter praecipio eis, ut obediant suis ministris in omnibus, quae promiserunt Domino observare et non sunt contraria animae et regulae nostrae.

Bei diesem Teile der Reg. III kann nicht entschieden werden, ob sie Franz verfaßte; dafür würde Inhalt und Form aller drei Sätze sprechen, deren Analogie wir z. B. in c. 3 und 4 der Ermahnungen des Franz (Verba admonitionis) finden können; die Minister oder die Kurie haben den Entwurf vielleicht nur leicht retuschiert, indem sie die Worte des ersten Satzes „spiritualiter" und „confortent", welche ganz Franzens Gesinnungsweise entstammen, wegließen.

Der folgende Teil der Reg. III hingegen, der von der Einhaltung der Regel handelt, ist sicher ein Werk der Kurie, wie wir aus der Er-

---

[1] „contra animam" dicitur non solum peccatum, immo illud, quod esset huiusmodi incentivum et proximum ad peccatum, ut audiendo confessiones, ubi fragilitas carnis impugnat acriter aliquem. — Quattuor Mag., Exp. Reg., c. 10, in Firmam. III, f. 18ᵇ.

[2] „contra regulam" videtur esse non solum, quod est contra precepta regule, immo quod est contra statuta ordinis ad servandam regule puritatem. Ibidem.

zählung des Bruders Leo wissen, welche uns in Clarenus' Exp. Regulae[1] erhalten ist. Dieser Erzählung zufolge brachte Franz den Text der auf dem Kapitel des J. 1223 genehmigten Regel dem Papste nach Rom und der Papst erklärte nach der Durchsicht, daß alles darin enthaltene heilig, katholisch und vollkommen sei. Er schlug bloß eine Änderung des 10. Kap. vor, das über die Einhaltung der Regel handelt, weil weniger gute Brüder sie zu Streitigkeit und Ärgernis ausnützen könnten. Franz jedoch widerstrebte, weil nicht er, sondern Christus jene Bestimmung in die Regel gelegt hätte. Der Papst bot an, daß er den Sinn der Worte erhalten und bloß den Buchstaben mildern wolle (plene verborum sensu servato, taliter in hoc passu litteram regule temperabo), so daß auch die Minister zur Einhaltung der Regel verpflichtet sein und die Brüder ihre Freiheit bewahren werden, indem sie die Regel rein und einfach einhalten (pure et simpliciter). So tat er auch und änderte die betreffende Stelle folgendermaßen (ich führe in der ersten Spalte die Vorlage der Reg. II, in der zweiten den Text des Franz und in der dritten den Text des Papstes an):

Reg. II c. 6. Überschrift: De recursu fratrum a ministro et quod aliquis frater non vocetur prior.	Reg. III propos. (Text des Franz).	Reg. III c. 10, 2. Teil (Text des Papstes).
1. Fratres, in quibuscumque locis sunt, si non possunt in illis locis vitam nostram observare, quam citius possunt, recurrant ad suum ministrum, ipsi hoc significantes. — 2. Minister vero eis taliter studeat provi-	1. Ubicumque sunt fratres, qui scirent et cognoscerent, se non posse regulam pure et simpliciter et ad litteram et sine glosa servare, ad suos ministros debeant et possint recurrere. — 2. Ministri vero tenean-	1. Et ubicumque sunt fratres, qui scirent et cognoscerent, se non posse regulam spiritualiter observare[2], ad suos ministros debeant et possint recurrere. — 2. Ministri vero caritative et benigne eos recipiant et

---

[1] A. Clareni Exp. Reg., c. 10, ed. Oliger, p. 206 (vgl. Böhmer, Anal., p. 86—88; teilweise angeführt auch von Bart. Pisanus, Conf., l. I, fr. IX, Anal. IV, p. 373, 425; V, p. 325). Was P. Oliger gegen die Glaubwürdigkeit dieser Erzählung anführt (l. c., p. 204—205 nota), ist nicht genug beweiskräftig. S. auch A. Clareni Historia tribul., ap. Döllinger II 457—458.

[2] Queritur, quid sit „regulam spiritualiter observare"? Et videtur observantia regule spiritualis observantia secundum rigorem sive secundum puritatem suam sine occasione ad malum. — Quattuor Mag., Exp. reg., c. 10, Firmam. III, f. 18ᵇ.

dere, sicut ipse vellet sibi fieri, si in consimili casu esset. — 3. Et nullus in vita ista vocetur prior[1], sed generaliter omnes vocentur fratres minores. — 4. Et alter alterius lavet pedes.

tur fratribus per obedientiam postulata benigne et liberaliter concedere. — 3. Quod si facere nollent, ipsi fratres habeant licentiam et obedientiam eam litteraliter observandi, quia omnes fratres, tam ministri, quam subditi, debent regule esse subditi.

[3] tantam familiaritatem habeant circa ipsos, ut dicere possint eis et facere, sicut domini (dominus) servis suis; [4] nam ita debet esse, quod ministri sint servi omnium fratrum.

Von diesen Texten ist der des Franz, den man als das zweite authentische Stück des Entwurfes der Regel vom J. 1223 ansehen kann (das erste Stück ist das oben auf S. 49 angeführte Kap. 7, welches von der Bestrafung der Todsünder handelt und in der Ep. ad ministrum erhalten ist), am interessantesten. Wenn wahr ist, daß Franz erst nach dem Generalkapitel seinen Text dem Papste zur Genehmigung brachte (dafür würden die Worte des Papstes zeugen, daß omnia, que in ea [regula] scripta sunt, sancta, catholica et perfecta sunt), würde dies doch auf einen gewissen Sieg des Franz über die Minister auf dem Kapitel hindeuten, welcher umso größer war, weil es sich um eine Erhöhung der Regel und ihrer wörtlichen Einhaltung über die Rechtskraft der Minister handelte und weil gerade dies ein „punctum litis" zwischen Franz und den Ministern war (vgl. oben S. 46). Vielleicht spielte sich der ganze Streit über die Einhaltung der Regel bis „auf den Buchstaben" und ohne „Glosse" auf dem Kapitel ab, wo Franz ohne Rücksicht auf die Minister und den Kardinal Hugolino auf seinem Willen beharrte, so daß der ganze Absatz dem Papste zur Entscheidung vorgelegt werden mußte. Der Papst entschied sehr liebenswürdig, aber doch gegen Franz. Denn es ist klar, daß die vom Papste vorgeschlagenen Worte „regulam spiritualiter observare" etwas ganz anderes sind, als die Worte des Franz „regulam pure et simpliciter et ad litteram et sine glossa servare"; auch ist darin ein Unterschied, ob Franz erklärt, daß die Minister durch den Gehorsam (per obedientiam)

---

[1] Mit diesen Worten reagiert die Regel wahrscheinlich gegen die päpstliche Bulle vom 22. Sept. 1220, die an die „priores seu custodes minorum" lautet. Vgl. P. Mandonnet, Les Origines de l'ordo de poenitentia, p. 31 Anm.

gebunden sind (teneantur), die geforderte Einhaltung der Regel freundlich und frei zu bewilligen, und ob der Papst unbestimmt sagt, daß „die Minister die Brüder freundlich und gütig aufnehmen sollen"; endlich finden wir im 3. Satze, in welchem Franz den Brüdern erlaubt, auch gegen das Verbot der Minister die Regel bis auf den Buchstaben einzuhalten, eine offenbare Fälschung des Gedankens und des Ausdruckes des Franz; der Papst umgeht diesen Satz mit dem unbestimmten Begriffe „familiaritas" und der Erklärung, daß die Minister Diener aller Brüder seien, während Franz wollte, daß die Minister und Brüder Diener — der Regel, als des höchsten Ordensgesetzes, sein sollen. Daß sich Franz durch diese falsche Auslegung des Papstes nicht irremachen ließ, bezeugen die letzten Worte des Testamentes, welche wieder die Einhaltung seiner Regel ohne Glossen und ohne jede Änderung verlangen. Sie sagen (c. 12): „Et generalis minister et omnes alii ministri et custodes per obedientiam teneantur, in istis verbis non addere vel minuere ... Et omnibus fratribus meis, clericis et laycis, praecipio firmiter per obedientiam, ut non mittant glosas in regula neque in istis verbis, dicendo: 'Ita volunt intelligi.' Sed sicut dedit michi Dominus simpliciter et pure dicere et scribere regulam et ista verba, ita simpliciter et sine glosa intelligatis et cum sancta operatione observetis usque ad finem." Man sieht, wie Franz in seinen Grundgedanken zähe und logisch sein ganzes Leben lang war.

Der dritte und letzte Teil des c. 10 der Reg. III lautet folgendermaßen:

Reg. II c. 17 (cont.).	Reg. III c. 10 (cont.).
1. Et firmiter sciamus, quia non pertinent ad nos nisi vitia et peccata. — 2. Et magis debemus gaudere, 'cum in tentationes varias inciderimus' (Iac. 1, 2), et cum sustinuerimus quascumque anime vel corporis angustias et tribulationes in hoc mundo propter vitam eternam. — 3. Omnes ergo fratres caveamus ab omni vana gloria et superbia. — 4. Et custodiamus nos a sapientia huius mundi et a 'prudentia carnis' (Rom. 8, 6). — 5. Spiritus enim carnis vult et studet multum ad verba habenda, sed parum ad operationem, et querit non religionem et sanctitatem	1 (ad 3 [a]). Moneo vero et exhortor in d. Iesu Christo, ut caveant fratres ab omni superbia, vana gloria, [b] invidia, avaritia, cura et sollicitudine huius saeculi, detractione et murmuratione. —

Reg. III, c. 10: die Ermahnung der Brüder

interiorem spiritus, sed vult et desiderat religionem et sanctitatem foris apparentem hominibus, etc.

Ex Reg. II c. 11 (ad 1 [b]): Et 'neminem blasphement' (Tit. 3, 2), non *murmurent*, non *detrahant* aliis ... Ex c. 22 (Anal., p. 21): omni *cura et sollecitudine* postposita, quocumque modo melius possunt, debeant servire.

Ex Reg. II c.? (ad 3 [a]), cf. infra ex c. 17.

Ex Reg. II c. 22 (Anal., p. 21) (ad 3 [b]): Et adoremus eum *puro corde*.

Ex Reg. II c. 17 (Anal., p. 16–17) (ad 3 [c]): Spiritus autem Domini ... studet ad *humilitatem et patientiam* et puram et simplicem et veram pacem spiritus et semper *super omnia desiderat* divinum timorem et divinam sapientiam, etc.

Ex Reg. II c. 22 (p. 19) (ad 3 [d]): Amici ... nostri sunt omnes illi, qui nobis iniuste inferunt tribulationes ..., quos multum diligere debemus ... Ibid. superius (ad 4 [a]): Attendamus, omnes fratres, quod dicit Dominus (Mt. 5, 44): 'Diligite inimicos vestros et benefacite hiis, qui oderunt vos.'

Ex Reg. II c. 16 (p. 15) (ad 4 [b]): 'Beati, qui persecutionem patiuntur propter iustitiam, quoniam ipsorum est regnum celorum' (Mt. 5, 10). ... Ibid. infra (ad 4 [c]): 'Qui autem perseveraverit usque in finem, hic salvus erit' (Mt. 10, 22).

2 (ad 4). Et non curent, nescientes litteras, litteras discere. – 3. Sed attendant, quod [a] super omnia desiderare debent habere spiritum Domini et sanctam eius operationem, [b] orare semper ad eum puro corde et [c] habere humilitatem, patientiam in persecutione et infirmitate et [d] diligere eos, qui nos persequuntur et reprehendunt et arguunt, – 4. quia dicit Dominus [a] (Mt. 5, 44): 'Diligite inimicos vestros et orate pro persequentibus et calumniantibus vos.' [b] 'Beati, qui persecutionem patiuntur propter iustitiam, quoniam ipsorum est regnum caelorum' (Mt. 5, 10). [c] 'Qui autem perseveraverit usque in finem, hic salvus erit' (Mt. 10, 22).

Wie ersichtlich, ist dieser Teil der Regel vom J. 1223 aus einer Menge von Stücken zusammengezogen, welche in der Reg. II enthalten sind. Die darin ausgesprochenen Gedanken enthalten zwar nichts, was dem Geiste des Franz widerspricht, aber die künstliche Form und der allzu verdichtete Ausdruck weisen doch eher auf die redigierende Arbeit einer anderen Hand hin; trotzdem lesen wir hier Wendungen (z. B. cura et sollicitudo huius saeculi, sancta operatio, humilitas et patientia), welche man auch in ganz authentischen Schriften des Franz findet (vgl. Testament c. 12: sancta operatio; Admon. c. 13 et 27: patientia et humilitas).

Über das Verhältnis zu den Frauen sprechen sich beide Regeln folgendermaßen aus:

Reg. II c. 12.

Überschrift: De malo visu et frequentia mulierum vitanda.

1. Omnes fratres, ubicumque sunt vel quocumque vadunt, caveant sibi a malo visu et frequentia mulierum, et nullus cum eis *consilietur* aut per viam vadat solus aut ad mensam in una paropside comedat. — 2. Sacerdotes honeste loquantur cum eis dando penitentiam vel aliquod spirituale consilium. — 3. Et nulla penitus mulier ab aliquo fratre recipiatur ad obedientiam, sed dato sibi consilio spirituali, ubi voluerit, agat penitentiam. — 4. Et multum omnes nos custodiamus et omnia membra nostra munda teneamus, quia dicit Dominus (Mt. 5, 28): 'Omnis, qui viderit mulierem ad concupiscendum eam, iam mechatus est eam in corde suo.'

Reg. III c. 11.

Überschrift: Quod fratres non ingrediantur monasteria monacharum.

1. Praecipio firmiter fratribus universis, ne habeant suspecta consortia vel consilia mulierum. — 2. Et ne ingrediantur monasteria monacharum praeter illos, quibus a sede apostolica concessa est licentia specialis. — 3. Nec fiant compatres virorum vel mulierum, ne hac occasione inter fratres vel de fratribus scandalum oriatur.

Beide Regeln handeln, wie wir sehen, von ganz verschiedenen Dingen; während in der Reg. II von dem Verhältnis der Brüder zu den Frauen überhaupt die Rede ist, spricht die Reg. III hauptsächlich von dem Verhältnis der Brüder zu den Nonnen. Der Text der Reg. II ist nach Inhalt und Sinn Eigentum des Franz (obzwar derselbe die sog. Constitutiones des Kardinals Hugolin über den Klarissenorden vom

27. Juli 1219 voraussetzt)[1], der Text der Reg. III ist dagegen das Werk eines ebenso vorsichtigen wie strengen Gesetzgebers. In der Reg. II zeigt sich im ganzen die Zurückhaltung und Diskretion eines liberalen Asketen, während aus den Worten der Reg. III ein priesterliches Zölibatentum spricht, welches mehr auf den Schein und die Prestige körperlicher Reinheit achtet, als auf die Reinheit selbst; deshalb sollen die Brüder nach dieser Regel „verdächtigen" Beziehungen zu Frauen ausweichen und deshalb wird ihnen verboten, bei der Männer- und Frauentaufe oder Konfirmation Patenstelle anzunehmen, damit nicht zwischen den Brüdern Ärgernis oder im Volke üble Nachrede entstehe. Es ist ausgeschlossen, daß Franz, der bis zu seinem Tode zu Frauen, besonders zu „seinen Frauen", den Klarissen, in freundschaftlichen Beziehungen stand, die betreffenden Bestimmungen der Reg. III verfaßt hat.[2] Der Satz, welcher das Betreten der „Nonnenklöster" von der Bewilligung der päpstlichen Kurie abhängig macht, stammt offenbar aus der Feder des Kardinals Hugolino, welcher schon im J. 1219 in den angeführten „Constitutiones" eine besondere Regel für die Klarissen verfaßte und sie aus der rechtlichen Kompetenz des Franziskanerordens ausschied. Daß mit den Worten „monasteria monacharum" nicht die Benediktinerinenklöster (wie Sabatier meint, Spec. perf. p. 320—322 Anm.), sondern vor allem, wenn auch nicht ausdrücklich, die Klarissenklöster gemeint sind, geht aus der Bulle „Quo elongati" hervor, welche jenes Verbot von den Klarissenklöstern auf alle Frauenklöster erweitert.[3] Das Verbot galt freilich nicht für die Brüder, welche eine besondere Erlaubnis vom Papste hatten, aber dieser Klausel kann man nicht entnehmen (wie K. Müller tut, Anfänge S. 89—90),

---

[1] Es ist aber bemerkenswert, daß der Satz der Reg. II c. 12 „aut per viam vadat solus aut ad mensem in una paropside" dem Spec. vitae zufolge in drei Hdschr. fehlt. Vgl. Sabatier, Opuscules, t. II, p. 130, n. 2.

[2] Die Spiritualen schrieben freilich die in Reg. III, c. 11 enthaltene Bestimmung Franz selbst zu, denn sie huldigten der „lingue et sensuum ac morum mortificatio", wie A. Clarenus, Exp. Reg., c. 11, ed. Oliger, p. 217 sich ausdrückt, und schilderten den hl. Vater als einen mysogonen Mönch, der seit seiner Bekehrung „nullius mulieris faciem viderat, excepta matris sue et s. Clare" (ibid.).

[3] S. auch Hugo de Digna, Exp. Reg., ed. Firm., III, f. 51ᵃ und A. Clareni Exp. Reg., c. 11, ed. Oliger, p. 219 (Ingressum autem et accessum ad monasteria singulariter prohibet, et presertim sororum s. Clare). Vgl. Bart. Pisanus, Conf., l. I, fr. IX, Anal. IV, p. 424.

daß gerade jene Ausnahme hier die Hauptsache war und daß den Brüdern eigentlich unter gewissen Bedingungen der Eintritt in die Frauenklöster offen stand. Nach der Erklärung, welche die Bulle „Quo elongati" gibt, konnten die Brüder allgemein zugängliche Orte, z. B. auch die Kirchen bei Frauenklöstern, frei betreten und hier predigen oder um Almosen bitten (also es war nicht jede Beziehung zu Nonnen untersagt), bloß der Eintritt in die Klausur war ihnen verwehrt; nur bei jenen Brüdern wurde eine Ausnahme gemacht, welche dazu eine besondere päpstliche Erlaubnis hatten (es ist darunter sicherlich z. B. die Erteilung des Sakramentes der letzten Ölung u. ä. zu verstehen).
Das Kap. 12 handelt von der Predigt unter den Ungläubigen:

Reg. II c. 16.
Überschrift: De euntibus inter saracenos et alios infideles.
1. Dicit Dominus (Mat. 10, 16): 'Ecce, ego mitto vos, sicut oves in medio luporum. Estote ergo prudentes, sicut serpentes, et simplices, sicut columbe.' — 2. Unde quicumque fratrum voluerint ire inter saracenos et alios infideles, vadant de licentia sui ministri et servi. — 3. Minister vero det eis licentiam et non contradicat, si viderit, eos esse idoneos ad mittendum; nam tenebitur Domino reddere rationem, si in hoc vel in aliis indiscrete processerit. — 4. Fratres vero, qui vadunt, possunt duobus modis spiritualiter inter eos conversari (wird in 15 Zeilen genauer ausgeführt).

Reg. III c. 12.
Überschrift: De euntibus inter saracenos et alios infideles.

1 (ad 2). Quicumque fratrum divina inspiratione voluerint ire inter saracenos et alios infideles, petant *inde* licentiam a suis ministris provincialibus. — 2 (ad 3). Ministri vero nullis eundi licentiam tribuant, nisi eis, quos viderint esse idoneos ad mittendum.

Im ersten Satze würden die Worte „divina inspiratione" auf Franz hindeuten, aber der zweite Satz, welcher plötzlich negativ gefaßt wird, verrät den Einfluß der Minister oder der päpstlichen Kurie; vielleicht wurde das ursprüngliche Konzept des Franz auf dem Kapitel oder in Rom nach dem bekannten Grundsatze des Papstes (vgl. oben S. 74) verändert, d. h. verkürzt und in die strenge Form von Gebot und Verbot übergeführt, wie es in der ganzen Reg. III der Fall ist. Das Wörtchen „inde" (daher, danach) ist, wie mir scheint, hier nicht ganz am Platze (besser wäre proinde, dazu, zu diesem Zwecke).

Reg. III, c. 12 über die Predigt unter den Ungläubigen

Die letzte Bestimmung der Reg. III bezieht sich auf den Protektor des Ordens aus der Reihe der Kardinäle der römischen Kirche und ist ganz neu.

> Reg. III c. 12 (finis).
>
> [a] Ad haec per obedientiam inungo ministris, ut petant a d. papa unum de sanctae Romanae ecclesiae cardinalibus, qui sit gubernator, protector et corrector istius fraternitatis, [b] ut semper subditi et subiecti pedibus eiusdem sanctae Ecclesiae, 'stabiles in fide' (Col. 1, 23) catholica, paupertatem et humilitatem et s. evangelium d. nostri Iesu Christi, quod firmiter promisimus, observemus.

Die Reg. II sagt nichts von einem Kardinal-Protektor, obwohl der Kardinal Hugolino wahrscheinlich schon im J. 1220 zum Beschützer des Ordens ernannt wurde (vgl. Jord. 14). Erst jetzt wurde das Protektorat zu einem definitiven und stetigen Ordensamt. Es ist natürlich, daß besonders der Papst und der Kardinal Hugolino selbst auf die Stilisation der betreffenden Bestimmung ihre Aufmerksamkeit richteten und unter ihrem Einflusse vielleicht wurde der Titel des neuen Beschützers formuliert: „gubernator, protector et corrector istius fraternitatis." Dieser Titel, welcher den Bezeichnungen der Beschützer der Zünfte und anderer gleichzeitiger Korporationen nicht unähnlich ist, wird in der Reg. III zum ersten Male gebraucht; vorher ist in den Quellen bloß vom „pater et dominus" (1 Cel. 99 und 100), „pater" (3 soc. 65), „protector" (3 soc. 66), „papa" (2 Cel. 25 und Jord. 14) und vom „dominus et apostolicus" (Spec. perf. 23) die Rede.

Trotzdem ist es wahrscheinlich, daß gedanklich die angeführten Worte von Franz stammen, weil von ihm die Ernennung eines Kardinals als des Beschützers seines Ordens ausging (vgl. bes. 3 soc. 63—65) und weil er diesen Gedanken bis zum Tode festhielt; noch im Testamente (c. 10) spricht er vom „dominus Hostiensis, qui est dominus, protector et corrector totius fraternitatis" (Franz vermeidet wahrscheinlich nicht ohne Grund den Ausdruck „gubernator"). Auch erinnert die logische Verbindung der Idee des Beschützers mit der Idee treuer Einhaltung der Regel an dieser Stelle ganz an Franz. Der Kardinal sollte nicht nur rechtlich und politisch, sondern auch in sittlicher und dogmatischer (vgl. Test. c. 10) Beziehung der Beschützer des Ordens sein und so die Stetigkeit und Reinheit des katholischen Glaubens der Brüder verbürgen und die Einhaltung der höchsten Grundsätze des Ordens, der Armut, Demut und des Evangeliums Christi ermöglichen. Auch gewisse stilistische Wendungen (iniungo — vgl. Reg. II c. 15 u. 24 —, subiecti pedibus, firmiter) sprechen für die Autorschaft des Franz.

KAPITEL III

SCHLUSS

Aus der genauen Analyse der Reg. III können wir einige Schlüsse ziehen, welche die Formation der Reg. III als einer bestimmten Art schriftlicher Aufzeichnung betreffen.

Über die Formation der Reg. III als eines literarischen Erzeugnisses kann zusammenfassend folgendes gesagt werden:

1. Es ist zweifellos, daß Franz im Laufe des J. 1222 wahrscheinlich mit Hilfe des Bruders Leo und des Bruders Bonizo auf dem Taubenberg eine neue Regel verfaßte, welche formell um die Zitate aus der Bibel kürzer war, als die Regel vom J. 1221, und welche sachlich neue, durch radikale Umarbeitung der Reg. II entstandene Bestimmungen enthielt. Aus dieser authentischen Regel ist sicher der Wortlaut des Absatzes über die Bestrafung sündiger Brüder bekannt (aus der Epistola ad ministrum), der klar zeigt, welche wesentlichen Änderungen Franz in der Reg. II durchführte. (Vgl. S. 49—51.) Ebenso kann man die Bestimmung über die Einhaltung der Regel bis auf den Buchstaben und ohne Glossen (vgl. S. 74—75) als ein sicheres Stück von Franzens Elaborat ansehen. Schon diese zwei Stücke beweisen, daß die neuen Bestimmungen des Franz ebenso liberal zu den Brüdern, wie streng zu den Ministern waren, so daß diese sie natürlicherweise „schwer und unerträglich" finden mußten (S. 47).

2. Franzens Proposition war auf dem Generalkapitel vom Mai 1223 und dann in Rom im November d. J. Gegenstand von Verhandlungen. Man kann sagen, daß die Minister und der Kardinal Hugolino, eventuell der Papst selbst die Vorlage des Franz ebenso radikal änderten, wie Franz es mit der Reg. II getan hatte; dies beweisen wieder jene zwei Stücke, die uns in der Formulierung des Franz und in jener der Mi-

Schluß über d. Verfassung, Komposition u. d. sachl. Provenienz d. Reg. III 83

nister, bzw. des Papstes erhalten sind. Es scheint, daß die Minister, bzw. der Papst die Vorlage des Franz besonders durch Kürzung von Stellen („multa extracta", Spec. perf. c. 1) und weiter dadurch änderten, daß sie allen Bestimmungen die genaue und scharfe Form von Geboten nach der Art anderer Regeln und Gesetze gaben; dabei suchten sie auch auf die Reg. II zurückzugehen, obwohl sie den Entwurf des Franz fast durchwegs als Grundlage festhielten (im Kap. 2 passim). Was die Komposition und Einteilung in Kapitel anbelangt, kann nicht entschieden werden, ob die Form der Reg. III, wie sie heute erhalten ist, das Werk des Franz oder das der Minister und des Kardinals Hugolino ist.

3. Der Text der durch die päpstliche Bulle vom 29. November 1223 approbierten Regel stellt ein Kompromiß des Standpunktes des Franz mit dem der Minister dar, wie es auch der Text der Regel vom J. 1221 ist. Obwohl er stilistisch größtenteils das Werk der Redaktion der Minister und des Kardinals Hugolino ist und an wichtigen Stellen die Gedanken dieser Kreise ausdrückt, sind doch in der Reg. III Stücke der ursprünglichen Proposition des Franz enthalten. Mit mehr oder weniger Wahrscheinlichkeit können dafür einige Worte aus der Reg. III c. 2 im Satze 5—8 und 12 und Satz 14 (vgl. S. 57), aus c. 3 besonders die Sätze 9 und 11, aus c. 6 Satz 2 über das Betteln, aus c. 7 genau bekannte Bruchstücke, aus c. 8 Satz 1 über den Ordensgeneral, aus c. 9 vielleicht Satz 3 (von Bonizo?), aus c. 10 die drei ersten Sätze im ersten Teile, weiter kleine Bruchstücke von Sätzen im zweiten Teile (vgl. oben S. 75) und endlich vielleicht alle Sätze im dritten Teile, im c. 12 die Worte über den Ordensprotektor angesehen werden.

4. Die Stücke, welche von den Ministern aus der Proposition des Franz weggelassen werden, sollen dem Spec. perf. 1 zufolge „zahlreich"[1] gewesen sein, wir jedoch können nur einige und auch diese nur vermutungsweise bestimmen. Als dominierende Stellen können wir die über die Armut, die Wohnungen und die Verehrung des Altarsakramentes ansehen.

a) Wir wissen aus Spec. perf. 3, daß in der Regel ein (quoddam) Kapitel „de prohibitionibus s. evangelii" stand, welches mit den Worten Luk. 10, 3 begann: „Nihil tuleritis in via"; die weiteren Worte des Evangeliums lauten: „neque virgam, neque peram, neque panem, ne-

---

[1] Das Wort „plura" wird im Spec. perf. 2 wiederholt.

que pecuniam, neque duas tunicas habeatis." Auf S. 40—41 habe ich dargelegt, daß dieses Kapitel frühestens im Mai 1220 oder etwas später im Entwurfe der Reg. II vom J. 1221 zu der Regel hinzugefügt wurde. In der ursprünglichen Fassung enthielt dieses Kapitel außer jenen Worten des Evangeliums noch den Zusatz, daß die Brüder auf Reisen nur ein Kleid mit dem Stricke und Hosen, eventuell Schuhe tragen sollten, wie aus den Worten des Franz an der angeführten Stelle hervorgeht (Ego sic intelligo, erklärte Franz auf die Frage der Minister, quod fratres non debeant habere, nisi vestimentum cum corda et femoralibus, sicut dicit regula, et si necessitate coguntur, possint portare calciamenta).

Aber die Minister, welchen das Kapitel nicht gefiel, weil es implicite auch den Besitz von Büchern verbot (Spec. perf. 3), veränderten es in der definitiven Redaktion der Reg. II dadurch, daß sie 1. es aus dem Abschnitte über die Armut (de capitulo paupertatis, Spec. perf. 3) in den Abschnitt verlegten, welcher in der Reg. II c. 14 mit „Quomodo fratres debeant ire per mundum" überschrieben war, und daß sie 2. den eigentlichen Zusatz des Franz über die Kleidung strichen. Deshalb lesen wir in der Reg. II c. 14 bloß: „Quando fratres vadunt per mundum, nihil portent in via, neque sacculum, neque peram, neque panem, neque pecuniam, neque virgam."

Franz war jedoch in einigen Dingen sehr zähe und hielt an den angeführten Worten umsomehr fest, als er mit ihnen seine apostolische Tätigkeit begann (3 soc. 29) und weil er sie als eigentlichen Ausdruck und als Gebot jener „evangelischen Vollkommenheit" ansah, welche er und die Brüder verwirklichen sollten.[1] Deshalb übernahm er wahrscheinlich jene Worte wieder in die Vorlage der offiziellen Regel vom J. 1223.[2] Aber da schritten die Minister energisch ein und strichen

---

[1] „Nec volo nec debeo (sagte er dem Minister über dieses Kapitel), nec possum venire contra conscientiam meam et perfectionem s. evangelii, quam professi sumus." Spec. perf. c. 3.

[2] Daß dieser Versuch um 1223 geschah, können wir folgendermaßen beweisen: im Spec. perf. 3 ist davon die Rede, daß Franz mit den Worten „Nihil tuleritis in via" auch das Bücherverbot verstand, und deshalb war jener Minister so traurig, denn er hatte „tot libros, quod valent ultra quinquaginta libras". Dies waren zweifellos liturgische Bücher, welche die Minister für das komplizierte officium der lateinischen Kirche nötig hatten (vgl. oben, S. 60), das ihnen durch die Regel vom J. 1221 vorgeschrieben war;

ganz einfach den ganzen Abschnitt, „credentes se propter hoc non teneri ad observationem perfectionis evangelii" (Spec. perf. 3; vgl. Leo, l. c., p. 88). Franz verteidigte sich freilich lebhaft, mußte sich aber am Schlusse doch mit der Betonung der Einhaltung der evangelischen Vollkommenheit am Anfange und Ende der Regel zufrieden geben, ohne aber die Worte, welche die Vollkommenheit des Evangeliums ausdrückten, anwenden zu können. Deshalb lesen wir in der Reg. III nicht die Worte: „Nihil tuleritis in via", lesen aber im Beginne „domini nostri Iesu Christi s. evangelium observare" (c. 1) und am Ende „paupertatem et humilitatem et s. evangelium domini nostri Iesu Christi, quod firmiter promisimus, observemus".

b) Über die Wohnstätten der Brüder wissen wir aus Spec. perf. c. 11, daß Franz „bestimmte" (constituisset), „quod ecclesiae fratrum essent parvae et domus eorum fierent solum ex lignis et luto in signum sanctae paupertatis et humilitatis". In rechtlicher Beziehung wollte Franz „nec domum nec cellam habere, quae diceretur sua" (Spec. perf. 9), den Worten der hl. Schrift folgend: „Vulpes foveas habent et volucres caeli nidos, filius autem hominis non habet, ubi caput suum reclinet" (Matth. 8, 20, vgl. Spec. perf. 9 und 2 Cel. 56) und „Nolite esse solliciti" (Matth. 6, 25—34). In Übereinstimmung mit diesem Grundsatze ließ Franz in der Reg. II c. 7 schreiben: „Caveant sibi fratres, ubicumque fuerint in heremitoriis et in aliis locis, quod nullum locum sibi approprient nec alicui defendant. Et quicumque ad eos venerit, amicus vel adversarius, fur vel latro, benigne recipiatur." Ob er diese Worte wieder in die Vorlage der offiziellen Regel des J. 1223 aufnahm, oder ob er ihnen eine andere Form gab, wissen wir nicht; aus dem Wortlaute der Reg. III können wir nur ahnen, daß seine Vorlage an dieser Stelle vollkommen geändert wurde. Aber Franz wollte doch die strenge und reine Bestimmung über die Wohnstätten retten (vgl. Spec. perf. 9[1] und 11) und ließ daher in das Testament (c. 7) die Worte

erst durch die Regel vom J. 1223 wurde das römische officium eingeführt, für welches die Bücher nicht so nötig waren.

[1] Spec. perf. 9 sagt, daß Franz „in testamento suo scribi fecit, quod omnes cellae et domus fratrum essent de lignis et luto tantum, ad conservandam melius paupertatem et humilitatem" (s. auch c. 11), aber wie aus dem Texte ersichtlich ist, stand nichts dergleichen im c. 7 des Testamentes! Von Zellen aus Holz und Kot ist in diesem Testamente überhaupt nicht die Rede! Natürlich kann man aber daraus auch die Existenz eines anderen sog. Porciuncula-Testamentes vermuten. Vgl. Sabatier, Spec., p. XXXIII, n. 2.

eintragen, welche für jenen Passus angesehen werden können, welcher aus der Reg. III weggelassen wurde.[1]

Testam. c. 7.	Reg. III c. 6.
[1] Caveant sibi fratres, ut ecclesias, habitacula paupercula et omnia alia, que pro ipsis construuntur, *penitus non recipiant*, nisi essent, sicut decet s. paupertatem, quam in regula promisimus, [2] semper ibi hospitantes sicut 'advene et peregrini' (1. Petri 2, 11).	[1] Fratres *nihil sibi approprient*, nec domum, nec locum, nec aliquam rem. [2] Et tamquam '*peregrini et advenae*' (1. Petri 2, 11) in hoc saeculo in *paupertate* et humilitate domino famulantes, vadant pro elemosyna, etc.

c) Über die Verehrung des allerheiligsten Altarsakramentes durch Franz spricht 2 Cel. 201 und Spec. perf. 65 und man kann von ihr sagen, daß sie das höchste Symbol seiner Frömmigkeit besonders in der letzten Zeit seines Lebens war, in der er sich innig an Christus anschloß. Oben (S. 34—35) habe ich ausgeführt, daß Franz wahrscheinlich schon im J. 1217 in die Regel die Bestimmung über die Verehrung des Altarsakramentes eintragen lassen wollte. Aber es kam nicht dazu und wir finden in der Reg. II keine Bestimmung dieses Inhaltes. Trotzdem ließ Franz von seinem Vorhaben nicht ab und versuchte die Bestimmung über die Verehrung des Altarsakramentes, welches ihm so am Herzen lag, in die offizielle Regel des J. 1223 hineinzubringen. Ich glaube, daß die Stelle im Spec. perf. 65 sich auf diesen Versuch bezieht, womit aber nicht gesagt sein soll, daß ein ähnlicher Versuch nicht schon im J. 1217 unternommen wurde, wie ich oben (auf S. 35) darlegte. Wir wissen aus dem Falle sub a), daß Franz einigemal seine Gedanken in der Ordensgesetzgebung durchzusetzen versuchte, und jedem Forscher ist bekannt, daß die Quellen (Spec. perf., Celano und 3 soc.) gern gleichartige Ereignisse in eines zusammenziehen, indem sie von einem und typischen Versuche erzählen. Wie die Bestimmung über den Kult des Altarsakramentes in der Vorlage der Reg. III aussah, wissen wir nicht. Es sind bloß Versionen aus anderen Schriften des Franz und aus Spec. perf. 65 erhalten. Ich werde sie parallel anführen, damit der Kern des Gedankens des Franz so klar als möglich hervortrete.

---

[1] Daß dieser Passus wirklich in der Regel war, bezeugt Spec. perf. 11 (plura fecit scribi in regula).

Spec. 65.	Testam. c. 3.	Epistola ad clericos (ähnlich epistola ad custodes).
⟨voluit scribi in regula⟩ [1] ut fratres in provinciis, ubi morarentur, curam et sollicitudinem magnam haberent de hoc et admonerent clericos et sacerdotes, ut corpus Christi *in bono loco et honesto* reponerent, quod si ipsi negligerent, fratres illud agerent;	[1] Et hec sanctissima misteria super omnia volo honorari, venerari et *in locis pretiosis* collocari.	[1] Ubicumque fuerit sanctissimum *corpus domini nostri Iesu Christi* illicite collocatum et relictum, removeatur de loco illo et *in loco pretioso* ponatur et consignetur.
[2] quod, ubicumque fratres invenirent *nomina* Domini et *verba* illa, per quae conficitur corpus Domini, non bene et honeste reposita, ipsi ea *recolligerent et honeste* reponerent, honorantes Dominum in sermonibus suis.	[2] Santissima *nomina et verba* eius scripta, ubicumque invenero in locis illicitis, volo colligere et rogo, quod *colligantur* et in loco *honesto* collocentur.	[2] Similiter *nomina et verba Domini scripta, ubicumque inveniantur in locis* immundis, colligantur *et in loco honesto debeant collocari.*

Ähnlich spricht sich Franz noch in der Ep. ad capitulum c. 1 und 4 aus, und die oft ganz wörtliche Übereinstimmung aller dieser Stellen beweist, daß so ungefähr jener Passus lautete, welcher aus der Vorlage des Franz gestrichen wurde, „quia (Spec. perf. 65) ministris non videbatur bonum, ut fratres haec haberent in mandatum." Franz beharrte trotzdem auf seinem Gedanken und wollte, wenn es auch nicht in der Regel möglich war, doch wenigstens in anderen Schriften „relinquere fratribus voluntatem suam de hiis" (Spec. perf. 65, l. c.).

DRITTER TEIL

DIE HISTORISCHE BEDEUTUNG DER REGEL VOM JAHRE 1223 UND DIE VERFASSUNG DES ORDENS

KAPITEL I

EINLEITUNG. DIE ANSCHAUUNGEN DER BISHERIGEN FORSCHER

Die Anschauungen der Forscher über die historische Bedeutung der Reg. III sind verschieden, da sie auf verschiedener Erklärung der in der Reg. II und der Reg. III nicht übereinstimmenden Stellen begründet sind. Betrachten wir die wichtigsten von diesen Anschauungen!

Suyskens führt in den A. SS., Oct. II, p. 368 aus, daß die Reg. III weniger streng sei als die Reg. II; dafür zeuge: 1. die Bestimmung über die Kleidung in c. 2, Satz 12 (vgl. oben S. 56), 2. die Bestimmung über das Fasten in c. 3, Satz 6 (vgl. oben S. 59), 3. die Bestimmung über die Bestrafung der Unzüchtigen, welche in der Reg. II c. 13 vorhanden, aber in Reg. III weggelassen ist; die Reg. III sagt auch im c. 7 (vgl. oben S. 49), daß die Bestrafung der Todsünder „cum misericordia" geschehen solle; 4. die Bestimmung über die Kapitel, welche nach Reg. II c. 18 jährlich, nach Reg. III c. 8 aber nur einmal in drei Jahren einberufen wurden (vgl. oben S. 69). Suyskens führt diese Belege deshalb an, um zu zeigen, daß die Minister keinen Grund hatten, gegen die Reg. III auf dem Taubenberge zu protestieren, wie Pisanus, Marianus u. a. erzählen, da sie ja weniger streng sei als die Reg. II; die Erzählungen jener Quellen hält er daher für Märchen (l. c., p. 137). — Der gelehrte Bollandist stellt sich, wie man sieht, die Reg. III bloß als Produkt des Franz vor und vergißt, daß die Minister aus dem ursprünglichen Elaborate eben jene Bestimmungen strichen, welche ihnen „gravia et importabilia" erschienen; gegen die angeführten weniger strengen Bestimmungen haben sie gewiß nicht protestiert, besonders deshalb nicht, weil sie einige von ihnen (Reg. III c. 7) — selbst milderten!

Karl Müller, welcher die Reg. III mit der Reg. II mit Bezug auf die Konstitution des Ordens genau verglich, kam zu folgender Erkenntnis: 1. In der Reg. III wurden alle jene Punkte gestrichen, welche an den Charakter der ersten Regel vom J. 1210 erinnerten und das religiöse Ideal darstellten, sowie jene sittlichen Ermahnungen, welche auch der Regel vom J. 1221 einen erbauungsartigen Charakter verliehen (vgl. c. 8, 9, 10, 11, 16, 17 und die ganzen c. 22 und 23). 2. Aus der Reg. III wurden viele biblische Zitate weggelassen, darunter auch die grundlegenden aus Matth. X (vgl. c. 1, 4, 16). 3. Der Beruf des Ordens, wie ihn die Reg. III (c. 1, 12 am Ende über das Evangelium, c. 6 über die Armut, c. 9 über die Predigt) faßt, ist nicht mehr als Nachfolge Christi und der Apostel in der Armut, Liebe, Arbeit und in der Predigt von Buße und Reich Gottes, sondern als die Befolgung der betreffenden Bestimmungen dargestellt, welche aus dem ganzen gerissen werden und selbständige Geltung erlangen; dies beweist die neue Idee der Armut, des Besitzrechtes und des Bettelns, wie der Autor genauer zeigt. 4. Die Ordensverfassung wurde kirchlich ausgestaltet, wie das stabile Amt des Kardinal-Protektors, die Einführung der Titel „General" und „Provinzial" beweisen, welche nun unter der gemeinsamen Bezeichnung der Minister die hohe Ordensaristokratie mit erweiterten Rechten bilden; auch die Kapitel gewinnen festere Verfassungsformen. 5. Die Prediger werden vom General geprüft und treten auf den Provinzkapiteln als Glieder der Amtsaristokratie auf. 6. Die Umgestaltung der Brüderschaft in einen Orden wird durch die Prüfung neuer Mitglieder aus dem katholischen Glauben (c. 1), durch Bestrafung sündiger Brüder durch die Minister, sowie durch das Bestreben, die Brüder aus der ordentlichen Jurisdiktion der Kirche zu eximieren, vollends gefestigt; hierher gehört auch die kasuistische Bestimmung, welche den Brüdern das Betreten der Nonnenklöster verbietet (c. 11). 7. Die Erleichterungen, welche die Reg. III in bezug auf das officium (c. 3), das Fasten (c. 3) und die Kleidung (c. 2) durchführt, hatten ihren Zweck darin, den Orden beweglicher und zur kirchlichen Arbeit in der Welt geeigneter zu gestalten.

Paul Sabatier verglich die Reg. III mit den vorhergehenden und zwar nicht mit Bezug auf die Ordenskonstitution, wie es Karl Müller tat, sondern vom Gesichtspunkte des allgemeinen ideellen und stylistischen Charakters dieser schriftlichen Denkmäler. Beim Vergleiche der Reg. III mit der Reg. I wies er darauf hin, daß die Reg. I in der Aufforderung Christi an den Menschen zusammengefaßt war: „Komm und folge mir nach!", daß hingegen in der Reg. III diese Aufforderung zum Befehle und der Schwung der Liebe des Menschen zu einer Tat der Unterwerfung wird, durch welche das ewige Leben verdient werden soll. Darum ist die Reg. I die einzige Franziskanerregel, die Reg. III hingegen — un contrat synallagmatique — ist indirekt ein Werk der Kirche, welche die ganze Bewegung zu assimilieren, verändern und so umzustürzen versuchte. Die Reg. II vom J. 1221 stellt eine Übergangsetappe dar, in welcher beide Prinzipe einander begegnen, ohne sich vollständig zu vermischen.[1]

Aus der Reihe der Ordensgeschichtsschreiber führe ich auch zwei Forscher an, welche sich über das Verhältnis der Reg. II und III näher aussprachen. F. Gratien erklärt in dem Essay „Saint François d'Assise" (Études franciscaines, t. XVIII 1907 p. 359 sq.) die Entstehung der Reg. III und sagt dann zuerst allgemein und unrichtig, daß sich die Reg. III nicht „substantiellement" von der Reg. II unterscheide, sondern nur fixiert „définitivement, malgré les efforts de quelques ministres (!), le caractère et la physionomie propres (!) de l'Ordre des Frères-Mineures" (S. 455) Aber auch F. Gratien muß einige die Konstitution betreffenden Änderungen anerkennen, wobei er betont, daß die Konstitution auch nach der Reg. III nicht vollendet war, weil über die lokalen Vorgesetzten, sowie über den Rat der Minister nichts bestimmt wurde, obwohl dieser Rat schon in der „Copie" existiert hätte. In der Fastenfrage sei die Reg. III milder (c. 3), aber in Sachen der Armut dafür strenger, weil sie verbiete, Geld „auch für die Bedürfnisse der Armen" anzunehmen, was die Reg. II nicht getan habe; auch fehle in der Reg. III die Erlaubnis, etwas von dem Besitze der neu eintretenden Brüder annehmen (Reg. II c. 2) und Arbeitsinstrumente besitzen zu dürfen (Reg. II c. 7). Eine wesentliche Änderung bedeute die Einführung des römischen Officiums (c. 3), wodurch die Brüder von der Notwendigkeit, sich zahlreiche und teure Bücher anschaffen zu müssen, befreit worden seien. Die Reg. III enthält keine Bemerkung über die Studien, aber der Fall des Antonius aus Padua beweise, daß Franz nicht gegen die Theologen

---

[1] Paul Sabatier, Vie de St. François, p. 289—290.

war (vgl. 2 Cel. 163 und Testam. c. 3). Den Predigern habe der Reg. II c. 17 gemäß die Erlaubnis des Provinzialministers genügt, die Reg. III c. 9 schreibe die „Erlaubnis" des Generals vor; auch sei in der Reg. III c. 12 zuerst die Verpflichtung formuliert, einen Kardinal zum Ordensprotektor bestimmen zu müssen. So übertreffe die Reg. III durch Genauigkeit die Reg. II; sie sei wegen der imperativen Form, welche Zweifel und Unsicherheit ausschließe und im vorhinein jede Übertretung verurteile, strenger. Trotzdem drückt sie das evangelische Leben, „wie in den ersten Tagen des Ordens" aus. „Das Ideal der Armut und Demut wird in ihr nicht geschwächt, sondern mit größerer Kraft und mit aller Vorliebe des Franz für diese beiden Tugenden ausgedrückt" (vgl. c. 2, 3, 6, 10). Bloß in der Frage der Handarbeit sei die Reg. III weniger kategorisch als die Reg. II (p. 455—457).[1]

J. Cuthbert erklärt in seinem „Life of St. Francis of Assisi" (ed. 1913, c. 8) die Entstehung der Reg. III ziemlich richtig, indem er ausführt, daß Franzens Vorlage zuerst in Rom durch den Einfluß des Kardinals Hugolino geändert wurde, welcher den Franz überredete, einige den Ministern unangenehme Bestimmungen wegzulassen. Dazu gehörte die Stelle „Nihil tuleritis in via", welches einen besonders formativen Einfluß auf den Beruf des Franz hatte und welche zugleich der „vollkommenste Ausdruck des Glaubens an Gottes Vorsehung war, auf dem das Leben der Brüder begründet war; aus ihm stammen auch die meisten charakteristischen Züge in der Geschichte der ersten Franziskaner." Franz gab nur deshalb nach, weil er fürchtete, Ärgernis unter den Brüdern zu erwecken, trotzdem betonte der Kardinal in der Regel das Prinzip absoluter Armut. Auch die Stelle von der Verehrung des Altarsakramentes wurde aus dem Entwurfe entfernt, weil sie zu Reibereien zwischen den Brüdern und den Priestern führte. Durch den Einfluß der Kurie wurde auch die Stelle von der Einhaltung der Regel bis auf den Buchstaben und ohne Glossen im c. 10 gestrichen. Formell fehlt der Reg. III jener Überschwang (exuberance) von Ermahnungen

---

[1] Ähnlich sprach sich über die sachliche Übereinstimmung vor Gratien (gegen Sabatier) P. Lemmens in den Opuscula s. Patris Francisci Assisiensis, 1904, p. 164 aus: „Si differunt regula prima et secunda, differunt eo, quod secunda [von 1223] est brevior et melius ordinata et magis praecisa, at essentia et substantia est omnino et plane eadem, et ipsa verba regulae secundae in regula prima magna ex parte iam habentur, quod quilibet statim videbit, qui utramque absque praeiudiciis comparaverit."

und Bemühungen, welche dem Franz eigen waren, als ob in ihr sein Geist gereinigt (chastened) worden wäre. Trotzdem gab Franz keinen seiner wesentlichen Grundsätze auf: die neue Regel verpflichtet die Brüder noch immer zu absoluter Armut; neue Brüder müssen zuerst ihre Güter an Arme verteilen; die Brüder müssen mit einer armen Kleidung zufrieden sein; sie sollen friedlich und demütig und im Urteilen zurückhaltend sein; sie müssen arbeiten, ja, wenn es notwendig ist, um Almosen betteln; sie dürfen kein eigenes Haus oder Grundstück oder andere Dinge besitzen, sondern in der Welt nur Pilger und Fremdlinge sein. Das Leben war so gestaltet wie früher, nur war es in reiner Tonart (in a more chastened mood) ausgedrückt. Die Regel gewann vielleicht eben dadurch eine gewisse Strenge und Dauerhaftigkeit, daß sie etwas an inspirierendem Idealismus verlor. Wir können sagen, daß sie den wesentlichen Franz aller Zeiten eher wiederspiegelt als den historischen Franz einer bestimmten Zeit, was bei jedem gesetzgebenden Werke der Fall ist (p. 322—324).

Wollen wir in diesem Streite, in welchem offensichtlich protestantische und katholische Theologen einander gegenüberstehen, die Wahrheit finden, müssen wir einen genauen Vergleich der Reg. II mit der Reg. III durchführen, und das Resultat wird dann von selbst die sachliche und historische Bedeutung der Reg. III in das rechte Licht stellen. Die Arbeit ist größtenteils durch die bisherige Analyse vollbracht, so daß wir sie nur ergänzen und aus ihr exakte Konsequenzen ziehen wollen. Prüfen wir die Reg. III zuerst in formeller und dann in sachlicher Beziehung!

KAPITEL II

FORMELLE ANALYSE DER REGEL VOM J. 1223

Die Reg. III und die Reg. II sind schriftliche Denkmäler, welche wir als Ganzes beurteilen und in ihnen alle formellen Grundelemente eines solchen Ganzen erkennen dürfen. Wir können hier im ganzen Grundelemente zweierlei Art unterscheiden: erstens die äußere Einteilung und Anordnung des Stoffes und zweitens die äußere literarische Form, oder den Stil, d. h. die Art und Weise die einzelnen Gedanken auszudrücken.

I. Die äußere Einteilung der Reg. II und der Reg. III.

Wie die äußere Einteilung beider Regeln verschieden ist, zeigt klar die folgende Tafel, welche die Überschriften einzelner Kapitel anführt:

Reg. II.

1. Quod fratres vivant in obedientia, sine proprio et in castitate.
2. De receptione et vestimentis fratrum.
3. De divino officio et ieiunio.
4. De ministris et aliis fratribus, qualiter ordinentur.
5. De correctione fratrum in offensione.
6. De recursu fratrum ad ministros, et quod aliquis frater non vocetur prior.
7. De modo serviendi et laborandi.
8. Quod fratres non recipiant pecuniam.
9. De petenda elemosina.
10. De infirmis fratribus.
11. Quod fratres non blasphement nec detrahant, sed diligant se ad invicem.
12. De malo visu et frequentia mulierum.
13. De punitione fornicatorum.
14. Quomodo fratres debeant ire per mundum.
15. Quod fratres non teneant bestiam nec equitent.
16. De euntibus inter saracenos et alios infideles.
17. De predicatoribus.
18. Qualiter ministri conveniant ad invicem.
19. Quod fratres vivant catholice.
20. De confessione fratrum et de receptione corporis et sanguinis d. n. J. Christi.

Reg. III.

1. In nomine Domini incipit vita minorum fratrum.
2. De hiis, qui volunt vitam istam accipere et qualiter recipi debeant.
3. De divino officio et ieiunio, et quomodo fratres debeant ire per mundum.
4. Quod fratres non recipiant pecuniam.
5. De modo laborandi.
6. Quod nihil approprient sibi fratres, et de elemosyna petenda et de fratribus infirmis.
7. De paenitentia fratribus peccantibus imponenda.
8. De electione generalis ministri huius fraternitatis et de capitulo Pentecostes.
9. De praedicatoribus.
10. De admonitione et correctione fratrum.
11. Quod fratres non ingrediantur monasteria monacharum.
12. De euntibus inter saracenos et alios infideles.

21. De laude et exhortatione, quam possunt facere omnes fratres.
22. Admonitio fratrum.
23. Oratio, laus et gratiarum actio.
24. [De observatione regulae.]

Aus dieser Tafel geht erstens hervor, daß die Gedankenfolge in der Reg. III anders ist als in der Reg. II. Der Verfasser der Reg. III (sei es nun Franz oder die Minister) ordnete zuerst die einzelnen Bestimmungen in anderer Reihenfolge, und zwar so, daß er in c. 1—6 diejenigen Verfügungen zusammenfaßte, welche sich auf die Grundsätze des neuen Lebens der Brüder im ganzen bezogen (es ist bemerkenswert, daß in diesen Kapiteln durchgehends die Mehrzahl verwendet wird, was in der Reg. II nicht durchgeführt war, vgl. Reg. II c. 1, 2, 8), in das c. 7 die Bestimmungen des Disziplinarverfahrens und der Bestrafung des sündigen Bruders verlegte (in der Einzahl), im c. 8 die Verfassung des Ordens betonte (hierher gehört auch das Ende von c. 12 über den Protektor), in die c. 9 und 12 die Bestimmungen über die äußere und die Missionstätigkeit des Ordens verlegte, im c. 10 das Verhältnis der Brüder zu den Vorgesetzten und zu der Regel festsetzte und im c. 11 das Verhältnis der Brüder zu den Frauenklöstern bestimmte. Diese Anordnung des Stoffes ist nicht tadellos, bedeutet aber sicher gegenüber der Reg. II einen **großen Fortschritt**.

Der Verfasser der Reg. III hat aber nicht nur die Kapitel anders angeordnet, sondern auch verschiedene Kapitel der Reg. II in eines zusammengezogen.

Reg. III : Reg. II
c. 1 = c. 1
c. 2 = c. 2
c. 3 = { c. 11, c. 14, c. 15 }
c. 4 = c. 8
c. 5 = c. 7
c. 6 = { c. 7, c. 9, c. 10 }

Reg. III : Reg. II
c. 7 = { c. 5, c. 20 }
c. 8 = c. 18
c. 9 = c. 17
c. 10 = { c. 4, c. 6, cf. c. 11, 16, 17, 22 }
c. 11 = c. 12
c. 12 = c. 16

Wie ersichtlich ist, faßte der Verfasser der Reg. III an einigen Stellen einige Kapitel in eines zusammen und es gelang ihm so, in zwölf Kapiteln[1] den Inhalt der weit zahlreicheren Kapitel der Reg. II wieder-

---

[1] Über die symbolische, der Bibel entnommene Ziffer „zwölf" s. Mandonnet in Opuscules I, p. 156—157.

zugeben. Ganz weggelassen hat er nur c. 13 „de punitione fornicatorum", c. 19 „Quod fratres vivant catholice", c. 21 „De laude et exhortatione, quam possunt facere omnes fratres", c. 23 „Oratio, laus et gratiarum actio" und c. 24 [De observatione regulae]. Dafür wurde — außer anderen Veränderungen und Zusätzen im Kontexte — eine selbständige Bestimmung über den Protektor des Ordens und die Einhaltung der Regel hinzugefügt (am Ende von c. 12).

Der Verfasser der Reg. III verfertigte endlich seinen Text nicht nur durch Zusammenziehung und Weglassung ganzer Kapitel, sondern auch durch Kürzung einzelner Absätze. Diese Kürzung traf vor allem die biblischen Zitate, mit welchen die Reg. II überfüllt war. Ich habe in der Reg. II im ganzen 118 längere oder kürzere Zitate aus der Bibel und zwei Zitate aus den hl. Vätern berechnet;[1] dagegen finden wir in der Reg. III nur 13 längere und auch ganz kurze Zitate. Noch genauer ist folgende Berechnung: die Reg. II umfaßt ohne die Aufschriften in der Edition Böhmers im ganzen 649 Zeilen; davon entfällt mehr als ein Drittel (genau $172\frac{1}{2}$ Zeilen) auf Bibelzitate. Die Reg. III hingegen umfaßt $169\frac{1}{2}$ Zeilen (beträgt also kaum ein Viertel der Reg. II) und davon entfallen nur 11 Zeilen auf Bibelzitate, was etwas mehr als $\frac{1}{15}$ des Textes ausmacht.

II. Der Stil der Reg. II und Reg. III.

Stilistisch erscheint die Reg. II als eine sehr kunstlose gesetzgebende Urkunde; ich will gar nicht davon sprechen, daß sie zusammenhangslos, voll von inneren und äußeren Cäsuren und an vielen Stellen pleonastisch ist, wie dies bei allen Schriftstücken, welche das Werk eines Kompromisses und einer Zusammensetzung von verschieden gearteten Bestandteilen der Fall zu sein pflegt. Die Unzulänglichkeit der Reg. II als einer Rechtsurkunde besteht auch darin, daß in ihr sehr wenig bestimmt und geboten, dagegen sehr viel gewünscht, aufgefordert, gewarnt und angeleitet wird.

---

[1] Es scheint, daß noch folg. Sätze, wenn nicht direkt Zitate, so doch indirekte Reproduktion von Worten anderer Autoritäten sind; sie werden in den Editionen nicht als fremdes Eigentum bezeichnet: 1. illa obedientia non est, in qua delictum vel peccatum committitur (c. 5); 2. verecundia non patientibus, sed inferentibus imputatur (c. 9); 3. elemosina est hereditas et iustitia, que debetur pauperibus, quam nobis adquisivit dominus noster Jesus Christus (c. 9); 4. necessitas non habet legem (c. 9).

Betrachten wir zuerst die Stellen, in welchen der Verfasser in der ersten Person auftritt. In der Reg. II sind es folgende: rogo fratrem infirmum, ut referat de omnibus gratias creatori (c. 10); dico vobis, amicis meis, ne terreamini ab hiis (c. 16); deprecor in caritate, que deus est, ut studeant se humiliare in omnibus (c. 17); in s. caritate, que deus est, rogo (c. 22); rogo, ut addiscant tenorem huius vitae (c. 24); exoro deum, ut benedicat omnes (c. 24); deprecor omnes cum osculo pedum, ut multum diligant haec (c. 24); fügen wir noch hinzu, daß Franz in der Reg. II zweimal von „fratres mei benedicti" (c. 4 und 20) spricht. Hingegen gebietet der Autor nur an zwei Stellen: iniungo, ne fratres bestiam habeant (c. 15); firmiter precipio et iniungo, ut nullus minuat vel addat (hanc regulam) (c. 24).

In der Reg. III führt der Verfasser eine ganz andere Sprache: an vier Stellen befiehlt er streng, an drei Stellen ermahnt und fordert er auf und an einer Stelle rät er; nirgends bittet oder wünscht er! Er sagt da: a) praecipio firmiter[1] fratribus universis, ut nullo modo pecuniam recipiant (c. 4); firmiter praecipio eis, ut obediant suis ministris (c. 10); praecipio firmiter fratribus universis, ne habeant suspecta consortia vel consilia mulierum (c. 11); per obedientiam iniungo ministris, ut petant... protectorem (c. 12); — b) moneo et exhortor, ne despiciant neque iudicent homines (c. 2); moneo et exhortor, ut sint examinata eorum eloquia (c. 9); moneo et exhortor in d. J. Christo, ut caveant fratres ab omni superbia (c. 10); — c) consulo, moneo et exhortor fratres meos in d. J. Christo, ut non litigent (c. 3). Wenn er von der Armut spricht, gebraucht der Autor zweimal die Epitheta „carissimi fratres" und die zweite Person des Optativs (habere velitis) (c. 6).

Weiter ist der Gebrauch der Person bei den einzelnen Bestimmungen bemerkenswert. In der Reg. II wird regelmäßig die 3. Person der Einzahl und Mehrzahl im Konjunktive gebraucht, daneben finden wir einmal die 2. Person der Mehrzahl im Imperative, in welcher Person die meisten Zitate aus der Bibel angeführt werden (c. 5: custodite animas vestras), und nicht weniger als 65 mal die 1. Person der Mehrzahl im Konjunktive oder Indikative. In der Reg. III hingegen wird die

---

[1] Das Wort „firmiter" findet man in der Reg. III im Satze „firmiter praecipio", und zwar dreimal (vgl. im Texte), weiter in den Wendungen: firmiter observare (c. 8) und firmiter promittere (c. 12). — In der Reg. II wird nur einmal: firmiter praecipio et iniungo (c. 24) und zweimal: firmiter scire (c. 17 und 20) gesagt.

1. Person der Mehrzahl nur einmal gebraucht (observemus c. 12), sonst finden wir die 3. Person der Einzahl oder Mehrzahl im Konjunktive oder Indikative, wie es in Gesetzen der Fall zu sein pflegt.

Bemerkenswert ist auch der Gebrauch von besonderen Tätigkeitsworten, mit welchen die einzelnen Bestimmungen ausgedrückt sind. Meist geschieht dies, wie ich sagte, in der Reg. II mit direkten Verben (faciant, dicant, vadant, etc.), aber in vielen Fällen werden Hilfswendungen gebraucht, wie studere, debere, oportere, cavere, teneri, recordari, welche dieser Regel den ermahnenden und warnenden Charakter geben. Hinsichtlich dessen ist zwischen der Reg. II und Reg. III ein großer Unterschied, wie aus folgenden Belegen erhellt.

a) Das Zeitwort „cavere sibi" wird in der Reg. II an 14, resp. 13 Stellen, in der Reg. III hingegen nur an 3 Stellen gebraucht. In der Reg. II werden die Brüder in diesen Fällen vor folgenden Dingen gewarnt: 1. caveant sibi, ne de suis (des neuen Bruders) negotiis temporalibus se intromittant (c. 2); dasselbe wird weiter unten in demselben c. 2 wiederholt; 2. caveant, quod propter peccatum alicuius irascantur (c. 5); 3. caveant sibi, quod nullum locum sibi approprient (c. 7); 4. caveant sibi, quod non se ostendant tristes intrinsecus (ibid.); 5. caveamus nos, ne pro tam modico regnum celorum perdamus (c. 8); 6. caveant multum a pecunia (ibid.); 7. caveant, ut pro nullo turpi lucro terras circumeant (ibid.); 8. caveant sibi, ut non calumnientur aliquem (c. 11); 9. caveant sibi a malo visu et frequentia mulierum (c. 12); 10. caveant sibi ministri, ne alicui indiscrete concedant (licentiam praedicandi) (c. 17); 11. caveamus ab omni vana gloria et superbia (c. 17); 12. multum caveamus, ne simus terra petrosa (c. 22); 12. multum caveamus a malitia et subtilitate Satane (ibid.). — In der Reg. III hingegen wird gesagt: 1. caveant fratres et eorum ministri, ne solliciti sint de rebus suis temporalibus (der neuen Brüder) (c. 2); 2. (ministri) cavere debent, ne irascantur propter peccatum alicuius (c. 7); 3. moneo, ut caveant fratres ab omni superbia (c. 10). Es stimmt also die Reg. III mit der Reg. II in den Fällen 1, 2 und 11 überein; die Warnung vor Besitz (3) und Geld (6) wurde in der Reg. III zu einem direkten Verbot und die übrigen Warnungen (4, 5, 7, 8, 9, 10, 12, 13) wurden überhaupt weggelassen.

b) Das Zeitwort „studere" wird in der Reg. II in sechs Fällen, in der Reg. III nur in einem Falle gebraucht. In der Reg. II heißt es: 1. ea (scil. omnia sua frater) studeat pauperibus erogare (c. 2, ähnlich Reg. III

c. 2); 2. (si fratres non possunt vitam nostram observare), minister eis studeat providere (c. 6); 3. fratres studeant bonis operibus insudare (c. 7); 4. fratres studeant sequi humilitatem et paupertatem Christi (c. 9); 5. fratres studeant retinere silentium (c. 11); 6. deprecor, ut studeant se humiliare in omnibus (c. 17).

c) Das Zeitwort „debere" wird in der Reg. II in neun Fällen, in der Reg. III nur in fünf Fällen gebraucht. In der Reg. II heißt es: 1. semper orationi vel alicui bone operationi insistere debent (c. 7; in der Reg. III c. 5 heißt es in einem ähnlichen Falle: cui, scil. orationi debent cetera temporalia deservire); 2. spiritualiter et diligenter debeant se revereri (c. 7); 3. non debemus maiorem habere utilitatem in pecunia quam in lapidibus (c. 8); 4. debent gaudere, quando conversantur inter viles (c. 9); 5. pro Jesu amore debeant corpus exponere inimicis (c. 16); 6. debemus gaudere, cum in tentationes varias inciderimus (c. 17); 7. Jesu vestigia sequi debemus (c. 22); 8. inimicos diligere debemus (ibid.); 9. fratres debeant servire et amare deum (ibid.). — In der Reg. III heißt es ebenso wie in der Reg. II ad 1. und in den weiteren vier Fällen wird „debere" nur dann gebraucht, wenn es sich um das Verhältnis der Brüder zu Brüdern und zu Ministern handelt: 1. frater debet diligere et nutrire fratrem (c. 6); 2. fratres debent servire fratri infirmo (ibid.); 3. fratres debeant et possint recurrere ad suos ministros (c. 10); 4. ita debet esse, quod ministri sint servi omnium fratrum (ibid.). — Das Zeitwort „oportet" gebraucht die Reg. II in c. 4: ministros oportebit reddere rationem coram domino, und in c. 9: fratres recordentur, quod nihil aliud oportet nos habere de toto mundo nisi alimenta... In der Reg. III wird dieses Zeitwort nur einmal negativ gebraucht: nec oportet fratres verecundari (pro elemosina) c. 6.

d) Das Zeitwort „teneri" wird in der Reg. II selten, in der Reg. III öfter gebraucht.[1] In der Reg. II „teneantur (nämlich fratres) obedire fratri Francisco et eius successoribus" (prolog.). Ähnlich wird in der Reg. III c. 1 gesagt, dafür aber sind die Brüder in dieser Regel verpflichtet (teneantur), noch Folgendes einzuhalten: 1. teneantur ad ministros recurrere sine mora (im Falle von Todsünde) (c. 7); 2. teneantur unum de fratribus habere generalem ministrum et ei teneantur firmiter obedire (c. 8). — Über die Minister sagt Reg. II c. 16: minister tenebitur

---

[1] In der Reg. II wird auch einmal „tenere" (also der Akt. Modus) gebraucht: „Teneamus verba, vitam et doctrinam et s. eius evangelium" (c. 22).

Domino reddere rationem, si in hoc (ire inter Saracenos) vel in aliis indiscrete processerit (c. 16); hingegen sagt die Reg. III, daß die Provinzialminister „teneantur semper insimul convenire, ubicumque a generali ministro fuerit constitutum" (c. 8) und wenn der General unfähig sein sollte, „teneantur in nomine Domini alium sibi eligere in custodem" (ibid.). — Negativ wird das Wort „non teneri" in der Reg. II zweimal gebraucht: 1. fratres non teneantur ieiunare, nisi sexta feria (c. 3) und 2. fratres non teneantur obedire ministro, si aliquid contra vitam vel animam preciperet (c. 5). In der Reg. III wird 1. beibehalten, 2. jedoch gestrichen; es wird dann hinzugefügt, daß „tempore manifestae necessitatis non teneantur fratres ieiunio corporali" (c. 3).

e) Das Wort „recordari" wird in beiden Regeln in charakteristischer Weise gebraucht: während es in der Reg. II von Ministern und Brüdern gebraucht wird, welchen ihre Pflichten in Erinnerung gerufen werden, gebraucht es die Reg. III nur von den Brüdern, welche an ihren Gehorsam gemahnt werden. In der Reg. II heißt es: 1. recordentur ministri et servi, quod dicit dominus (Matth. 20, 28): „Non veni ministrari, sed ministrare" (c. 4); 2. fratres recordentur, quod nihil aliud oportet nos habere nisi alimenta, etc. (1. Tim. 6, 8) (c. 9); 3. fratres recordentur, quia Christus posuit faciem suam ut petram durissimam (Is. 1, 7) (c. 9); 4. fratres recordentur, quod reliquerunt corpora sua d. J. Christo (c. 16). — In der Reg. III heißt es nur einmal: „Fratres, qui sunt subditi, recordentur, quod propter Deum abnegaverunt proprias voluntates" (c. 10). Die Brüder sollen daher in der Reg. II Gottes und der biblischen Bestimmungen, in der Reg. III aber nur des Gehorsams den Vorgesetzten gegenüber eingedenk sein.

Im ganzen kann man von der Reg. III in formeller Beziehung sagen, daß sie in der äußeren Einteilung und Anordnung des Stoffes gegenüber der vorhergehenden Regel einen großen Fortschritt darstellt, hingegen im Ausdruck und Ton alle Charakteristika von Gesetzen und Vorschriften annahm und so die stilistischen Merkmale des religiösen Idealismus, des sittlichen Enthusiasmus und der individuellen und sozialen Weihe, welche die Reg. II auszeichnen, verloren hat.

Wichtiger ist die Frage, ob und inwieweit in der Reg. III die ursprünglichen Gedanken und Grundsätze der Brüderschaft des Franz intakt geblieben waren. Die Frage ist sehr wichtig, weil es sich um die erste wirklich offizielle Regel des großen Ordens handelt, aber auch sehr schwer zu beantworten; sie kann bloß durch genaue, geduldige Analyse der ganzen Regel gelöst werden. Wir werden versuchen, sie systematisch durchzuführen, wobei wir uns auf die Reg. III als auf den legislativen Akt einer Gemeinschaft stützen und ein volles Bild der ersten Ordensverfassung zu zeichnen uns bestreben wollen.

KAPITEL III
SACHLICHE ANALYSE DER REGEL VOM J. 1223 UND DIE ORDENSVERFASSUNG

§ 1. Der Name des Ordens. In der Reg. II heißt der Orden an fünf Stellen „religio" und an drei Stellen „fraternitas";[1] aus dem Zusammenhange erhellt, daß beide Namen dasselbe bedeuten. Bemerkenswert ist, daß nirgends vom „Ordo Fratrum Minorum" die Rede ist, welche offizielle Benennung Franz schon im J. 1211 seiner Bruderschaft gegeben hatte (1 Cel. 38, vgl. oben S. 27).[2] Die Worte im c. 6 „Et nullus in vita ista vocetur prior, sed generaliter omnes vocentur fratres minores" (vgl. auch c. 23: nos omnes, fratres minores, und J. Vitry: qui fratres minores vocabantur) geben die Benennung der einzelnen Brüder als der Ordensmitglieder, aber nicht die Benennung des Ordens selbst als einer konstituierten Gemeinschaft. Die Entwicklung der Ordensbenennung verlief folgendermaßen: die Gemeinschaft des Franz hieß nach ihrer Konstituierung im J. 1209 fraternitas (vgl. die Worte des Franz in 1 Cel. 38: „Volo, ut 'Ordo Fratrum Minorum' fraternitas haec vocetur) und die Brüder selbst nannten sich „viri poenitentiales de civitate Assisii oriundi" (3 soc. 37). Vom Standpunkte der öffentlichen Terminologie jener Zeit war diese „fraternitas" eo ipso „religio", aber die „religio" als „fraternitas puenitentium" nahm bis 1210 eine besondere Kategorie der „religio" ein. Des-

---

[1] a) caput istius religionis, Prol.; ad aliam religionem accedere, c. 2; a nostra religione penitus repellatur, c. 13; a nostra religione non deviant, c. 19; sacerdotes nostrae religionis, c. 20. — b) ministro et servo totius fraternitatis, c. 5 et c. 18; a nostra fraternitate penitus expellatur, c. 19.

[2] Es ist sehr wahrscheinlich, daß das Wort „Minores" von Franz in Analogie zu den „Minores" in politischem Sinne angenommen wurde, aus welchen neben den „Maiores" die Stadtgemeinden bestanden. Sonst wird das Wort überhaupt aus der Bibel (Matth. 25, 40: „Quod uni ex hiis minoribus fecistis, mihi fecistis") deduziert. Vgl. Intentio Regulae in Doc. ant. franc. I p. 84—85, A. Clareni Exp. Reg., ed. Oliger, p. 16, u. a.

wegen wurde die Benennung „ordo", die enger als jene „religio" in Wirklichkeit war (obzwar 3 soc. 37 das Gegenteil sagen), der „fraternitas" erst später beigegeben.[1] Erst in der ersten, von Papst Innocenz III. bestätigten Regel wird das Wort „religio" im Satze „caput istius religionis" gebraucht (Reg. II prol.). Aber Franz wandte nicht diese offizielle kirchliche Benennung an, sondern promiscue die allgemeine Laienbezeichnung „fraternitas" und (vom J. l. 1211) „ordo".[2] In der Reg. II wurde die Bezeichnung „religio" von neuem offiziell eingeführt und die Bezeichnung „fraternitas" nur in geringerem Maße angewandt (und zwar gerade in Sätzen, welche für die Autorschaft des Franz zeugen). In der Reg. III wird an zwei Stellen „religio" (c. 2 und 8) und an drei Stellen „fraternitas" (c. 8, 9, 12) gesagt. Zugleich aber wird hier in dem Satze „sacerdotes ordinis" zum erstenmale das Wort „ordo" eingeführt und man meint hier, wie aus dem Zusammenhang hervorgeht, einen Mönchsorden. Freilich muß gesagt werden, daß Franz selbst in der Epist. ad capitulum generale c. 5 von den „sacerdotes ordinis nostri" spricht; er gebraucht hier das Wort „ordo" promiscue mit den Worten „religio" (Prol. und c. 5 und 6) und „fraternitas" (Prol.). Im Testamente (c. 9 und 10) spricht Franz nur von „fraternitas". In der weiteren Entwicklung wurde die Bezeichnung „ordo" offiziell, wie aus der päpstlichen Bulle „Quo elongati" vom J. 1230 und aus anderen Quellen hervorgeht.

Im Zusammenhange mit der Benennung des Ordens ist es interessant zu beobachten, wie die Regel selbst in der Reg. II und Reg. III bezeichnet wird. In der Reg. II erscheint das Wort „regula" für sich selbst nur einmal (c. 24: nec aliam regulam fratres habeant); im c. 1 finden wir das Wort „regula" mit dem Worte „vita" verbunden (regula et vita istorum fratrum). An allen anderen 14 Stellen heißt die Regel „vita".[3] In der Reg. III hingegen wird das Wort „vita" nur einmal für sich selbst gebraucht (hanc vitam accipere c. 2 = Reg. II c. 2); die Wendung „regula et vita" oder „vita et regula" zweimal (c. 1 =

---

[1] Vgl. P. Mandonnet, Les Origines de l'ordo de poenitentia, 1897, p. 10–13.

[2] Bei der Resignation im J. 1220 gebrauchte er das übertragene Wort „familia" (2 Cel. 143, Spec. 39).

[3] vita evangelii J. Christi, Prolog; haec vita, c. 2; vita nostra, ib.; vitae nostrae tenor, ib.; vita ista, ib.; vita nostra; c. 4 und 5; rectitudo vitae nostrae, c. 5; s. evangelium et vita ipsorum (fratrum), c. 5; vita nostra, c. 6 und 8; vita ista, c. 6 und 24 (zweimal).

Reg. II c. 1; c. 2: „vitam istam semper et regulam observare"; dieselbe Phrase erscheint auch in der Reg. II c. 6, aber nur in der Form: „vitam nostram observare"). Sonst wird das Wort „regula" für sich selbst im c. 10: „quae non sint contraria animae et regulae nostrae" und ibid.: „regulam spiritualiter observare" angewandt. Es tritt hier das Streben zutage (besonders durch Ausschließung des Wortes „vita"), die Reg. III als schriftliches Gesetzbuch zu charakterisieren.[1]

§ 2. Der Sitz des Ordens. Sabatier hat im Spec. perf. p. 25—28, Anm. die Entwicklung der Franziskanerniederlassungen in der ältesten Zeit folgendermaßen beschrieben: 1. zuerst wanderten die Brüder von Krankenhaus (Haus der Aussätzigen) zu Krankenhaus; 2. dann (um 1216) ließen sie sich in Vorstädten nieder in sog. „loca", welche anfangs einfache „hospitia" waren, wohin sich die Brüder zum Schlafe und zum Gebet zurückzogen, und 3. zogen sie sich von Zeit zu Zeit in Einsiedlerhütten zurück (deserti, eremi, retiri); schließlich 4. wurden die „loca" ständig und es wurden bei ihnen Kapellen errichtet, welche am Ende des Lebens des Franz auch anderen Gläubigen zugänglich wurden. In der Reg. II spiegeln sich alle diese „Kolonisationsphasen" der ersten Brüder wieder, und zwar teilweise noch klarer, als Sabatier ausgeführt hat. Der leitende Grundsatz ist, daß die Brüder, welche alles verließen (qui omnia reliquimus, c. 8, cf. 3 soc. 35), keinen festen Ort in ihrem Besitze haben sollten. Die Reg. II c. 7 sagt: „Caveant sibi fratres, ubicumque fuerint, in heremitoriis vel in aliis locis, quod nullum locum sibi approprient, nec alicui defendant." Die Reg. III spricht sich im c. 6 noch klarer aus: „Fratres nihil sibi approprient, nec domum, nec locum, nec aliquam rem." Die Konsequenz dieses Grundsatzes war, daß die Brüder fortwährend auf Reisen sein und so ihren apostolischen Beruf erfüllen sollten, wie die 3 soc. 36 sagen: „ut eamus per mundum exhortando omnes populos, tam exemplo, quam verbo ad agendam poenitentiam de peccatis suis et habendam memoriam mandatorum Dei."[2] Diese Reisen hatten der Reg. II zufolge zweierlei Ziel:

---

[1] Vgl. auch Ang. Clareni Expositio Regulae, c. 1, ed. Oliger, p. 15: regula = evangelicus canon, sanctificans decretum et lex gratiae et iustitiae Christi humilitatis et forma vivendi secundum exemplar Christi Jhesu paupertatis et crucis; dagegen vita = sancta conversatio et perfecta virtutum operatio.

[2] In ders. Quelle 3 soc. 59—60 wird das Fortschreiten der Siedlungsweise der Brüder folgenderweise geschildert: 1. das Wandern durch die Welt „tamquam peregrini et advenae"; 2. das Wohnen bei Priestern (apud sacerdotes

2. Der Sitz des Ordens und die Entwicklung der ersten Wohnstätten

1. die Predigt zur Buße und 2. das Bitten um Almosen; davon wird unten bei der Auslegung des Berufes der Brüderschaft die Rede sein. Aber auch diese nomadische Lebensweise führte bald wenigstens für eine bestimmte Zeit zu Ansiedlungen der Brüder an bestimmten Orten und deshalb lesen wir oft in der Reg. II von „Orten" als von Sitzen der Brüder; aber es wird von ihnen ganz unbestimmt und mit den stereotypen Worten gesprochen „in quibuscumque locis" oder „ubicumque".[1]

Es ist bemerkenswert, daß diese unbestimmten Wendungen in der Reg. III überhaupt fehlen, und obwohl wir hier die Missionstätigkeit der Brüder ebenso ausgedrückt finden wie in der Reg. II (vadere per mundum, c. 3; vadere pro elemosina, c. 6), ist doch jene unbestimmte und unbeständige Lebensweise in der Reg. III mit den oberflächlichen biblischen Worten angedeutet „tamquam peregrini et advenae" (Reg. III c. 6), welche nicht in der Reg. II, sondern im Testamente c. 7 enthalten sind. Die zweite Siedlungsweise, nämlich die in Eremitenhütten, ist auch in der Reg. II erwähnt (nicht in der Reg. III) und zwar in dem Satze: „ubicumque fuerint, in heremitoriis vel in aliis locis" (c. 7, l. c.). Endlich ist auch die dritte Art von Wohnstätten der ersten Franziskaner als Diener in Privathäusern hier gekennzeichnet. Darüber handelt eine

---

hospitari); 3. das Wohnen bei geistlichen und frommen Personen (spirituales et devotae personae deum timentes); 4. das Wohnen in den „hospitia" einzelner Städte und Burgen, welche ihnen fromme Personen (wahrscheinlich Laien) bereiteten; 5. das Wohnen in den „loca", welche für sie in Städten und Burgen errichtet waren. Mit diesem Zeugnisse vgl., was Vitry z. J. 1216 sagt: „De die intrant civitates et villas..., nocte vero revertuntur ad eremum vel loca solitaria, vacantes contemplationi. Mulieres vero iuxta civitates in diversis hospiciis simul commorantur."

Von „locus" und „hospitia" spricht Jordan zum J. 1221, c. 19 und 23. Aber derselbe spricht schon zum J. 1224 von „domos recipere" (c. 38); von „domus" spricht er weiter in c. 43, 44, 45, 55.

Schon im J. 1225 erbauten sich die Brüder in Magdeburg eine Kirche (ecclesia fratrum in nova civitate) und hatten dort ein Krankenhaus (hospicium fratrum in civitate veteri), Jord. 48.

[1] Vgl. Reg. II: ministri in provinciis et in locis, in quibus fuerint, collocent suos fratres, c. 4; fratres, in quibuscumque locis sunt, si non possunt in illis locis vitam nostram observare, recurrant ad ministros, c. 6; omnes fratres, in quibuscumque locis steterint apud alios, c. 7; fratres, ubicumque fuerint, in heremitoriis vel in aliis locis, ibid.; ubicumque sunt fratres et in quocumque loco se invenerint, ibid.; nullus fratrum, ubicumque sit et quocumque vadit, c. 8; fratribus euntibus per mundum vel morantibus in locis, c. 15.

ganze Bestimmung in c. 7, welche in der Reg. III ganz weggelassen wurde; sie lautet: „Omnes fratres, in quibuscumque locis steterint apud alios ad serviendum vel laborandum, non sint camerarii vel cellarii, nec presint in domibus, in quibus serviunt, nec recipiant aliquod officium, quod scandalum generet vel 'anime sue faciat detrimentum'. Sed sint minores et subditi omnibus, qui in eadem domo sunt."

Im ganzen kann man sagen, daß in der Reg. III nicht mehr jene Unbeständigkeit und Manigfaltigkeit in den Wohnsitzen der Brüder zu finden ist wie in der Reg. II; man sieht, daß der Orden im J. 1223 schon einen ständigen Sitz hatte (und haben sollte) und daß auch seine Tätigkeit fester organisiert war.

§ 3. Ausführliche Auslegung der Ordensverfassung. Die Ordensverfassung entwickelte sich langsam und es scheint, daß sie vor dem J. 1219 sehr primitiv war; Franz leitete den Orden in patriarchalischer Weise, wobei zuerst die „socii", dann die „ministri" seine Gehilfen waren, und hatte auf den Kapiteln alle legislative und disziplinare Gewalt in den Händen. Er war „caput istius religionis" (Reg. II Prolog.) im vollen Sinne des Wortes. Trotzdem glaube ich, daß sich Verfassungsformen bald zu entwickeln begannen; vielleicht können ihre Anfänge in die J. 1214—1215 versetzt werden, als Franz gelehrte und edle Männer in den Orden aufnahm (vgl. oben S. 32). Andererseits stützte sich Franz auf den Rat des Kardinals Johann Colonna und nach dessen Tode auf den des Kardinals Hugolino (ibid.). Auf beide beziehen sich wahrscheinlich Vitrys Worte von dem „consilium bonorum virorum" (ibid.). Das Embryo der neuen Verfassungsformen war zweifellos das Amt der Minister, das zwar schon früher existierte, aber erst im J. 1219 ausgestaltet wurde, indem „data licentia a b. Francisco ministris recipiendi fratres ad ordinem" (3 soc. 66, vgl. oben S. 36). In den folgenden Jahren suchten die Minister ihre Rechte zu erweitern, und der Versuch der Vikare im September 1219 („statuerunt", „super regulam novas leges adicere", vgl. oben S. 37) beweist, daß sie die legislative Gewalt rücksichtslos usurpierten. Auch das Verlangen der Minister nach der Regel des hl. Benedikt, Augustin und Bernhard (Spec. 68) war ein Ausdruck des Strebens nach Verfassungsänderungen im Orden. Erst als Reaktion auf diese inneren Strömungen machte sich der Einfluß der Kurie geltend, welcher positiv 1. in der Ernennung des Kardinals Hugolino zum „Papste" des Ordens (im Frühjahr 1220) und 2. in der Einführung des Noviziates durch die päpstliche Bulle vom 22. September

§ 3. Anfänge der Ordensverfassung und die Häupter des Ordens 105

1220 zum Ausdruck kam. Dieser Zustand führte endlich dazu, daß durch die gemeinsame Arbeit des Franz und der Minister die Reg. II im J. 1221 zusammengestellt wurde, in welcher die Ordensverfassung zum erstenmal im Zusammenhang dargestellt wird.

Im Vergleiche zur weiteren Entwicklung, wie sie in der Reg. III fixiert wurde, gibt diese Verfassung folgendes Bild:

A. An der Spitze des Ordens steht auch weiter nominell „frater Franciscus" (Reg. II Prolog.). Als Haupt einer kirchlich bestätigten Gemeinschaft (caput istius religionis, ibid.) ist er dem Papste zum Gehorsam und Ehrfurcht (obedientia et reverentia) verpflichtet; dafür sind die anderen Brüder ihm und seinen Nachfolgern Gehorsam schuldig. Diese Bestimmung stammt aus der Reg. I vom J. 1210 und wurde in die Reg. II und Reg. III aufgenommen, aber nur als Stück einer archaistischen Verfassung aus bloßer Pietät zum lebenden Begründer des Ordens. Sie ist in der Reg. II, welche im J. 1221 verfaßt wurde, bedeutungslos, weil Franz damals nicht mehr an der Spitze des Ordens stand, und ist in der Reg. III widersinnig, denn hier wird im c. 1 gesagt, daß die Brüder „teneantur fratri Francisco et eius successoribus obedire", im c. 8 aber wird den Brüdern, resp. den Provinzialministern und Kustoden das Recht zur Absetzung eines ungenügenden Generals erteilt[1] (vgl. oben S. 69). Übrigens ist die Kompetenz der Funktion des Franz in der Reg. II und Reg. III ohne Inhalt. Trotzdem besteht zwischen beiden Regeln ein Unterschied; während in der Reg. II Franz und seine Nachfolger (die Generäle) bloß dem Papste Gehorsam und Ehrfurcht versprechen, sind sie in der Reg. III auch der Kirche speziell gegenüber zu demselben verpflichtet (wahrscheinlich für den Fall eines Schismas); außerdem wird in der Reg. III das bisherige Protektorat eines Kardinals über den Orden in einer juristisch interessanten Weise sanktioniert: Franz befiehlt als Haupt und Begründer des Ordens den Brüdern „per obedientiam", vom Papste einen der römischen Kardinäle zum „Herrscher, Beschützer und Besserer der Brüderschaft" zu erbitten. Die Kompetenz dieses Protektors war jedoch ziemlich beschränkt, da sie sich nur auf drei Dinge bezog: 1. auf die stetige Unterordnung der Brüder unter die römische Kirche (gubernator), 2. auf

---

[1] Vielleicht wußten die Verfasser der Reg. III von diesem Kontraste, denn während man in der Reg. II liest: „omnes alii fratres teneantur obedire fratri Francisco et eius successoribus", ist in der Reg. III das Wort „omnes" (also auch die Minister und Kustoden) weggelassen.

die Rechtgläubigkeit in der katholischen Lehre (corrector), und 3. auf die Bürgschaft für die Einhaltung der Regel (protector).[1] Die Verwaltung des Ordens lag in den Händen der Vorgesetzten; solche waren:

B. Der Generalminister des Ordens (minister generalis). Dieses Amt entwickelte sich sehr langsam, wie dies ja bei dem so wenig hierarchischen Minoritenorden begreiflich ist. Man kann nicht sagen, daß der General als „primus inter pares" aus den Ministern hervorgegangen wäre. Eher kann man annehmen, daß das Generalat der übertragenen Tätigkeit, welche Franz einem bestimmten Bruder als seinem Nachfolger überlassen hatte, seinen Ursprung verdankte. Zuerst hat Franz im J. 1219, als er in das heilige Land zog, zwei Stellvertreter ernannt: „reliquit duos vicarios (erzählt Jord. c. 11), fratrem Mattheum de Narnio et fratrem Gregorium de Neapoli; Mattheum vero instituit ad S. Mariam de Porciuncula, ut ibi manens recipiendos ad ordinem reciperet, Gregorium autem, ut circuiendo Ytaliam fratres consolaretur." Aus diesen Worten geht hervor, daß die ersten Vikare nicht die volle Macht des Franz besaßen (besonders fehlte ihnen die legislative Gewalt), sondern daß nur ein Teil der Verwaltung in ihren Kompetenzkreis gehörte; dieser bestand in der definitiven Aufnahme der Brüder in den Orden nach alter Gewohnheit[2] und in der Kontrolle der Brüder in den italienischen Provinzen; es ist keine Rede davon, daß diese ersten Vikare Generalkapitel einberufen, dort über die Einhaltung der

---

[1] Ursprünglich wurde der Kardinal einfach „pater ordinis" (3 soc. 63, 65), „pater et dominus" (1 Cel. 99, cf. 1 Cel. 73), „protector" (3 soc. 65), „papa" (2 Cel. I 25), „dominus et apostolicus" (Spec. 23) genannt. Nach 2 Cel. I 25 war die ursprüngliche Kompetenz des Kard. Hugolino von zweierlei Art: defensio et gubernatio. Erst in der Reg. III tritt der Kardinal auch als „corrector" auf, der über die Rechtgläubigkeit des Ordens zu wachen hat. S. auch A. Clareni Exp. Reg., c. 12, ed. Oliger, p. 229–230 (tamquam pater et dominus et magister post summum pontificem).

[2] Wie aus Actus 29, 6 hervorgeht, haben Franz und die von ihm dazu ermächtigten Genossen die neuen Brüder provisorisch unmittelbar auf der Stelle der Konversion aufgenommen. Aber erst auf dem Kapitel in Porciuncula legten die neuen Brüder die Ordensgelübde in die Hände des Franz ab, bekamen neue Namen und das Gewand der Novizen und wurden nach bestimmten Orten gesandt. Vgl. auch Spec. 8: „Nam omnes fratres de ordine concurrebant illuc, quia nullus recipiebatur ad ordinem nisi ibi" (näml. in Porciuncula). Vgl. 3 soc. 60: „Illos tamen, quos recipiebant ad ordinem, ducebant (fratres) ad b. Franciscum, suscepturos ab eo religionis habitum humiliter et devote." Vgl. unten S. 127.

Regel verhandeln und Prediger und Minister in den Provinzen bestimmen konnten. Aber diese ersten Vikare haben sich, wie bekannt, nicht bewährt und Franz, der im J. 1220 auf das „praelationis officium" verzichtete, vertraute dieses Amt einem Vikare, seinem Freunde Peter Catanii, an; nach dessen Tode (am 10. März 1221) wurde der Bruder Elias von Cortona Vikar und blieb es während der ganzen Lebenszeit des Franz.

Interessant ist die Terminologie dieser ersten Vikare.[1] Ziehen wir zuerst die erzählenden Quellen heran. Im Celano heißt der General nur einmal „generalis minister", sonst wird immer das Wort „vicarius b. Francisci"[2] gebraucht. „Vicarius" ist natürlich die ältere Benennung und hat im Celano einen Anflug des alten Franziskanertums. In 2 Cel. 151 ist von Peter Catanii die Rede, „cui pridem obedientiam sanctam promiserat", und in 1 Cel. 98 von Bruder Elias, „quem loco matris elegerat sibi et aliorum fratrum fecerat patrem". Peter und Elias heißen auch in den Actus einfach „vicarius" (vicarius s. Francisci, Petrus Cathanii 62, 1; Helias vicarius ordinis, 3, 24).[3] Demgegenüber weicht im Spec. perf. die alte Benennung „vicarius" merkwürdigerweise der offiziellen Bezeichnung „generalis minister". Von „vicarius" ist hier nur an drei Stellen die Rede,[4] sonst (c. 4, 34, 38, 55, 58, 107) wird, und zwar auch an Stellen, an welchen im Celano „vicarius" steht,[5] die Bezeichnung „generalis minister" gebraucht.

---

[1] Selbstverständlich war der Vikar der Stellvertreter des Franz als des Ordensgenerals und der General der Nachfolger mit voller Gewalt nach dem Tode des Franz. Zum folgenden s. auch Ed. Lempp, Fr. Élie, p. 58 n. 1 und p. 219.

[2] a) generalis ministerii pondus, 2 Cel. 184; — b) vicarius suus, v. sancti, v. beati Francisci: 2 Cel. 67, 91, 182, 216.

[3] Jord. 50 bemerkt ganz deutlich zum J. 1226, daß „defuncto b. Francisco frater Helyas, vicarius b. Francisci ... (mandavit) ministris et custodibus ordinis, ut conveniant ad eligendum generalem ministrum."

[4] ad fratrem Heliam, qui erat vicarius beati Francisci, dixerunt, Spec. c. 1; — vicarius b. Francisci, c. 8; — cunctos socios resignavit vicario suo, c. 40, — im c. 4 des Textes der Handschrift heißt es: generalis, aber in der Edition von 1509 wird hinzugefügt: scilicet vicario b. Francisci.

[5] Vgl.

2 Cel. 91	Spec. 38
Pater sanctus vicario suo, fratri Petro Cathanii, dixit.	Beatus Franciscus dixit fratri Petro Cathanii, qui erat tunc generalis minister.

Daß Franz selbst die Vikare vor allem als seine Stellvertreter mit exekutiver Gewalt ansah, beweisen seine Worte (2 Cel. 143, cf. Spec. 39): „'Amodo sum mortuus vobis. Sed ecce, frater Petrus Cathanii, cui ego et vos omnes obediamus'. Et inclinans se (fährt die Quelle fort) protinus coram ipso, obedientiam et reverentiam promisit eidem." Es ist dieselbe „obedientia et reverentia", zu welcher nach der Reg. II und der Reg. III die Brüder dem Franz selbst und — seinen Nachfolgern verpflichtet waren. Trotzdem oder gerade deshalb war die Kompetenz dieser Vikare — Nachfolger unbestimmt und beschränkt wie die Kompetenz des Franz selbst. Das eigentliche Verwaltungsorgan der Brüderschaft waren die Minister, wie aus den weiteren Worten hervorgeht, welche Franz bei dieser Gelegenheit aussprach (2 Cel. 143, cf. Spec. 39): „Domine, tibi recommendo familiam, quam mihi hactenus commisisti. Et nunc propter infirmitates, quas tu nosti, dulcissime Domine, curam eius habere non valens, ipsam recommendo ministris. Teneantur in die iudicii coram te, Domine, reddere rationem, si aliquis frater eorum vel negligentia, vel exemplo seu etiam aspera correctione perierit."

Wenn wir nun an die Reg. II und Reg. III herantreten, sehen wir, daß in ihnen von den Vikaren überhaupt keine Rede ist. Es wird hier bloß von den Ministern, und zwar von dem Generalminister und den Provinzialministern gesprochen. In der Reg. II ist von dem Generalminister nur unbestimmt an zwei Stellen die Rede: im c. 5, wo gesagt wird, daß die Brüder einen schuldigen Generalminister „in capitulo Pentecostes ⟨renuntiare⟩ ministro et servo totius fraternitas" sollen und im c. 18, wo festgesetzt wird, daß einmal in drei Jahren zu Pfingsten in Porciuncula ein Kapitel aller Provinzialminister abgehalten werden soll, „nisi a ministro et servo totius fraternitatis aliter fuerit ordinatum." In der Reg. III wird das Amt des Generalministers durch eine statutarische Bestimmung festgelegt (Universi fratres unum de fratribus istius religionis teneantur semper habere generalem ministrum et servum totius fraternitatis et ei teneantur firmiter obedire, c. 8), aus der hervorgeht, daß der Generalminister hier der eigentliche Nachfolger

---

2 Cel. 28	Spec. 102
vicarius sancti	generalis minister
2 Cel. 151	Spec. 46
Dixit enim fratri Petro Cathanii, cui pridem obedientiam sanctam promiserat.	Dixit generali ministro … unten: cui (guardiano) obediebat vice generalis ministro.

des Franz ist (vgl. das Wort „obedire").¹ Die Vikare „des Franz" werden hier von den „Generalministern" der ganzen Brüderschaft verdrängt, deren erste Pflicht darin besteht, die Brüder durch das Gelübde des Gehorsams an sich und dadurch an den Papst zu fesseln (vgl. c. 1). Und während in der Zeit der Reg. II die Vikare-Generäle von Franz ernannt wurden (Sed ecce, frater Petrus Cathanii, cui ego et vos omnes obediamus, l. c.), wird in der Reg. III die Wahl der Generäle nach dem Tode eines solchen den Provinzialministern und Kustoden anvertraut und ihnen auch das Recht zugesprochen, dessen Eignung zum Dienste der Brüder zu prüfen und über ihn zu richten, sowie auch endlich einen anderen General „in custodem"² zu wählen (c. 8). Der General hatte nach der Reg. III nicht nur das Recht, den „Konstitutionseid" (Gelübde des Gehorsams) der Untergebenen entgegenzunehmen, sondern auch das wichtige Recht, die Brüder-Prediger zu prüfen und ihnen das „officium praedicationis" (c. 9) zu erteilen. Dieses Recht hatte ursprünglich Franz selbst (3 soc. 51 und 59); die Reg. II c. 17 übertrug es den Ministern überhaupt, nun wurde es das ausschließliche Recht des Generals. Wenn wir uns daran erinnern, daß die „Prediger" die eigentliche Intelligenz des Ordens waren und daß in ihnen seine größte Propagationskraft bestand, begreifen wir, daß die Gewalt der Generäle durch diese Bestimmung ungemein gewachsen war. Endlich (an dritter Stelle) behält der General das alte Recht, Ort und Zeit der Generalkapitel der Minister festzusetzen, welche regelmäßig einmal in drei Jahren abgehalten wurden (c. 8). Weiter unten führe ich an, daß er auch die Minister er-

---

¹ Andererseits wird das Wort Minister so ausgelegt: „debet in medio fratrum, sicut qui ministrat (Luc. 22, 27), humilitatis, paupertatis et omnium perfectarum virtutum esse speculum et forma." Cf. A. Clareni, Exp. Reg., c. 8, ed. Oliger, p. 184. — Ein Musterbild des General-Ministers wird bekanntlich in 2 Cel. 2, 139, p. 307—309 von Franz selbst gezeichnet.

² Diese Wendung „in custodem" bedeutet vielleicht, daß der neue General während der Lebenszeit des abgesetzten bloß ein Prokurator des Ordens war; das volle Recht einen General zu wählen haben sie erst nach dem Tode des Generals (quo decedente, l. c.). Vgl. auch Jord. 50, Ende. Dem entgegen legen Hugo de Digna, Exp. Reg. c. 8, Firmam. III, f. 48ᵇ, A. Clarenus, Exp. Reg. c. 8, ed. Oliger, p. 191 und B. Pisanus, An. fr. IV p. 419 die Wendung „in custodem" so aus, daß (wie der erste sagt) „hoc loco minister generalis custos vocatur, et inferius ministri provinciales custodes nuncupantur, sicut nomen ministri ad generalem, provincialem et secundum antiquam, ut dicitur, nominationem, etiam ad localem ministrum extenditur."

nannte: überhaupt war die Macht des Generals größer, als sie schriftlich festgelegt erscheint.¹

Franz und wahrscheinlich auch seine Nachfolger, die Generalminister hatten ein allerdings sehr rudimentäres Hilfsorgan bei der Ausübung ihres Amtes zur Seite, — die sog. socii. Von ihnen ist weder in der Reg. II noch in der Reg. III die Rede, und doch geht aus den erzählenden Quellen hervor, daß die „socii" existierten und auch eine bestimmte Tätigkeit ausübten. Allerdings handelt es sich mehr oder weniger um einen Ehrentitel und ein vollständig nichtamtliches Organ. Wir können folgende Etappen der Entwicklung unterscheiden: 1. in der ältesten Zeit in den J. 1209—1210 waren die „socii" alle jene Männer, welche sich an Franz anschlossen; der erste von ihnen war Bernhard von Quintevalle, der deshalb „primus socius b. Francisci" (3 soc. 1) genannt wird; weiter waren es Peter, Silvester, Egid, Sabbatinus, Moricus, Johann von Capella (3 soc. 27), usw.² Ihre Zahl betrug im Sommer 1210 zwölf. In den Actus, welche diese Brüder preisen, werden sie „electi socii" (1, 2, vgl. 41, 1: Masseus, unus de electis sociis), oder auch „primi socii" (4, 1 und 12, 2, cf. 25, 9) genannt; — 2. in den J. 1210—1220, in welchen die Zahl der Brüder bis auf 3—5000 anwuchs, erwählte Franz besonders beliebte Brüder zu seinen Genossen. Ihre Zahl war unbestimmt und änderte sich nach den Verhältnissen; war Franz in Porciuncula, hatte er sehr viele Genossen um sich, alte und junge (unter jenen Egid, Bernhard, Johann de Capella, Rufinus und Sylvester, unter diesen Leo, Angelus, Masseus, Elias, Philipp u. a.); war er auf Reisen oder in Einsiedlerhütten, hatte er bloß ein, zwei oder drei Genossen bei sich. Es scheint, daß das Reisen in Begleitung eines Genossen eine alte Ordensgewohnheit war und daß bei der Organisation der Predigttätigkeit des Ordens je zwei Brüder verwendet wurden;³ Franz selbst war schon im Frühjahre 1209 mit dem Bruder Egid

---

[1] Vgl. z. B. das Zeugnis Vitrys (Historia orientalis, l. II c. 32): „Habent autem unum summum priorem, cuius mandatis et regularibus institutis reverenter obediunt minores priores (= Provinzialminister) ceterique eiusdem ordinis fratres, quos per diversas mundi provincias causa praedicationis et salutis animarum ipse (sc. summus prior) transmittit."

[2] 2 Cel. 190 führt auch den Bauer Johann als „specialis socius" des Franz an (cf. Spec. 57). Spec. 36 spricht von den ersten zwei Genossen in Rivo-Torto.

[3] Cf. Spec. 65. Auch Jord. 21 sagt, daß Br. Caesarius „binos ternosque confederans, unum temporalibus et alium spiritualibus praeficiens, ante se

auf Reisen durch die Mark (3 soc. 27) und als er wahrscheinlich im J. 1217 nach Frankreich ziehen wollte, erwählte er wieder den Bruder Masseus zu seinem Genossen (Actus 13, 3); dafür gibt es besonders in den Actus viele Belege (bes. 13, 2: binos, scil. socios per mundum ad praedicandum dispersit). Auch in den Einsiedlerhütten wurde dieser Grundsatz durchgeführt, denn es wurden von vier Brüdern zwei „matres" und zwei „filii" genannt (de relig. habitatione in eremo);[1] — 3. Als Franz im J. 1220 auf die Leitung des Ordens resignierte, da „vicario suo cunctos socios resignavit" (2 Cel. 144 und Spec. 40) und wollte, daß ihn die Minister zu den „Luogen" gleich anderen einfachen Brüdern schickten (ibid.). Die Minister taten es freilich nicht und so erbat Franz unmittelbar vom Vikare, dem Petrus Catanii, daß er ihm aus seinen Gefährten wenigstens einen Guardian bestimme, dem er ebenso wie der niedrigste Bruder in jedem Kloster gehorchen wollte (2 Cel. 151, Spec. 46, 3 soc. 57, cf. Testam. c. 9). Von diesem Guardian, der mit Franz von Ort zu Ort reiste, ist in den Quellen öfters die Rede (2 Cel. 215, Spec. 33, 35, 62, 116, u. a). Trotzdem trennte sich Franz auch damals nicht ganz von seinen lieben Genossen, sondern zog sie an sich, damit sie ihn auf seinen Reisen begleiten, oder ihm bei der Verfassung seiner Schriften, besonders der Regeln, helfen, oder damit sie ihn endlich pflegen sollten, wenn er krank war (1 Cel. 102). So wußte er aus eigener Erfahrung, wie nützlich und angenehm eine solche ergebene Freundesschar sei, und sprach am Ende seines Lebens den Wunsch aus, daß auch der Generalminister des Ordens „socios praeditos honestate ..., rigidos adversus voluptates, fortes adversus angustias, tamque convenienter affabiles, ut omnes, qui venirent, sancta

---

premisit in Bozanum." Aus früherer Zeit siehe das Zeugnis über Franz: „... Franciscus, ut Christo se in omnibus conformaret, sicut Christus misit discipulos suos binos in omnem civitatem et locum, quo erat ipse venturus, ita, postquam socios habuit ad duodenarium numerum congregatos, binos per mundum ad praedicandum dispersit." Actus 13, 1—2. S. auch J. v. Vitry in Historia orientalis, 1. II c. 32: „Mittuntur autem bini ad praedicandum."

[1] Bemerkenswert ist, daß auch ältere Brüder ihre „Genossen" hatten; vgl. 3 soc. 1: frater Johannes, socius venerabilis patris fratris Aegidii. — Nach Jord. 7 und 19 hatten auch die neuernannten Provinzialminister „socios", ibid. 24; auch untergeordnete Brüder wurden „cum duobus sociis" ausgeschickt, der Guardian ist begleitet „discreto socio" (c. 41), auch der Kustos (Jord. 58). Der Bruder war dem Bruder auch „socius" (cf. 2 Cel. 39: Erat non socius, sed tyrannus).

cum iucunditate reciperent" haben sollten (2 Cel. 186, Spec. 80). Leider wurde in der offiziellen Regel auf diesen Wunsch, einen gewissen engeren Rat des Generals zu schaffen, nicht geachtet.

C. Die Provinzialminister (ministri provinciales). Zuerst ist in den 3 soc. 62 von ihnen die Rede, wo gesagt wird, daß auf dem Junikapitel des J. 1217 „electi fuerunt ministri et missi cum aliquot fratribus quasi per universas mundi provincias." Wem diese „electio" oblag und wie sie durchgeführt wurde, ist unbekannt; vielleicht können wir analog zu Jord. 9 annehmen, daß Franz selbst die Wahl vollzog; wenigstens sagt Jord. 9 zum J. 1219, daß „frater Helyas minister provincialis est institutus ultra mare a b. Francisco."[1] Auch die Entsendung (welche mit der „Wahl" eng verbunden war) geschah durch Franz, welcher den Brüdern als Ordensgeneral die Begleitschreiben, welche „obedientia" genannt wurden (Jord. 17), und den Ministern eine besondere „licentiam recipiendi fratres ad ordinem" (3 soc. 66) erteilte.

So hatte alle Gewalt der ersten Minister in der übergeordneten Gewalt des Franz ihren Ursprung. Und gerade dies wurde zum Stein des Anstoßes und der Gegenstand leidenschaftlicher Kämpfe, welche im Frühjahre 1219 begannen und auf den Kapiteln geführt wurden. Franz leitete den Orden zwar in patriarchalischer Weise, aber seine Leitung war autokratisch und absolutistisch;[2] von konstitutionellen Einrichtungen war keine Rede und vergeblich suchen wir in den Quellen die leisesten Spuren z. B. von einer Kompetenz der Kapitel. Die Einzigen, welche den Autokratismus des Franz zu schwächen und beschränken suchten, waren die Minister und ihr Widerstand hat vom verfassungsrechtlichen Standpunkt seine Erklärung und seine Berechtigung.[3] Der

---

[1] Vgl. auch 1 Cel. 48 (frater Joannes de Florentia a s. Francisco minister fratrum in Provincia constitutus) und 1 Cel. 77 (d. Paulum ministrum constituerat omnium fratrum in eadem provincia, sc. Marchia). Jord. selbst sagt noch im c. 18, daß „datus est minister Theutonie frater Cesarius Theutonicus."

[2] Vgl., was Jordan 61 retrospektiv sagt: „Ipse (frater Helyas) enim habuit totum ordinem in sua potestate, sicut ipsum habuerant beatus Franciscus et frater Johannes Parens, qui ante ipsum fuerant."

[3] Die Forderung der Minister und ihrer Genossen war auf dem Kapitel im J. 1219 durch die an Kard. Hugolino gerichteten Worte klar ausgesprochen: „Domine, volumus, ut suadeatis fratri Francisco, quod sequatur consilium fratrum sapientum et permittat se interdum duci ab eis" (Spec. 68). Franz ließ in der Theorie den „consilium fratrum" bei der Verhandlung über die Regel auf

Kampf, welcher zwischen den Ministern und Franz entbrannte und für diesen geradezu tragische Folgen hatte, betraf nicht so sehr die Frage der Exekutive und der Disziplin, als vor allem die Frage der legislativen Gewalt; die Minister wollen in den J. 1221—1223 (als Franz nicht mehr General war) kein neues Gesetz annehmen, welches die neue Regel enthalten soll (Spec. 1), raten zur Milde (Spec. 13) und streichen einfach aus dem neuen Gesetze allzustrenge Bestimmungen (Spec. 3, 11, 65), wenn Franz nicht nachgeben will. Wir dürfen jedoch nicht annehmen, daß alle Minister so handelten, es waren ja einige treue und ergebene Genossen des Franz unter ihnen (Caesarius, Ricerius, Elias u. a.); andererseits aber wurden die Minister von den gelehrten Brüdern (scientiati) unterstützt, welche die — wesentlich verfassungsrechtliche — Opposition gegen die oberste Leitung des Ordens schürten.

In den Reg. II und III ist die verfassungsrechtliche Stellung des Provinzialministers folgendermaßen geschildert:

α) **Terminologie.** Es ist interessant, daß in der Reg. II die Bezeichnung „minister provincialis" nicht ein einziges Mal vorkommt; es wird — gewöhnlich geschieden, an einigen Stellen aber auch promiscue (c. 5, c. 16) — entweder die alte und einfache Benennung „minister", oder die neue, von Franz geschaffene Bezeichnung „minister et servus" gebraucht[1]; der Gebrauch der Bezeichnung „minister et servus" ist offenbar absichtlich gewählt, denn er ist an allen Stellen durchgeführt, welche das Verhältnis der Brüder zu den Ministern, besonders die Plazierung und die Kontrolle (c. 4), die Bestrafung der Brüder (c. 5) und die Erteilung der Erlaubnis, Missionsreisen zu den Ungläubigen

---

dem Kapitel zu (vgl. Ep. ad ministrum); aber sein exaltierter sittlicher Rigorismus führte ihn in der Praxis zum Autokratismus. Vgl. auch oben S. 48.

[1] a) **minister** oder **ministri**: fratres suo ministro eum representent, c. 2; minister vero, ib.; fratres et ministri fratrum, ib.; minister, ib.; si quis ministrorum, c. 5; minister, c. 16; concessum a ministro suo, c. 17; caveant sibi ministri, ib.; et nullus minister **vel predicator**, ib.; unusquisque minister cum fratribus suis — omnes ministri — alii ministri, c. 18. — b) **minister et servus** oder **ministri et servi**: fratres, qui constituuntur ministri et servi aliorum fratrum, c. 4; recordentur ministri et servi, ib.; fratres, qui sunt sub ministris et servis, facta ministrorum et servorum considerent rationabiliter, c. 5; significent suo ministro et servo, qui minister et servus de eo faciat, c. 5; omnes fratres, tam ministri et servi, quam alii, ib.; de licentia sui ministri et servi; minister vero (v. supra), c. 16.

unternehmen zu dürfen, betreffen, durchgeführt. Demgegenüber ist in der Reg. III die Terminologie der Provinzialminister vollkommen geändert! Die Bezeichnung „minister et servus" wird bloß einmal (c. 10) direkt gebraucht; es wird in demselben c. 10 gesagt: „ita debet esse, quod ministri sint servi omnium fratrum". Der volle Titel „ministri provinciales" hingegen erscheint viermal (c. 2, 7, 8, 12) und daneben die einfache und verkürzte Bezeichnung „ministri" (c. 2, 7, 10).

β) Die Einsetzung der Minister ist in der Reg. II c. 4 unbestimmt mit den Worten ausgedrückt: „fratres, qui constituuntur ministri et servi aliorum fratrum"; in der Reg. III c. 10 wird einfach gesagt: „fratres, qui sunt ministri et servi aliorum fratrum." Sie gehörte aber in die Kompetenz des Franz (s. oben) und wahrscheinlich seiner Nachfolger — der Generalminister (cf. Jord. 52, 54, 58).[1]

γ) Kompetenz der Minister. In der Reg. II ist die Kompetenz der Minister umfangreich; sie erwächst theoretisch aus dem Begriff selbst und aus seiner biblischen Variante: „Non veni ministrari, sed ministrare" (Matth. 20, 28). Allgemein wurde sie mit den Worten ausgedrückt, daß den Ministern die „cura animarum fratrum, de quibus, si aliquis perderetur propter eorum culpam et malum exemplum, in die iudicii oportebit eos reddere rationem coram d. Jesu Christo" anvertraut wurde (Reg. II c. 4, cf. 2 Cel. 143). Solange die Minister speziell einfache Führer von Missionsreisen waren, wirkten sie als Prediger, welche zur Liebe Gottes und zur Buße mahnten, und entsandten die ihnen anvertrauten Brüder an verschiedene Orte (vgl. 3 soc. 57, 66). Dieser Zustand währte nicht lange und die Reg. II kennzeichnet schon die Kompetenz der Minister als der Verwalter bestimmter Provinzen, resp. als der Vorgesetzten der in den Provinzen angesiedelten Genossenschaften der Brüder.

1. Die erste Pflicht der Minister bestand in der Aufnahme neuer Brüder in den Orden; diese „licentia" stammte schon aus dem J. 1219 (S. 36) und wird in der Reg. II c. 2 bestimmter also beschrieben: der Kandidat, welcher sich den Brüdern vorstellte, sollte von diesen freundlich aufgenommen und so bald als möglich dem Minister vorgeführt

---

[1] Später im J. 1239 wurde auf dem Kapitel beschlossen, daß die Provinzialminister von den Kustoden und Guardianen gewählt werden sollen, aber im J. 1242 wurde die Wahl wieder dem General anvertraut (Jord. 71). Trotzdem wählt im J. 1247 das Kapitel wieder den Minister und der General bestätigt bloß die Wahl (Jord. 75 und 78).

werden; dieser sollte ihn in seiner Absicht bestärken und ihm sorgfältig den Inhalt der Regel auslegen; wenn er dann die erste Bedingung — seinem Vermögen zu entsagen — erfüllt hatte, sollte ihm der Minister das Kleid der Novizen geben und nach Ablauf eines Jahres von ihm die von der Regel vorgeschriebenen Gelübde entgegennehmen (recipere ad obedientiam). Diese Pflicht ist in der Reg. III kürzer und schärfer im Sinne der Kirche ausgedrückt. „Licentia recipiendi fratres" wird ausschließlich den Ministern erteilt (früher nahmen alle die neuen Brüder auf; vgl. oben S. 106 n. 2); die Minister müssen die Kandidaten sorgfältig aus dem katholischen Glauben und der Lehre von den Sakramenten (dies gegen die Ketzergefahr) prüfen und, wenn nach dem Gelübde des Glaubens kein kanonisches Ehehindernis (alle Brüder waren wenigstens Kleriker) vorlag, sollten ihnen die Minister die Worte der Schrift vom Verkaufe des Besitzes und dessen Verteilung unter die Armen vorlesen, wobei sie ihnen gestatten konnten, sich mit anderen gottesfürchtigen Personen zu beraten. Dann sollten sie den Kandidaten das Kleid der Novizen geben (welches sie wahrscheinlich mit Rücksicht auf das Klima der Provinzen selbst verschieden regeln konnten) und nach einem Jahr von ihnen die Gelübde entgegennehmen.

2. Die zweite Pflicht der Minister war, die neuen Brüder an einen bestimmten Ort zu versetzen, sie zu besuchen und geistlich zu stärken (Reg. III c. 4: in provinciis et in locis, in quibus fuerint, collocent suos fratres, quos sepe visitent et spiritualiter moneant et confortent). Das Recht des „fratres collocare" war sehr alt (3 soc. 57: qui populo praedicarent et fratres in suis provinciis collocarent), verschwindet aber merkwürdigerweise aus der offiziellen Reg. III und an seine Stelle tritt das Recht des Tadelns; wir lesen im c. 10: „visitent et moneant fratres suos et humiliter et caritative corrigant eos ..."

3. Die dritte Pflicht der Minister bestand in der Bestimmung der Prediger; die Reg. II spricht sich im c. 17 folgenderweise darüber aus: „Nullus frater predicet contra formam et institutionem ecclesie et nisi concessum sibi fuerit a ministro suo. Caveant vero sibi ministri, ne alicui indiscrete concedant... Et nullus minister vel predicator appropriet sibi ministerium fratrum vel officium predicationis, sed quacumque hora ei iniunctum fuerit, sine omni contradictione dimittat suum officium." Aus diesen Worten geht sicherlich hervor, daß das Recht zur Verleihung des Predigeramtes nur im Sinne der übertragenen Gewalt in die Kompetenz der Provinzialminister gehörte und daher zeitlich

beschränkt und widerruflich war; faktisch gehörte es in die Kompetenz des Franz und seiner Nachfolger, welche ihnen dies Recht „quacumque hora" und „sine omni contradictione" samt dem ganzen Ministeramte nehmen konnten. Es darf uns daher nicht wundern, daß die Reg. III im c. 9 dieses Recht in den Händen des Generals läßt. An diesem Beispiele erkennt man am klarsten, wie das Amt der Minister labil war, und daher werden viele Vorgänge der inneren Geschichte des Ordens erklärlich. Die Minister hatten auch der Reg. II c. 16 gemäß das Recht, den Brüdern die Erlaubnis zu Missionsreisen zu erteilen; die Reg. III c. 12 nimmt ihnen dies Recht nicht, beschränkt es aber durch den Befehl, daß sie nur Fähigen solche Reisen gestatten dürfen, und läßt die bedrohliche Mahnung weg, daß die Minister für „indiskretes" Handeln Gott verantwortlich sind.

4. Die vierte Pflicht der Minister besteht im Schutze und in der Unterstützung (providere) der Brüder, falls sie an welchen Orten immer nicht „vitam nostram observare" könnten (Reg. II c. 6). Diese Bestimmung wurde, wie ich oben auf S. 50—51 darlegte, in der Reg. III c. 10 wesentlich geändert.

5. Die fünfte Pflicht der Minister bestand in der Sorge für die Bedürfnisse der Kranken und die Kleidung der Brüder; diese Pflicht legt ihnen die Reg. II nicht auf (im c. 8 ist von der Pflege der Aussätzigen die Rede, aber dies bezieht sich auf alle Brüder); die Reg. III c. 4 aber sagt ausdrücklich: „pro necessitatibus infirmorum et aliis fratribus induendis per amicos spirituales ministri tantum et custodes sollicitam curam gerant ..." (vgl. oben S. 63).

6. Die sechste Pflicht besteht in der Bestrafung von Brüdern, welche sich ein Vergehen zu Schulden kommen ließen; während aber in der Reg. II c. 5 der Minister solche Brüder nicht in erster Instanz bestraft, sondern nur Verhärtete (post tertiam admonitionem), und zwar nach eigenem Gutdünken richtet, bleibt es in der Reg. III c. 7 dem Minister vorbehalten, gegen Brüder, welche eine Todsünde begangen haben, in erster Instanz und zwar den Beichtregeln gemäß einzuschreiten (iniungere paenitentiam; über den Unterschied vgl. oben S. 50—51).

7. Die siebente Pflicht bestand der Reg. II c. 18 zufolge in der Einberufung der untergeordneten Brüder aus der Provinz zum Septemberkapitel (in der Reg. II c. 18 wird „convenire" gesagt und das Wort „capitula" vermieden) und in der Teilnahme an den Generalkapiteln zu Pfingsten (an den cismontanen und allgemeinen). Die Reg. III gibt den

Ministern und Kustoden das Recht, die Provinzialkapitel der Brüder einzuberufen (convocare) und macht es ihnen zur Pflicht, an den Ministerkapiteln teilzunehmen, obwohl die Einberufung dieser ausschließliches Recht des Generals wird.

8. Endlich gehört achtens in die Kompetenz der Provinzialminister, den neuen General und, falls dieser unfähig ist, seinen Prokurator (Kustos) zu wählen. Dieses wichtige Recht ist in der Reg. II nicht enthalten und nur in der Reg. III c. 8 formuliert.

Die Stellvertreter der Minister hießen Vikare (cf. Jord. 31, 33, 51, 57), aber keine Regel enthält Bestimmungen über ihr Amt; es waren dies gewöhnlich gewesene Kustoden (Jord. 31 und 51). Die Minister wurden nach einer gewissen Zeit auf ihre Bitte von ihrem Amte auf den Generalkapiteln befreit (absoluti), vom General (Jord. 52) anderswohin versetzt (Jord. 57) und neue dort ernannt (cf. Jord. 31, 52, 61, 68, 71, 75).

D. Die Kustoden. Das Wort „custos" wird zum erstenmal in der Bulle Papst Honorius III. vom 22. September 1220 gebraucht, welche an die „priores et custodes fratrum minorum" adressiert ist und das Noviziat einführt. Aber in der Reg. II ist von den Kustoden überhaupt nicht die Rede und von den anderen Quellen erwähnt nur Jord. 30 zum J. 1223 den ersten Kustos, nämlich den Bruder Thomas Celano, den der Bruder Caesarius aus Speier als Provinzialminister zum Kustos in Mainz, Worms, Köln und Speier ernannte.[1] Daraus können wir schließen, daß die Kustoden Verwalter kleinerer Bezirke waren, in welche die Provinzen zerfielen und welche Kustodien hießen, und daß sie von den Ministern, resp. von den Generalkapiteln erwählt wurden (cf. Glaßberger, S. 163). Die Reg. III vertraut den Kustoden im Verein mit den Ministern die Sorge für die Bedürfnisse der Kranken und für die Bekleidung der Brüder an (was rechtlich wahrscheinlich so zu verstehen ist, daß sie z. B. Kranke von den vorgeschriebenen Fasten befreien und den Brüdern erlauben konnten, dem Klima gemäß ein wärmeres Kleid zu tragen, als die Regel vorschrieb). Sie hatten das Recht, im Verein mit den Ministern die Brüder zu den Provinzialkapiteln einzuberufen (in suis custodiis) und zugleich an der Wahl des neuen Ordensgenerals

---

[1] Jord. spricht schon vorher im c. 26 (1221) vom „custos Saxoniae", aber das bezieht sich erst auf eine spätere Zeit. Auch führt er im c. 33 an, daß auf dem Kapitel zu Speier am 8. September 1223 neue Kustoden für Franken, Baiern und Schwaben, Elsaß und Sachsen ernannt wurden.

oder seines Prokurators teilzunehmen; daß die Kustoden verpflichtet gewesen wären, an den dreijährigen Generalkapiteln teilzunehmen, geht aus dem Text der Reg. III c. 8 nicht hervor (vgl. auch oben S. 70, cf. Clarenus, p. 190). Franz suchte ihre Pflichten dadurch zu erweitern, daß er sie erstens in der Ep. ad universos custodes zu einem besonderen Kultus des allerhl. Altarsakramentes verpflichtete, welchen sie den Priestern empfehlen und durch Predigten im Volk verbreiten sollten, und daß er ihnen zweitens im Testamente c. 10 befahl, jene Brüder in Haft zu halten und persönlich den Ministern zur Bestrafung zu übergeben, welche die officia nicht nach der Regel, d. h. nach der Gewohnheit der römischen Kirche verrichten würden. Auch die Kustoden wurden auf den Provinzialkapiteln von ihrem Amte absolviert oder in andere Kustodien versetzt (cf. Jord. 37, 51), oder zu Ministern befördert (Jord. 52, 54).

E. Die Guardiane waren Verwalter der einzelnen, zuerst ultramontanen „Luogen" der Brüder. In älterer Zeit wurden sie direkt von Franz bestellt (vgl. Actus 29, 6: fratrem Angelum in Monte Casali guardianum instituit) und in späterer Zeit oder in den auswärtigen Provinzen wurden sie von den Provinzialministern ernannt.[1] In den Regeln ist überhaupt nicht von den Guardianen die Rede.[2]

---

[1] Vgl. Jord. 32: „Ibi (in Spirea) tunc temporis (1213) guardianus fuit frater Jordanus, qui in eodem capitulo missam sollempniter decantavit." Ders. spricht in c. 37 zum J. 1224 von den „custodibus, guardianis et praedicatoribus convocatis"; in c. 8 erscheint wieder „Jordanus, guardianus de Moguntia", c. 47 „Nicolaus, guardianus Erfurdensis", c. 51 zum J. 1227 „convocatis omnibus Theutonie custodibus et predicatoribus et g(u)ardianis."

[2] Für die spätere Zeit ist zuerst die Exp. Reg. der „Quattuor Magistri" aus den J. 1240—42 beachtenswert (ed. in Firmamenta trium Ord., Venet. 1513, p. III), wo es heißt: „guardiani intelliguntur sicut ministri et custodes, quia sic solebant primitus nominari", f. 17ᵇ. Und weiter f. 18ᵇ: „Notandum est etiam, quod nomen custodis (cf. Reg. III c. 8, v. 3 in fine) se extendit ad generalem ministrum et ad alios ministros, sicut ex aliis locis regule potest constare. Nomen vero gardiani nunquam in regula invenitur. Unde dicunt quidam, quod obedire gardianis ex regula non tenentur. Propterea expediret, ut nomen gardiani tolleretur, et custodes sive ministri convenientius dicerentur." Dann wissen wir aus der Exp. Reg. des Hugo de Digna († 1280), ed. Firm., l. c., f. 40ᵇ, daß die Guardiane, als „locales ministri" „in aliquibus partibus" genannt, auch das Siegel mit der Legende „Minister" gebrauchten. S. auch Exp. Reg. Ang. Clareni, ed. Oliger, p. 105: „Unde ministri, custodes et guardiani, qui etiam nomine custodis intelliguntur et accipiuntur in regula, sicut

F. Die Prediger (praedicatores) wurden den Brüdern entnommen und bildeten die wahre Intelligenz des Ordens; sie waren regelmäßig Priester, manchmal gebildete Theologen; sie bildeten aber scheinbar keine besondere Klasse, denn auch unter den Guardianen, Kustoden und Provinzialministern waren Prediger (cf. Jord. 35). Trotzdem unterschieden sie sich von den übrigen Laienbrüdern (wie Jord. c. 37 und 51 bezeugt) und sie traten als „praedicatores" auf den Provinzialkapiteln auf (ibid.); sie waren auch von den nichtgeistlichen Arbeiten befreit (2 Cel. 163). Es wurde bei ihnen besonders auf Eifer, Beredsamkeit[1] und Bildung, weniger auf die Vertrautheit mit der betreffenden Sprache[2] geachtet. Franz schätzte die Prediger sehr hoch (2 Cel. 163) und ließ in das Testament c. 3 die Worte eintragen: „Et omnes theologos et qui ministrant sanctissima verba divina, debemus honorare et venerari, sicut qui ministrant nobis spiritum et vitam." Die Ernennung zu Predigern lag, wie ich oben bemerkte (S. 116), in den Händen des Franz und seiner Nachfolger; in der Reg. II c. 17 erteilt der Minister, aber in der Reg. III c. 9 wieder der General das Recht zum Predigen. Natürlich hatten die Prediger keine Verfassungsrechte und deshalb sind in den Regeln nur ihre sittlichen Verpflichtungen betont, wobei die Reg. II auf die sittlichen Qualitäten ihres Lebens den Nachdruck legt, während die Reg. III bloß Rechtgläubigkeit von ihnen fordert (vgl. oben S. 72).

G. Andere Funktionäre werden in den Regeln nicht erwähnt; aus anderen Quellen aber wissen wir, daß die älteren Brüder (seniores fratres) eine bedeutungsvolle Stellung einnahmen (vgl. Jord. 11: fratres seniores Ytalie u. ders. c. 33: seniores fratres Theutonie, vgl. 37). In älterer Zeit, als der Klarissenorden noch mit dem Orden der Brüder verbunden war, erscheint ein „zelator dominarum pauperum" (Jord. 13), auch „visitator et corrector" oder einfach „visitator pauperum dominarum" (3 soc. 1 und 60) genannt. In späterer Zeit begegnen wir wieder einem „visitator" der Brüder in den einzelnen

---

etiam in ea ministri sub nomine custodis accipiuntur." So auch Bart. Pisanus, Conf., l. I, fr. IX, Anal. IV p. 419.

[1] Vgl. 3 soc. 59: „Quicumque ex ipsis (fratribus) habebat spiritum Dei et eloquentiam idoneam ad praedicandum, sive clericus, sive laicus esset, dabat ei licentiam praedicandi."

[2] Jord. 19 sagt ausdrücklich, daß die Mission nach Deutschland im J. 1221 zwei Prediger in der „lombardischen" und lateinischen Sprache an der Spitze hatte. Die Brüder waren meist Italiener und die Verwaltung lag in Händen von Italienern.

Provinzen (Jord. 56, 58, 62), einem „lector" (Jord. 54, 57, 58, 75, 77), einmal auch besonderen „nuncii" (Jord. 63). In der Reg. II c. 2 wird bei der Frage der Entgegennahme von Geld das Wort „interposita persona" gebraucht (ähnlich in der Reg. III c. 4), welches dann in der Bulle „Quo elongati" in die Bezeichnung „nuncii" und „amici spirituales" übergeht (vgl. oben, S. 63); in der Reg. II c. 10 ist noch von „aliqua fidelis persona" (bedeutet wahrscheinlich den Arzt) und in der Reg. III c. 2 von „aliqui Deum timentes" die Rede, welche um Rat gefragt werden sollen, wenn neue Brüder auf ihren Besitz verzichten. Diese letzteren Personen, Laien und Geistliche, sind natürlich keine Funktionäre des Ordens, haben aber doch in der ersten Gesetzgebung der Minoriten ihre Stelle.

H. Die übrigen Glieder des Ordens heißen einfach „fratres". α) Terminologie. „Fratres Minores" heißen sie in ihrem Verhältnis zur Welt, aber untereinander heißen sie einfach „fratres". In den Regeln ist diese Bezeichnung allgemein und fast ausschließlich durchgeführt; in der Reg. II ist sie an 73, in der Reg. III an 30 Stellen, in der Einzahl und Mehrzahl zu finden; der Gebrauch dieser Benennung ist in der Reg. II wirklich pleonastisch und wurde in der Reg. III auf das richtige Maß beschränkt. Dabei kommen auch einige interessante Varianten und Epitheta vor: in der Reg. II Prol. ist von „sui (sc. Francisci) fratres" (auch das spricht für den alten Ursprung des Prologes), weiter von „fratres nostri", c. 2; „fratres mei", c. 17; „fratres mei benedicti", c. 4 und 20 die Rede; auch in der Reg. III finden wir, jedoch seltener, „fratres mei", c. 3; „carissimi fratres mei", c. 6 und „dilectissimi fratres", ibid.; in der Reg. II lesen wir folgende Epitheta: „servi Dei", c. 7 (dasselbe in der Reg. III c. 5)[1], „amici mei", c. 16 und „servi inutiles" (Luk. 17, 10), c. 23 (vgl. c. 11). Daß „fratres" nicht mit „religiosi" identisch war, beweist der Satz in der Reg. II c. 19: „omnes clericos et omnes religiosos habeamus pro dominis." Über die Bedeutung der Bezeichnung „Fratres Minores" habe ich oben, auf S. 100 gesprochen. Die „Fratres" werden in der Reg. II mannigfach geschieden: bald wird ein Unterschied gemacht zwischen „clerici et laici" (c. 3, 15, 17, 20), bald werden die „sacerdotes" (c. 12, c. 20: sacerdotes nostrae religionis), bald „docentes" und „discentes" (c. 24) erwähnt,

---

[1] Der Ausdruck „servus dei" kommt oft in den „Verba admonitionis" vor, c. 10—13, 17—19, 21—26 und 28.

bald alle Brüder als „praedicatores, oratores, laboratores, tam clerici quam laici" zusammengefaßt (c. 17); endlich werden den Ministern die übrigen Brüder untergeordnet (c. 5 und 22). Diese Unterscheidung ist nicht ganz bedeutungslos, denn die ursprüngliche Bruderschaft war sehr mannigfaltig aus Klerikern und Laienbrüdern, Priestern und Theologen, Rittern, Handwerkern, Bauern und schlichten Analphabeten zusammengesetzt. In der Reg. III verschwinden diese Unterschiede (besonders dadurch, daß die betreffenden Stellen wegfielen); nur der Unterschied von Klerikern und Laienbrüdern (c. 3), von Brüdern und ihren Ministern (c. 2) wird aufrechterhalten, ja, im c. 10 werden sogar die „fratres subditi" und die „ministri et servi" einander gegenübergestellt. Merkwürdigerweise findet man in keiner Regel den Unterschied zwischen Novizen und eigentlichen Brüdern; von den Novizen wird in der Reg. II und III c. 2 nur indirekt gesprochen. Erst Jord. 16 unterscheidet „novicii" und „professi".

β) Sachlich kann das Verhältnis der Brüder zu den Vorgesetzten, Nichtbrüdern und zueinander charakterisiert werden.

a) Dem Papste gegenüber sind die Brüder zu Gehorsam und Verehrung verpflichtet (obedientia et reverentia), Reg. II Prol. und Reg. III c. 1.

b) Den eigenen Vorgesetzten gegenüber sind die Brüder durch das Gelübde des Gehorsams, einfach „obedientia" genannt, gebunden. Dieser Ausdruck wird in den Regeln in dreierlei Weise angewandt: 1. obedientia als einfacher Gehorsam (Reg. II c. 5: illa obedientia non est, in qua delictum vel peccatum committitur, und weiter unten: hec [sc. servire et obedire invicem] est vera et sancta obedientia d. n. Iesu Christi; 2. obedientia als Gelübde des Ordensgehorsams, bzw. als alle Ordensgelübde, und zwar a) die Ablegung dieser Gelübde (recipere ad obedientiam, Reg. II c. 2 = Reg. III c. 2 und Reg. II c. 12), b) die Erfüllung dieser Gelübde (quando perseverant in mandatis Domini, que promiserunt per sanctum evangelium et vitam ipsorum, sciant, se in vera obedientia stare, Reg. II c. 5; hierher gehört auch die häufige Phrase: per obedientiam praecipere, Reg. II c. 24); 3. obedientia im übertragenen Sinne des Wortes als ganzer Orden, bzw. das durch die Ordensregel normierte Leben; in diesem Sinne wird gesagt: „extra obedientiam evagari" (Reg. II c. 2 und c. 5). Wenn wir nur darauf achten, zu welcher Art von Gehorsam die Brüder den Vorgesetzten gegenüber verpflichtet sind, so bemerken wir einen grundsätzlichen Unterschied zwischen der Reg. II und der Reg. III.[1] Übereinstimmend wird nur die der Reg. I entnommene allgemeine Phrase gebraucht, daß die Brüder „teneantur obedire fratri Francisco et eius successoribus" (Reg. II Prol. und Reg. III c. 1); hierher gehört auch die Betonung des Gehorsams als eines Ordensgelübdes (obedientia, castitas und sine proprio in der Reg. II c. 1 und obedientia, sine proprio et castitas in der Reg. III c. 1) und weiter die Bestimmung über die Aufnahme der Brüder „ad obedientiam" (l. c.). Verschieden aber wird der Gehorsam den Ministern gegenüber statuiert.[2] Während die Reg. II c. 4 den Brüdern vorschreibt, den Ministern „diligenter in hiis, que spectant ad salutem anime et non sunt contraria vite nostre" zu gehorchen, sollen die Brüder der Reg. III c. 10 zufolge den Ministern „in omnibus, quae promiserunt Domino observare et non sunt contraria animae et regulae nostrae" gehorsam sein. Wichtiger ist, daß in der Reg. III die Erwähnung der eigentlichen Aufgabe der Minister („Non veni ministrari, sed ministrare") und ihrer Verantwortung für die Seelen der Brüder vor Gott, welche in der Reg. II jenen Worten folgt, weggelassen wird; die bedeutungsvollen Worte „reddere rationem" (welche auch in der Rede von der Resignation des Franz zu lesen sind, 2 Cel. 143) kommen in der Reg. II zweimal (c. 5 und 16), in der Reg. III jedoch niemals vor. Auch fehlen in der Reg. III die Worte, daß die Brüder dem Minister in dem Falle keinen Gehorsam schuldig sind, wenn dieser etwas „contra vitam nostram vel contra animam suam" befehlen würde (Reg. II c. 5).

---

[1] Vgl. auch die „Verba admonitionis" c. 3 „de perfecta obedientia".

[2] Die Brüder sollen auch dem General des Ordens „firmiter obedire" (Reg. III c. 8), was die Reg. II nicht vorschreibt. — Zum weiteren s. auch, was A. Clarenus in seiner Exp. Reg., c. 10 (ed. Oliger, p. 200) über die „altissima et perfectissima obedientiae forma" sagt: als „obedientiae fines et limites, qui sunt hiis, qui presunt", wird angeführt: „nichil unquam consulere, suggerere vel mandare, quod sit contra regulam et animam, aut delictum vel peccatum, aut aliquid incentivum et proxime inductivum ad faciendum, quod esset contrarium voto et observantie regulari. Unde (führt Cl. weiter aus) non prohibetur eis tantum nichil mandare subditis, quod sit contra precepta regule, immo nichil, quod simplicem et puram eius observantiam inpediat et corrumpat; eo quod obedientes eis in huiusmodi mandatis, sunt evangelio Christi et regule et summo pontifici et s. Francisco et ecclesie inobedientes, et obedientie Dei obedientiam hominum anteponunt." Die Tendenz dieser Auslegung ist sichtbar. Clarenus sagt noch klarer in einem seiner Briefe (ib., p. 201): „obedientia regule maior est obedientiâ ministrorum et generalis et protectoris."

Ein wesentlicher Unterschied besteht auch in der Bestimmung über die Sünden, welche in der Reg. II c. 5 zu lesen ist, bisher aber nicht richtig erklärt wurde. Es handelt sich um folgenden Satz: „Verumtamen omnes fratres, qui sunt sub ministris et servis, facta ministrorum et servorum considerent rationabiliter et diligenter. Et si viderint, aliquem illorum carnaliter et non spiritualiter ambulare pro rectitudine vite nostre, post tertiam admonitionem, si non se emendaverit, in capitulo Pentecostes renuntient ministro et servo totius fraternitatis, nulla contradictione impediente." Ich erkläre (wobei ich mich auch auf die weiteren Sätze stütze) diese Stelle so, daß das Subjekt des Nebensatzes (aliquis illorum) der Provinzialminister (und nicht der Brüder) ist und daß somit den Brüdern das Recht erteilt wird, ihren Vorgesetzten dem General des Ordens anzugeben, wenn er sich nicht nach der dritten Ermahnung bessern würde. Es ist kein Wunder, daß dieses Recht der untergeordneten Brüder, den Minister anklagen zu können, in der Reg. III überhaupt weggelassen wurde. Endlich besteht auch ein Unterschied in der Bestimmung von der Einhaltung der Regel (Reg. II c. 6 und Reg. III c. 10), wie ich genauer auf S. 74—76 ausführte. Hier ist außerordentlich charakteristisch, daß den Ministern verboten wird, den Brüdern aufzuerlegen, was gegen ihre Seele und die Regel ist; die Brüder aber werden erinnert, „quod propter Deum abnegaverunt proprias voluntates". Das ist der Anfang des „Kadavergehorsams" im Orden.

Ich werde noch das Verhältnis der Brüder zu anderen Leuten und zueinander selbst, wie es in der Reg. II und in der Reg. III bestimmt wird, ins Auge fassen.

c) Das Verhältnis der Brüder zu Leuten, die außerhalb des Ordens standen[1], sollte ganz auf Gleichgültigkeit beruhen; die Brüder sollten den Schriftworten (Luk. 14, 26 und Matth. 19, 29) gemäß ihre Familie verlassen und sich nicht mehr um sie kümmern (vgl. auch 3 soc. 45); diese grundlegenden Bestimmungen findet man in der Reg. II c. 1, aber in der Reg. III sind sie weggelassen, obwohl sie der Anfang des Befreiungsprozesses des Franz selbst waren (3 soc. 20). Weiter sollten die Brüder, dem Beispiele des Franz folgend, allem Besitze entsagen und ihn unter die Armen verteilen; auch hier besteht ein Unterschied zwischen den Regeln; in der Reg. II c. 2 wird es, wenn

---

[1] Über das Verhältnis der Brüder zu Frauen handelt Reg. II c. 12 und Reg. III c. 11, vgl. oben, S. 78—79.

auch bedingungsweise, geboten (omnia sua vendant — si potest spiritualiter, sine impedimento — et ea studeat pauperibus erogare; weiter unten wird gesagt, daß es genüge, den Besitz zurückzulassen, d. h. ihn den Verwandten zu überlassen), während es in der Reg. III nur auf die Weise anempfohlen wird, daß man den Kandidaten die Worte des Evangeliums aus Matth. 19, 21 vorlesen soll, damit sie ihren Besitz verkaufen und unter die Armen zu verteilen bestrebt seien. „Quod si facere non potuerint, wird hinzugefügt, sufficit eis bona voluntas."[1] In der Reg. II können wir also folgenden Vorgang beim Aufgeben des Besitzes konstatieren: 1. den Verkauf des ganzen Besitzes; 2. die Verteilung des dadurch gewonnenen Geldes unter die Armen[2]; 3. die Erlaubnis, daß der Kandidat den Brüdern (wie anderen Armen) einige nicht aus Geld bestehende Stücke seines Besitzes (necessaria corporis) geben könne; 4. die Erlaubnis, daß der Kandidat, wenn Hindernisse eintreten, statt 1. und 2. einfach seinen Besitz verlassen (relinquere), d. h. seiner Familie überlassen und arm in den Orden eintreten könne. In der Reg. III wird 1. und 2. empfohlen, aber, wie gesagt, nur als ein biblischer Rat (dicant illis verbum s. evangelii), nicht direkt als ein Gebot der Regel, und außerdem wird bei dieser Transaktion der Rat (consilium) von Personen, welche außerhalb des Ordens stehen (aliqui Deum timentes), zugelassen. 3. und 4. wird explicite in der offiziellen Regel nicht angeführt.

Die aus den Banden der Familie und des Besitzes befreiten Brüder sollten nun den Menschen gegenüber bestimmte Tugenden an den Tag legen, deren die Reg. II mehr, die Reg. III weniger angibt. Die Reg. II gebietet den Brüdern 1. demütig zu sein, d. h. sie sollten weder Kämmerer noch Mundschenke noch Verwalter von Prälatenhäusern sein, sondern „minores et subditi omnibus, qui in eadem domo sunt" (Reg. II c. 7, vgl. 1 Cel. 38); von den „subditi" (1. Petr. II 13) wird wieder im c. 16 gesprochen; diese Bestimmung fehlt in der Reg. III. — 2. Die Brüder sollen zu allen Menschen ohne Unter-

---

[1] „Quod si facere non potuerint", d. h. (legt B. Pisanus in Conform., fr. IX, p. II, Anal. fr. IV 389 aus), „utpote propter distantiam loci vel quia litigiis involuta vel quia in potestate alterius, et sic de similibus."

[2] Wenn wir konkret sehen wollen, wie eine solche Besitzentsagung in der ersten Zeit des Ordens durchgeführt wurde, können wir uns an den Fall des Br. Bernhard (3 soc. 27—29) und des Br. Johann (Spec. perf. 57 und 2 Cel. 190) erinnern.

schied freundlich sein: „Et quicumque ad eos venerit, amicus vel adversarius, fur vel latro, benigne recipiatur" (Reg. II c. 7, vgl. das bekannte Beispiel von den drei Räubern in den Actus, c. 29); auch diese Tugend verschwindet aus der Reg. III; nur der Befehl, die Feinde zu lieben, wird nach Matth. 5, 44 beibehalten (Reg. II c. 22 und Reg. III c. 10). — 3. Die Brüder sollten geduldig sein, d. h. sie sollten für Schmähungen der Menschen Gott danken (referunt inde — sc. de verecundia — gratias Deo, c. 9), Widerwärtigkeiten und Verfolgungen geduldig tragen und bis zum Ende ausharren (c. 16, meist Zitate aus der Bibel: Mark. 8, 35, Matth. 5, 10, Johannes 15, 20, Matth. 10, 23, Matth. 5, 11—12, Matth. 10, 28, Matth. 24, 6, Luk. 21, 19 und Matth. 10, 22); in der Reg. III wird diese bei den Missionen sehr wichtige Tugend nur mit zwei Bibelzitaten charakterisiert (Matth. 5, 10 und Matth. 10, 22). — 4. Die Brüder sollten Freudigkeit zur Schau tragen (ostendant se gaudentes in Domino, hilares et convenienter gratiosos, Reg. II c. 7) und auch unter niedriger stehenden Leuten Frohsinn bewahren (debent gaudere, quando conversantur inter viles et despectas personas, inter pauperes et debiles et infirmos et leprosos et iuxta viam mendicantes, c. 9); auch diese schöne Tugend der Franziskaner erscheint in der offiziellen Regel (wohl nicht im Leben) unterdrückt. — 5. Die Brüder sollten friedliebend, nachsichtig und schonungsvoll sein. Sie sollten jedem Haus, das sie betraten, Frieden bringen (Luk. 10, 5) — so will es die Reg. II c. 14 und die Reg. III c. 3. Sie sollten „propter peccatum alicuius vel malum exemplum" nicht unruhig und zornig werden (Reg. II c. 5, vgl. c. 11, Reg. III c. 7). Sie sollten anderen nichts übles nachsagen (detrahere aliis), nicht miteinander streiten (contendere verbis) und zanken (litigare cum aliis)[1], sondern, soweit es möglich ist, schweigen (retinere silentium), wie die Reg. II c. 11 betont; in der Reg. III werden auch die ersten zwei Ausdrücke gebraucht (c. 3) und außerdem neu gesagt, daß die Brüder nicht Menschen verachten und richten sollen, welche mit weichen und farbigen Kleidern angetan sind und ein üppiges Leben führen (c. 2); desgleichen wird die allgemeine Ermahnung hinzugefügt: „sint mites, pacifici et modesti, mansueti et humiles, honeste loquentes omnibus, sicut decet" (c. 3), was ein schwacher Ersatz für die weggelassenen Ermahnungen sub 1, 2, 3 und 4 ist. — 6. Schließlich will die Reg. II c. 3, daß die Brüder für

---

[1] „non faciant lites neque contentiones" heißt es auch in der Reg. II c. 16.

Lebende und Tote beten sollen, wovon in der Reg. III c. 3 nicht besonders die Rede ist.

d) Das gegenseitige Verhältnis der Brüder wurde in beiden Regeln folgendermaßen geordnet: 1. Die Brüder "faciant inter se, sicut dicit Dominus" (Matth. 7, 12): "Quecumque vultis, ut faciant vobis homines, et vos facite illis." Et (Tob. 4, 16): "Quod tibi non vis fieri, non facias alteri" (Reg. II c. 4). Dieses in bemerkenswerter Weise auf das gegenseitige Verhältnis der Brüder applizierte Bibelzitat fehlt in der Reg. III überhaupt. — 2. Die Brüder sollen wirklich als einander gleiche und ergebene Brüder leben: "et nullus in vita ista vocetur prior, sed generaliter omnes vocentur fratres minores; et alter alterius lavet pedes" (Reg. II c. 6); auch dieser Grundsatz fehlt in der Reg. III; ähnlich verhält es sich auch mit der Variante: "omnes fratres non habeant aliquam potestatem vel dominationem, maxime inter se" (Reg. II c. 5, Reg. III hat diesen Passus nicht). — 3. "ne aliquis fratrum (heißt es in der Reg. II c. 5) malum faciat vel malum dicat alteri, immo magis per caritatem spiritus voluntarie serviant et obediant invicem"; in der Reg. III fehlt der Begriff dieses "rechten und heiligen Gehorsams unseres Herrn Jesus Christus". — 4. Die Brüder sollen einander überall "spiritualiter et diligenter revereri et honorare ad 'invicem sine murmuratione'" (1. Petr. 4, 9), aber nur nach Reg. II c. 7. Sie sollen einander ihre Bedürfnisse mitteilen, einander lieben und nähren, wie die Mutter ihren Sohn liebt und nährt; so liest man in der Reg. II c. 9 und in der Reg. III c. 6, obwohl hier statt des Imperatives der fordernde Interrogativ gesetzt ist (quanto diligentius debet quis ...). In der Sache übereinstimmend ist in der Reg. II c. 10 und in der Reg. III c. 6 von dem Krankendienste der Brüder die Rede, in der Art der Pflege besteht aber ein Unterschied: nach der Reg. II soll ein oder sollen mehrere Brüder als Pfleger des kranken Bruders bestimmt werden, welche ihn im Falle höchster Not einer "treuen Person", wahrscheinlich einem Arzte, anvertrauen sollen; in der Reg. III wird einfach gesagt, daß "alii fratres debent ei (dem Kranken) servire, sicut vellent sibi serviri"; die Worte im c. 4, daß nur die Minister und Kustoden "pro necessitatibus infirmorum" sorgen sollen, beziehen sich wahrscheinlich auf Kranke außerhalb des Ordens. — 5. Die kranken Brüder sollen nicht "contra Deum suum sive contra fratres" zürnen (Reg. II c. 10; fehlt in der Reg. III). — 6. Die Brüder sollen nicht miteinander streiten (neque litigent inter se, neque cum aliis, Reg. II c. 11; in der Reg. III c. 3 heißt es bloß "non litigent"), noch aufeinander erbost sein, sondern einander nach den Worten der Schrift lieben (Reg. II, 1. c., fehlt in der Reg. III, wenn nicht die vulgäre Bestimmung: „ostendant se domesticos invicem inter se" c. 6 ein Ersatz dafür sein soll). — 7. Endlich sollen die Brüder-Priester für die toten Brüder und die Laienbrüder auch „pro defectu et negligentia fratrum" beten (Reg. II c. 3, fehlt aber in der Reg. III in diesem Wortlaute).[1]

γ) Über den Eintritt der Brüder in den Orden handelt die Reg. II im c. 2 und die Reg. III auch im c. 2. Die vorhergehende Entwicklung dieses wichtigen Aktes verlief also: a) In der ältesten Zeit nahm ausschließlich Franz neue Brüder in die Brüderschaft auf. So nahm er den Bernhard von Quintavalle, seinen ersten Genossen, im J. 1209 auf (3 soc. 27—29). Die Bedingung der Aufnahme dieses ersten Neofyten bestand darin, daß „er dem Herrn zurückgeben sollte, was er vom Herrn empfangen hatte", d. h. daß er seine irdischen Güter verkaufen und das Geld den Armen verteilen sollte, damit der neue Jünger die Worte der Schrift (Matth. 19, 21, Luk. 9, 3, Matth. 14, 24) erfüllen konnte. In ähnlicher Weise nahm Franz seine späteren Genossen auf[2] und wenn wir uns auf die Worte aus den 3 soc. 29 stützen dürfen (haec est vita et regula nostra et omnium, qui voluerint nostrae societati coniungi), bestand die einzige Bedingung in der Erfüllung der angeführten Worte der Schrift von der Verteilung des Besitzes unter die Armen und von dem armen apostolischen Leben. Die Aufnahme wurde gewöhnlich mit den Worten „societati coniungi" (3 soc. 29), „in societatem recipere" (3 soc. 32 und 41), „in fratres recipere" (3 soc. 35) ausgedrückt. Spec. perf. 36 spricht von „recipere vitam eius", aber

---

[1] Über das Leben der Brüder im ganzen vgl. § 4: Die Lehre und Tätigkeit des Ordens.

[2] Für diese ursprüngliche Praxis, sowie auch für ihren Geist bringt einen interessanten und, soweit ich weiß, neuen, obzwar nicht reinen Beitrag Clarenus, indem er in seiner Exp. Reg., c. 2 (ed. Oliger, p. 50) sagt: „S. Fr. fratribus suis eum rogantibus, ut virum quendam modeste conversationis exortaretur ad religionis ingressum, respondit: 'Fratres, non est meum neque vestrum aliquem ad vitam nostram adsumendam inducere, sed nostrum est penitentiam exemplo operum et sermonibus omnibus predicare et ad Christi amorem et obsequium et mundi odium et contemptum omnes attrahere. Ipsius vero Domini est, qui solus hominibus expedientia novit, eligere ad hanc vitam et vocare, quos ydoneos fecerit et quibus eam adsumendi et servandi dederit gratiam'", usw.

der Ausdruck ist beim J. 1209 (vor der Regel) nicht genug rein. Die Wendung „religionem intrare" kommt häufiger vor (2 Cel. 40). Franz hatte die Gewohnheit, neue Brüder mit den Worten aufzunehmen: „Iacta cogitatum tuum in Domino, et ipse te enutriet" (1 Cel. 29). Die Aufnahme selbst wurde von der Entgegennahme des neuen Kleides begleitet, welches aus einem groben Rock, einem Strick (3 soc. 25) und einer Kapuze (3 soc. 39) bestand; in den 3 soc. 44 ist auch von „manica" und „clamidis" die Rede.[1] — b) Sobald Franz die ersten sechs Genossen gewonnen hatte, erteilte er allen diesen Genossen „auctoritatem recipiendi ad ordinem" (3 soc. 41) und sie nahmen neue Brüder auf; vielleicht hatten gerade jene sechs Brüder in der Brüderschaft ferner das Recht, neue Brüder aufzunehmen, und damit ein gewisses „officium praelationis", von welchem die 3 soc. 42 sprechen (auch 3 soc. 43 kommt das Wort „praelatus" zum Unterschiede von „subditus" vor). Freilich war diese Aufnahme, wie ich oben erwähnte, nur provisorisch, und die Brüder-Prediger führten die neuen Brüder „ad b. Franciscum, suscepturos ab eo religionis habitum humiliter et devote" (3 soc. 60, vgl. oben, S. 106 n.). Franz nahm die Brüder definitiv wahrscheinlich auf Grund der vom Papste im J. 1210 bestätigten Regel auf. Wie souverän er das Aufnahmerecht ausübte, bezeugt die Aufnahme der Klara. — c) Wahrscheinlich auf dem Kapitel vom J. 1219 gab Franz den Ministern „licentiam recipiendi fratres ad ordinem" und so kamen in den Provinzen viele Leute „ad ipsos et sanctae religionis habitum ferventer et humiliter susceperunt" (3 soc. 66).[2] Aber die neuen Glieder, deren Zahl in den letzten Jahren ungemein wuchs, wurden bald dem Noviziate unterworfen, welches durch die päpstliche

---

[1] Spec. perf. 36 spricht von „mantellum"; vgl. auch 2 Cel. 86 (Spec. perf. 29): „pannus in modum mantelli plicatus"; 2 Cel. 87 (Spec. perf. 30): „mantellus"; 2 Cel. 88 (Spec. perf. 31): „quidam mantellus ad dorsum"; 2 Cel. 90: „tunica" und „femoralia"; 2 Cel. 92 (Spec. perf. 33): „mantellus" und „tunica" (im Spec. perf.); Spec. perf. 34: „tunica"; Spec. perf. 35: „tunica" und „mantellus"; Spec. perf. 36: „mantellus"; Spec. perf. 37: „tunica"; von der „tunica" spricht ferner 2 Cel. 43, 130 (Spec. perf. 16 und 62), vom „mantellus" des Franz 1 Cel. 79.

[2] Darauf wahrscheinlich bezieht sich die genau datierte Vollmacht, welche Franz im J. 1219 dem Matheus von Narni gab, als er ihn zu seinem Vikare in Porciuncula ernannte, „ut ibi manens recipiendo ad ordinem reciperet" (Jord. 11). Matheus bekam wahrscheinlich die Vollmacht zur definitiven Aufnahme der Brüder, da er Stellvertreter des Franz war. Vgl. oben S. 106.

Bulle vom 22. September 1220 anbefohlen wurde, und wurden auch weiter nur von Franz oder seinen Stellvertretern definitiv in den Orden aufgenommen (vgl. auch Spec. perf. 103: tempore, quo nullus recipiebatur ad ordinem sine licentia b. Francisci). — d) Es scheint, daß nach der Verzichtleistung des Franz auf die Leitung des Ordens auf dem Septemberkapitel des J. 1220 das Recht der Aufnahme neuer Brüder auf die Minister überging, wie dann durch die betreffenden Bestimmungen der Reg. II stipuliert wurde. In dieser Regel wurde dies Recht mit Benützung alter und neuer Elemente genau geregelt. Der Gang war folgender: 1. Der Kandidat soll von den Brüdern freundlich aufgenommen werden (benigne recipiatur — eine alte Bestimmung, vgl. 1 Cel. 29); 2. die Brüder (wahrscheinlich die Prediger) sollen den Kandidat sobald als möglich dem betreffenden Minister vorstellen (representent); 3. der Minister soll den Kandidat freundlich aufnehmen, in seinem Vorhaben bestärken und ihm den Wortlaut der Regel sorgfältig darlegen; 4. wenn der Kandidat in den Orden eintreten will[1], soll er alles verkaufen und den Armen verschenken (vgl. oben, S. 123—124); 5. wenn er dies getan hat, soll ihm der Minister für ein Jahr das Prüfungskleid des Novizen geben; 6. dann soll er in den Orden aufgenommen werden (recipiatur ad obedientiam, vgl. oben, S. 121); 7. dann wird er nicht mehr zu einem anderen Orden übergehen, noch außerhalb des Ordens sich aufhalten können, wie in der angeführten päpstlichen Bulle vom 22. September 1220 bestimmt wird. — In der Reg. III wurde der Vorgang der Aufnahme gekürzt und neu geregelt[2]: 1. wurde weggelassen; 2. der Kandidat[3] soll von den Brüdern (vor allem natürlich von den Predigern) zum Provinzialminister geschickt (in der Reg. II hieß es: vorgestellt) werden, welche das alleinige Aufnahmsrecht besitzen[4]; 3. der Minister soll den Kandidat aus dem katholischen Glau-

---

[1] Bemerkenswert ist, wie in jedem Satze der freiwillige Eintritt in den Orden betont wird; siehe 1. si quis divina inspiratione voluerit accipere hanc vitam ...; 2. quodsi fuerit firmus accipere vitam nostram ...; 3. si vult vitam istam accipere ... Dies alles verschwindet in der Reg. III.

[2] Vgl. die parallelen Zitate oben, S. 55—56.

[3] In der Reg. III c. 2 wird durchaus der Plural gebraucht: „si qui voluerint" (von den Kandidaten) und „ministri".

[4] Das ist auch der Standpunkt der späteren Ordensoberhäupter; s. die Bulle „Quo elongati" und die nachfolgenden Regelauslegungen (vgl. A. Clareni, Exp. Reg., ed. Oliger, p. 51—53). Weder den Vikaren, noch den Kustoden und Guardianen wird das Aufnahmsrecht gewährt.

ben und der Lehre von den kirchlichen Sakramenten prüfen; 4. wenn der Kandidat an das alles glaubt [a], dies treu bekennen [b], bis zum Tode befolgen will und wenn er keine Gattin hat, oder wenn seine Gattin schon Nonne ist [c][1], soll ihm der Minister die Worte des Evangeliums (Matth. 19, 21) vorlesen, damit er alles, was er hat, verkaufe und den Armen gebe[2]; 5. wenn der Kandidat so getan hat, wobei er allenfalls den Rat einer gottesfürchtigen Person, zu der ihn der Minister schicken konnte, in Anspruch nehmen konnte, soll ihm der Minister das Kleid eines Novizen geben; 6. nach einem Jahre soll er in den Orden aufgenommen werden, wobei er versprechen mußte, die Regel für immer einzuhalten; 7. dann kann er, der päpstlichen Bulle vom 22. September 1220 gemäß, nicht mehr den Orden verlassen.

Das Kleid der Novizen (panni probationis) bestand nach Reg. II c. 2 aus folgenden Stücken: aus zwei Röcken (Kutten) ohne Kapuze, einem Gürtel, weiter aus Hosen und einer Mantille, welche Kopf und Leib bis zum Gürtel bedeckte (capparo). Ebenso wird es in der Reg. III c. 2 festgesetzt, aber hier bleibt es den Ministern überlassen, die Kleidung nach Notwendigkeit zu ändern. Das Kleid der Brüder selbst wurde öfters geändert: in der ältesten Zeit bestand es dem Zeugnis des Franz selbst zufolge aus einem innen und außen geflickten Rock, einem Gürtel und Hosen (Testam. c. 4).[3] Wenn sie in die Fremde zogen (1219), besonders wenn sie die kühleren nördlichen Gegenden besuchten, trugen sie zwei Röcke, einen oberen und einen unteren (Jord. 6). In der Reg. II c. 2 wurde bestimmt, daß die Kleidung des Professen aus einem Rocke ohne Kapuze, einem Rocke

---

[1] Vgl. damit, was oben S. 129 n. über den freiwilligen Eintritt in den Orden gesagt ist. Die „fides catholica" und „ecclesiastica sacramenta" sind hier ganz deutlich an die Stelle der früheren „vita nostra" getreten.

[2] Diese Bestimmung ist offensichtlich liberal (auch Verheiratete können in den Orden eintreten und der Besitz braucht nicht an die Armen verschenkt zu werden) und demgemäß war auch die praktische Anwendung liberal. Vgl. J. v. Vitry, Hist. orient., l. II, c. 32: die Zahl der Brüder wuchs in kurzer Zeit sehr, „presertim cum nulli ad religionem suam transeundi gremium claudant, nisi forte matrimonio vel alia aliqua religione fuerit obligatus. Tales enim sine licentia uxorum suarum vel prepositorum suorum [vgl. Reg. III c. 2], sicut ratio exigit, nec volunt nec debent recipere. Alios autem omnes in amplitudine religionis sue tanto confidentius absque ulla contradictionis molestia suscipiunt", etc.

[3] 3 soc. 39 sprechen von „una tantum tunica"; 1 Cel. 39 auch nur von „sola tantum tunica, repetiata quandoque intus et foris". Vgl. oben, S. 128 n.

mit Kapuze¹ (wenn es notwendig wäre), aus einem Gürtel und aus Hosen bestehen solle. Die Reg. III setzte fest, daß die Professen einen Rock ohne Kapuze, einen Rock mit Kapuze (wer ihn wünschen würde) und Sandalen (wer sie notwendig brauchen würde) tragen sollten. In diesem Punkte bestehen zwar unbedeutende, aber doch bemerkenswerte Unterschiede zwischen beiden Regeln: 1. die Reg. II bestimmt, daß die Professen einen Rock mit Kapuze tragen sollen, „si necesse fuerit" (man dachte wahrscheinlich an Professen in kühleren Gegenden), während nach der Reg. III diesen tragen sollen, „qui voluerint habere" (also alle); 2. in der Reg. III wird nichts von Gürtel und Hosen gesagt, obwohl nicht vorauszusetzen ist, daß dadurch das Tragen dieser Kleidungsstücke beseitigt worden wäre; eher wird dadurch den Ministern die Möglichkeit gegeben, die Kleidung den Bedürfnissen gemäß zu ändern und zu regeln; 3. in der Reg. III wird das Tragen von Fußbekleidung nach Notwendigkeit eingeführt.² Übereinstimmend sagen beide Regeln, daß die Kleidung (in der Reg. II „vestes" c. 2, „vestimenta" c. 8 und „habitus"(!) c. 13; — von „religionis habitus" sprechen auch 3 soc. 60, 1 Cel. 31, usw.; in der Reg. III bloß „vestimenta" c. 2) aus billigem Stoffe (vilis) bestehen und aus Säcken (de saccis) und anderen Stoffstücken genäht sein solle.³

---

¹ Vielleicht hieß dieser Rock mit Kapuze „mantellus", welches Wort oft in den Quellen vorkommt (vgl. oben, S. 128 n.), aber in den Regeln nicht zu finden ist. Bei Jord. 20 zum J. 1221 ist von oberen und unteren Röcken die Rede.

² Ursprünglich gingen die Brüder barfuß, wie u. a. Burchardus mit den Worten bezeugt: „Minores ... nudis pedibus tam aestate quam hieme ambulabant" (zitiert bei Sabatier, Spec. perf., p. 64).

³ Dazu vgl. Spec. perf. c. 15, wo gesagt wird, daß Franz „exsecrabatur vestitos triplicibus et qui praeter necessitatem mollibus vestibus utebantur in ordine", und weiter unten „nulla occasione volebat fratres habere plures quam duas tunicas, quas tamen concedebat consutis petiis suffutari: exquisitos pannos horrendos esse dicebat et acerrime mordebat contrarium facientes, atque, ut suo exemplo tales excitaret, semper tunicam suam saccum asperum consuebat." Wenn diese Worte richtig sind, geht aus ihnen hervor, daß schon unter Franz die Kleidung der Brüder nach Zahl und Art sich änderte. Vgl. auch Chron. XXIV. Gener., p. 4 über Johann „de Capella": „qui primum birretos seu capellos portare super caputio in ordine adinvenit." — Andererseits wissen wir, daß vor 1219 „nulli fratres portabant loricas ad carnem et circulos ferreos, propter quod aliqui infirmabantur et multi impediebantur orare, aliqui moriebantur." (Actus 20, 26.) Jene „circuli ferrei" waren sowohl „brachiorum", als auch „ventris" (ib. 20). — Aus derselben Quelle erfahren

Teil III. Kap. 3. Die Ordensverfassung

b) Der Austritt, bzw. die Ausschließung aus dem Orden. Zu Lebzeiten des Franz wissen wir nur von folgenden Fällen: von Johann „de Capella", welcher „laqueo se suspendit" (Actus 1, 3), wahrscheinlich damals, als sein Versuch, einen neuen Orden aus Aussätzigen zu gründen, nicht gelang und er „a curia repulsus" wurde (Jord. 14); wir wissen nicht, ob er den Orden freiwillig verließ oder aus ihm vertrieben wurde. Aus älterer Zeit hören wir von einem Bruder, der „ventris amicus, fructus particeps expers" war; Franz entließ ihn, wobei er ihn den „Bruder Fliege" (frater musca) und eine Drohne (apo) nannte, welche den Honig der Bienen fresse (2 Cel. 75, Spec. perf. 24). Im J. 1219 mußte Franz gegen den Minister Johann „de Sciaca" (Statia) einschreiten, der ohne seine Erlaubnis ein „studium" in Bologna errichtete; Franz „(eum) dure reprehendit", und als er Bologna verließ, „maledixit ei dura maledictione" (Actus 61, 1—3). Einen jungen Adeligen aus Lucca nahm er überhaupt nicht in den Orden auf (2 Cel. 40) und ließ einen jähzornigen Bruder aus Terra Laboris (Prov. Caserta) aus dem Orden austreten (2 Cel. 39). Es scheint, daß ein formelles Ausschließen und Verstoßen aus dem Orden unter der Leitung des Franz überhaupt nicht existiert hat, weil Franz den Einzelnen freien Austritt aus dem Orden gestattete, wie er ihnen freiwilligen Eintritt überließ (vgl. oben, S. 129 n.); daher finden wir in den Quellen nicht den Ausdruck „ausschließen", sondern nur die Ausdrücke: „exire religionem" (2 Cel. 75), „de ordine exire" (Act. 69, 20), „rejicere habitum et redire ad saeculum" (Act. 22, 3), „ad saeculum redire" (Act. 73, 12), „apostatare ab ordine" (Act. 69, 18), „contempta religione, foras arripi" (2 Cel. 39), usw.

Die Bulle vom 22. September 1220 bestimmte, daß kein Bruder, der nach dem Noviziate aufgenommen worden war, aus dem Orden

---

wir, daß die Brüder „manicas", „caputium" und „tunicam" trugen, welche lang und rauh war und kurz „saccum religionis" benannt wurde (Actus 22, 2 n. 15). Dieses „saccum" zogen die Brüder wahrscheinlich vor den öffentlichen Predigten an (vgl. 2 Cel. 191: „sacco vestitus et cinere adspersus caput"). — Endlich vgl., was J. v. Vitry in der Hist. orient., l. II, c. 32 über die Kleidung der Brüder sagt: „Non utuntur pellibus neque linteis, sed tantum tunicis laneis capuciatis, non cappis vel palliis aut cucullis neque aliis prorsus induuntur vestimentis." Ders. spricht weiter unten von der Kleidung der Novizen: „Ipsi enim funiculum cum tunica venientibus ad se largientes, quod reliquum est, superne procurationi relinquunt." S. auch Clareni Exp. Reg., ed. Oliger, p. 63—76.

austreten könne und niemand durfte einen Bruder, der trotzdem ausgetreten war, zurückhalten; auch wurde untersagt, außerhalb des Ordens, im Ordenskleid sich aufzuhalten.[1] Die Bestimmung vom „extra obedientiam evagari" wurde in die Reg. II c. 2 und in die Reg. III c. 2 übernommen (hier wird aber gesagt „de ista religione exire"). Außerdem wurde in der Reg. II c. 5 erklärt, daß „omnes fratres, quotienscumque declinaverint a mandatis Domini et extra obedientiam evagaverint, sicut dicit propheta (Psalm. 118, 21), sciant, se esse maledictos extra obedientiam, quoadusque de tali peccato exierint". Mit diesen Worten wurden wahrscheinlich schlechte und umherschweifende Brüder auf bestimmte Zeit aus dem Orden ausgeschlossen, solange sie sich nicht besserten.[2] Es ist bemerkenswert, wie vorsichtig in der Reg. II nicht nur von den Fällen der Ausschließung, sondern auch von der Gewalt zur Ausschließung gesprochen wird: den Vorgesetzten wird nicht die ausdrückliche Vollmacht in irgendeinem Falle erteilt; im c. 5 ist von der Bestrafung eines Todsünders die Rede, welcher nach der dritten Ermahnung zum Minister geschickt werden soll: „qui minister et servus (heißt es weiter) de eo faciat, sicut sibi secundum Deum melius videbitur expedire." Es ist begreiflich, daß ein ängstlicher Minister durch eine solche liberale Bestimmung in große Verlegenheit kam, weil seine strafrechtliche Kompetenz minimal war (vgl. oben, S. 50—51 von der Ep. ad ministrum). Sonst wird in der Reg. II nur in zwei Fällen die Ausschließung angeordnet: 1. ein unzüchtiger Bruder soll aus dem Orden ausgeschlossen werden (ex nostra religione repellatur, c. 13) und 2. ebenso ein Bruder, der gegen den katholischen Glauben und gegen die katholische Lehre durch Schrift (in dicto!) oder Tat sich vergangen und sich nicht gebessert hat (c. 19). In den übrigen Fällen wird nur jener Bruder als falsch und abtrünnig erklärt, der gegen das Verbot

---

[1] „Post factam vero professionem nullus fratrum ordinem vestrum relinquere nec relinquentem alicui sit licitum retinere. Inhibemus etiam, ne sub habitu vitae vestrae liceat alicui extra obedientiam evagari et paupertatis vestrae corrumpere puritatem." Potthast, 6361; Wadding 1220, 29 (I 361). S. auch das Schreiben des P. Honorius III. vom 18. Dez. 1223 (Sbaralea I. 19) über das Verbot des Eintrittes in andere Orden.

[2] Im Falle des Stacius, l. c., hat Franz dem Übertreter nur „geflucht" und nicht aus dem Orden ausgeschlossen. Das Wort „maledicere" hatte wahrscheinlich die Bedeutung von ausschließen; weniger bedeutete „ve", welches oft (im Gegensatze zu „beatus") in den „Verba admonitionis" vorkommt (c. 19, 20, 21 und 26).

der Regel Geld sammeln oder bei sich haben sollte (c. 8), und fleischlich wird jener Bruder genannt, der in der Krankheit den Brüdern zürnen und allzusehr nach einer Arznei zur Heilung seines Körpers verlangen sollte (c. 10). — In der Reg. III werden alle diese Fälle weggelassen und von der Ausschließung aus dem Orden überhaupt nicht gesprochen. Aber auch dieses Schweigen spricht!

I. Das Verfassungsorgan des neuen Ordens sollten die Versammlungen der Brüder sein, welche Kapitel genannt wurden. Bevor die Kapitel festgesetzt wurden, kamen die Brüder in Porciuncula ganz ungebunden zusammen, sobald sie von den Missionsreisen zurückgekehrt waren. Porciuncula war der regelmäßige Sitz, von welchem sie auseinandergingen und wohin sie von ihren Reisen und Wanderungen zurückkehrten. „Cumque circuissent illam provinciam (Marchiam), redierunt ad dictum locum s. Mariae", sagen die 3 soc. 34 nach der Rückkehr der Brüder von ihrer ersten Missionsreise im J. 1209. Als der Brüder sechs waren und durch sie neue dem Orden gewonnen wurden, kehrten alle „statuto termino" nach Porciuncula zurück (3 soc. 41). Im J. 1211 bestimmte Franz, daß sich die Brüder zweimal im Jahre auf „dem Kapitel" versammeln sollen, in den Pfingstfeiertagen und am Tage des hl. Michael, am 29. September (3 soc. 57, vgl. oben, S. 70). Es scheint, daß das Septemberkapitel nur fakultativ war (in den Quellen wird von ihm nicht anders gesprochen, während bloß das Pfingstkapitel regelmäßig abgehalten wurde.[1] Regel war, daß zu diesem Kapitel „omnes fratres" kommen sollten.[2] So war es auch später, denn noch im J. 1221 sagt Jord. 16, daß zu dem Kapitel jenes Jahres „secundum consuetudinem ordinis, que tunc erat, tam professi quam novicii convenerunt". Die Anzahl der Teilnehmer an diesen Kapiteln (und damit auch die Zahl der Ordensmitglieder) ist uns vor dem J. 1219 unbekannt; nur zum J. 1217, als die Minister ernannt und in die Provinzen verteilt wurden, wissen wir aus 3 soc. 62, daß sich die Brüder sehr vermehrt haben (multiplicatis numero et merito fratribus), während 1 Cel. 75 zu

---

[1] Deshalb kennt auch J. v. Vitry im J. 1216 nur ein Kapitel der Brüder: „Homines autem illius religionis semel in anno cum multiplici lucro ad locum determinatum conveniunt" (zitiert in Böhmer, Anal., p. 98). Was er in der Hist. orient. (ib., p. 103) sagt „semel aut bis", ist nicht mehr so glaubwürdig.

[2] 3 soc. 57. Vgl. auch Spec. perf. 7: „omnes quolibet anno ibi conveniebant."

Die Entstehung d. Kapitel u. d. Teilnahme an denselben (3000, 5000 Br.)

demselben Jahre sagt, daß Franz „non multos adhuc fratres habens et vollens in Franciam ire, devenit Florentiam"; beide haben vielleicht recht (der erste schreibt mit Rücksicht auf die frühere Zahl, der zweite mit Rücksicht auf die Massen der späteren Jahre), aber keiner von ihnen gibt etwas bestimmtes an.[1] Erst zum J. 1219 wird eine genaue Zahl der Brüder, nämlich 5000 Personen, angegeben. Darüber schreibt Eccleston, c. 6, folgendermaßen: „Venit quoque in Angliam tunc temporis frater Martinus de Barton, qui ... narravit, quod in capitulo generali, in quo praecepit s. Franciscus destrui domum, quae fuerat aedificata propter capitulum (davon erzählt 2 Cel. 57 und Spec. perf. 7), fuerunt quinque millia fratrum." Wenn wir beachten, was Celano, l. c., zum J. 1217 sagt (daß Franz „non multos adhuc fratres" hatte) und daß hier die Zahl 5000 nach dem „Erzählen" eines Bruders angeführt wird, müssen wir dieses enorme Anschwellen der Brüderzahl für ganz unwahrscheinlich erklären! Wir können nicht einmal einer heimischen, aber naiv übertreibenden Quelle, den Actus, Glauben schenken, welche auch im c. 20[2], und zwar affirmativ, von „quinque millia fratrum" erzählen, die „in campo turmatim ad sexaginta et ad centum et ad trecentos(!)" ihr Lager aufgeschlagen haben und über sich „tecta destincta per turmas de carticinis in circuitu et supra" gehabt haben sollen. Ich möchte gern „tecta" für 100 und 300 Personen sehen! Märchenhaft klingt auch, was dieselbe Quelle von „bene quingentae loricae" und von „magnus acervus" der abgelegten Eisenringe spricht, welche zahlreiche Brüder hatten. Die Zahl 5000 (an und für sich für jene Zeit enorm!) könnte höchstens festgehalten werden, wenn dazu jene „multi comites et barones, duces et milites, cardinales etiam personaliter cum episcopis et clericis, et nobiles cum popularibus" (Actus 20, 7), sowie jene Volksmassen gehörten, welche aus Perugia, Spoleto, Foligno, Spello, Assisi und „allen" Siedlungen in der Umgebung ge-

---

[1] Ich erwähne noch, daß 3 soc. 54 (ähnlich 1 Cel. 37) schon zum J. 1210 sagen: „Coeperunt proinde (nach der Bestätigung der Regel) multi de populo, nobiles et ignobiles, clerici et laici ... b. Francisci vestigiis adhaerere" ... Aber daß diese „multi" nicht so zahlreich waren, beweist die weitere Erzählung (3 soc. 55), daß für sie eine „enge" Hülle in Rivo-Torto und ein Häuschen in Porciuncula genügte. Auch andere Ausdrücke (z. B. 1 Cel. 56 „quam plures boni et idonei viri, clerici et laici") müssen „cum grano salis" aufgenommen werden.

[2] Auch Spec. perf. c. 68 hat „quinque millia fratres".

kommen waren (Actus 20, 17).[1] — Die zweite Zahl, welche wir kennen, bezieht sich auf das Kapitel des J. 1220. Jordanus sagt im c. 16 (mit dem falschen Datum 1221), daß „estimati sunt fratres, qui tunc convenerant, ad tria milia fratrum". Weil derselbe Autor vorher sagt, daß dort „tam professi, quam novicii", also alle Brüder waren, würde dies (genau genommen) bedeuten, daß die Zahl der Brüder trotz aller Missionen vom J. 1219 um 2000 zurückgegangen war, obwohl wir nichts von Austritten aus dem Orden hören.[2] Aber auch die Zahl 3000 ist übertrieben! Jordan sagt nämlich weiter unten, daß die Brüder „comedebant (et dormiebant) viginti tribus mensis ordinate et distincte et spaciose compositis". Wenn die Zahl der Brüder wirklich 3000 betragen hätte, müßten 130 Personen an einem Tische (weil nur 23 Tische vorhanden waren) Platz gefunden haben und dabei noch genügend Zwischenraum zwischen den Tischen vorhanden gewesen sein. Eine Tafel für 130 Personen ist aber ebenso absurd, wie jene „tecta" für 100 und 300 Personen! Es können wohl 23 Tische vorhanden gewesen sein, aber 20 Personen an einem Tische würden genügen (auch mit Rücksicht auf die Versorgung mit Nahrung!), so daß die Zahl aller Brüder 460 oder 500 betragen hätte. Überhaupt müssen wir jene Zahlen mit großer Skepsis aufnehmen, wie es bei allen Zahlangaben der mittelalterlichen Chronisten und Legendisten geboten ist.[3]

Die Kompetenz der Kapitel war noch immer sehr unklar. In der ältesten Zeit (nach 1212) waren die Kapitel Schule und Kirche, in welchen ein einziger Priester und Lehrer auftrat — Franz. „Tractabant, scil. fratres (schreiben die 3 soc. 57 über die Pfingstkapitel), qualiter melius possent regulam observare, atque constituebant fratres per di-

---

[1] Es darf auch nicht vergessen werden, daß erst von diesem Kapitel aus Minister mit Brüdern nach Frankreich, Deutschland, Ungarn, Spanien, in Länder jenseits des Meeres und „ad alias provincias Ytalie, ad quas fratres non pervenerant" (Jord. 3) gesandt wurden, was, wenigstens in der Mehrheit der Fälle, voraussetzt, daß von dort auf das Kapitel nur ein sehr beschränktes Kontingent gekommen war, so daß jene 5000 meist aus Mittelitalien gekommen sein müßten.

[2] Daß das „Rohrkapitel" mit 5000 Teilnehmern nicht mit dem Kapitel mit 3000 Teilnehmern verwechselt werden kann, geht einfach aus dem Fakte hervor, daß sie auf diesem Kapitel „pro tot fratribus edificia non habebant"; es gab also keine Rohrhütten (Jord. 16).

[3] S. auch Heimbucher, Die Orden und Kongregationen der kat. Kirche, II² S. 347f.

versas provincias, qui populo praedicarent et fratres in suis provinciis collocarent." In Wirklichkeit tat beides (1. Verhandlung über die Regel, 2. Sendung der Brüder-Prediger in die einzelnen Provinzen) Franz selbst. Daß die Bestimmung der Missionsprediger (der späteren Minister) die ausschließliche Praerogative des Franz war, habe ich oben dargelegt (S. 112 und 116).[1] Auch habe ich oben ausgeführt, daß die „Verhandlungen über die bessere Einhaltung der Regel," was eine Regelung und Vermehrung des Textes der Regel bedeuten kann, durch Franz geschahen (oben S. 30—31). „Sanctus autem Franciscus (heißt es weiter in 3 soc. 57) faciebat admonitiones, reprehensiones et praecepta, sicut ei iuxta consilium Domini videbatur." Das waren ganze Kapitelpredigten, deren Inhalt weiter angeführt wird (3 soc. 57—59): „Expleto autem capitulo, benedicebat omnibus fratribus et ad singulas provincias singulos destinabat. Quicumque ex ipsis habebat spiritum dei et eloquentiam idoneam ad praedicandum, sive clericus, sive laicus esset, dabat ei licentiam praedicandi (3 soc. 59).

Der erste und wesentliche Teil der Kapitelverhandlungen waren also die Predigten des Franz, deren Inhalt aus den „admonitiones" zur besseren Einhaltung der Regel und des Lebens bestand. Daß dem so bis zum Schlusse war, bezeugen alle Quellen und speziell zum J. 1219 2 Cel. 191 und Actus 20 und zum J. 1220 Jord. 17; der letzteren Quelle zufolge predigte Franz den Brüdern (fratribus praedicavit) und dann auch dem versammelten Volke (similiter fiebat sermo ad populum);[2] die zweite Predigt wurde vielleicht an einem anderen Tage gehalten, denn die Kapitel dauerten einige Tage (im J. 1220 sieben Tage, Jord. 16). Nach der Predigt des Franz folgte nach dem J. 1216 eine

---

[1] Nach dem Buchstaben zu schließen (omnes fratres ... constituebant fratres per diversas provincias) hätten allerdings die Kapitel die Vollmacht gehabt, die Prediger zu bestimmen, (dafür würde auch die Stelle in Reg. II c. 4 zeugen: „fratres, qui constituuntur ministri et servi aliorum fratrum", oben S. 113), aber anders war es in Wirklichkeit; siehe weiter im Texte (3 soc. 59).

[2] Franz predigte regelmäßig auf der Grundlage von Schriftworten; auf dem Kapitel von 1221 wählte er als Thema die Psalmworte (c. XLIII 1): „Benedictus Dominus Deus meus, qui docet manus meas ad proelium" (Jord. 16). — Im J. 1219 bildeten das Thema die einfachen Worte: „Magna promisimus, maiora promissa sunt, servemus haec, suspiremus ad illa. Voluptas brevis, poena perpetua, modica passio, gloria infinita. Multorum vocatio, paucorum electio, omnium retributio" (2 Cel. 191, cf. Actus 20, 10).

zweite Predigt, welche der Kardinal Hugolino zu halten pflegte.[1] Es ist nicht bekannt, ob die Messe, welche im J. 1219 der Kardinal Hugolino und im J. 1220 ein Bischof zelebrierte, vor oder nach der Predigt gelesen wurde; immer las Franz das Evangelium (evangelium decantabat, 3 soc. 61; evangelium legisse, Jord. 16) und ein anderer Bruder die Epistel (Jord. 16).[2]

Der zweite Teil der Kapitelversammlungen wurde den Verhandlungen über die Regel gewidmet; leider sind wir darüber ganz ungenügend unterrichtet; was gesagt werden kann, habe ich oben auf S. 28—42 dargelegt. Spec. 68 spricht von den „fratres congregati in capitulo", und man kann daraus (wie auch aus anderen Anzeichen) schließen, daß in späterer Zeit (ungefähr nach dem J. 1219) das Kapitel nur aus auserwählten Brüdern, vielleicht aus älteren Brüdern, Ministern und Predigern gebildet wurde.

Der dritte und letzte Teil gehörte eigentlich nicht mehr zum Kapitel; da wurden alle Teilnehmer gesegnet und Einzelne in die Provinzen gesendet (3 soc. 59 „expleto capitulo", ähnlich Jord. 17: „in fine huius capituli"). Über diese Entsendung ist bei Jord. 17 eine interessante Nachricht erhalten, welche von der Entsendung der Mission nach Deutschland im J. 1221 redet; dieser Nachricht zufolge befragte Franz oder sein Stellvertreter die gegenwärtigen Brüder, wer zu der Mission bereit wäre und wohin er ziehen wolle; wer gehen wollte, stand auf und trat zur Seite, um die Befehle des betreffenden Ministers entgegenzunehmen; die Minister wählten wahrscheinlich jene aus, welche sie mitnehmen wollten und legten Verzeichnisse dieser Brüder an; als diese „ascriptio provinciae" vollendet war, wurde erklärt: „Talis frater vadat ad talem provinciam." Der Provinzialminister konnte aus den Gemeldeten auswählen, welche er wollte (Caesarius aus Speier hatte im J. 1221 „potestatem eligendi de illis 90, quos vellet"; er wählte 12 Kleriker und 50 Laien, Jord. 18, 19). Wenn Streitigkeiten vorkamen, entschied einfach der General „per sanctam obedientiam" (Jord. 18).

---

[1] „Ille autem (sagen 3 soc. 61 von Kard. Hugolino) venientibus fratribus descendebat equo et ibat pedester cum eis usque ad ecclesiam S. Mariae, eisque postea faciebat sermonem et celebrabat missam, in qua vir dei Franciscus evangelium decantabat."

[2] Weil die Messe zelebriert wurde, pflegte man auch zu sagen, daß das Kapitel zelebriert wurde: „b. Franciscus ... celebravit capitulum generale" (Jord. 16). Vgl. auch 1 Cel. 48 über das Arelater Kapitel, Jord. 26 über das Wormser Kapitel, usw.

Die Bestimmung über die Kapitel in der Reg. II und Reg. III ist ungewöhnlich fragmentarisch und ohne die auf andere Quellen sich stützende vorherige Auslegung schwer zu verstehen. In der Reg. II wird einfach die Zeit und Art der Kapitel ohne weitere Erklärung bestimmt. Wie ich schon oben (S. 70) ausführte, hat jene Regel eigentlich drei Arten von Kapiteln eingeführt: 1. ein alljährliches Provinzialkapitel aller Brüder aus der Provinz am 29. September; 2. ein alljährliches italienisches Kapitel in Porciuncula, zu welchem die Minister in den Pfingsttagen kommen sollten; 3. ein Generalkapitel der Minister aus Italien, dem Auslande und den Ländern jenseits des Meeres, welches einmal in drei Jahren in Porciuncula abgehalten werden sollte. Durch diese Bestimmung, welche für späteren Ursprung (eben für das J. 1221) spricht, wurden eigentlich die alljährlichen Generalkapitel aller Brüder annulliert, welche bisher abgehalten wurden. Damit steht aber die Bestimmung im c. 5 in Widerspruch (was für die Widersprüche in der Reg. II überhaupt interessant ist), wo gesagt wird, daß „omnes fratres ... si viderint aliquem illorum (von den Provinzialministern) carnaliter et non spiritualiter ambulare..., in capitulo Pentecostes renuntient ministro et servo totius fraternitatis." Wie konnten die Brüder (und daß von ihnen die Rede ist, habe ich oben auf S. 123 angeführt) ihren Provinzialminister auf dem Pfingstkapitel in Porciuncula angeben, wenn sie dem c. 18 zufolge kein Recht hatten, dort zu erscheinen?

Die Reg. III ließ die Provinzialkapitel bestehen, zu welchen die Minister und Kustoden einmal im Jahre (nach Pfingsten) die Brüder aus der Provinz versammeln sollen; die Kapitel der italienischen Minister werden schweigend entfernt und wieder einmal in drei Jahren ein Generalkapitel aller Minister eingeführt (c. 8, vgl. oben S. 70).

Die Provinzialkapitel wurden, wie wir wissen, schon vor dem J. 1221 abgehalten. In 1 Cel. 48 lesen wir eine Bemerkung von einem Brüderkapitel, welches der provencalische Minister in Arles abhielt und an welchem auch Bruder Anton aus Padua teilnahm. Jordanus führt folgende Provinzialkapitel in Deutschland an: am 29. September 1221 in Trident (c. 20 und 21), im J. 1222 in Worms (c. 26), am 8. September 1223 in Speier (c. 33), am 15. August 1224 in Würzburg (c. 37), am 2. Februar 1227 in Mainz (c. 51), im April 1228 in Köln (c. 54) und im September(?) desselben Jahres in Worms (ibid.), vor dem 14. Juni 1230 in Köln (c. 57), nach dem 14. Juni d. J. in Worms (c. 58), am 8. September 1239 in Magdeburg (c. 69), usw. Vgl. auch oben S. 117.

K. Missionen und Provinzen. In den nächsten Tagen nach seiner Konversion zum apostolischen Leben, welche am 24. Februar 1209 vor sich ging, predigte Franz in Assisi und seiner Umgebung. Als sich Bernhard, Peter von Assisi und Egid an ihn angeschlossen hatten, unternahmen sie im Frühjahre 1209 die erste Missionsreise. Franz und Egidius zogen in die Mark Ankona und Peter in eine andere Gegend (in regionem aliam, 3 soc. 33). Als sie von der Reise zurückgekehrt waren, nahm Franz drei weitere Genossen, Sabbatinus, Moricus und Johannes de Capella auf; alle baten zunächst in Assisi um Almosen, zogen aber bald auf die Aufforderung des Franz hin in die Umgebung aus (ut eamus per mundum, exhortando omnes populos, 3 soc. 36).[1] Sie gingen wahrscheinlich ziemlich weit ins Land hinein, denn die Leute kannten sie nicht; die Brüder pflegten auf die Frage, woher sie kämen, einfach zu erwidern, „quod erant viri poenitentiales de civitate Assisi oriundi" (3 soc. 37); zwei von ihnen, Bernhard mit einem Genossen, kamen im Winter 1209/10 auf einige Tage nach Florenz (3 soc. 39 und 40).[2] In einer bestimmten Zeit (statuto termino), wahrscheinlich am Anfange des J. 1210, kamen die sechs Genossen mit den neugewonnenen Brüdern wieder in Porciuncula zusammen (cf. 3 soc. 41). Sie hielten sich hier aber nicht lange auf (apud quam fratres aliquando morabantur, 3 soc. 44), sondern zogen wieder aus, um Arbeit und Almosen zu bitten, oder beteten (3 soc. 41); es schlossen sich an sie neue Brüder aus wohlhabenden Klassen (divites) an und Franz schickte sie in die benachbarten Ansiedlungen, wobei er darauf achtete, daß sie nicht ihren Heimatsort besuchten (3 soc. 45). Als sie dann im Sommer 1210 vom Papste die Genehmigung ihrer Regel und die Erlaubnis erhielten, „ubique" (3 soc. 51) Buße zu predigen, begann, man kann sagen, die zweite Etappe der Missionstätigkeit. Bisher predigten sie nicht „plene", sondern ermahnten nur das Volk zu Gottesfurcht und Buße (3 soc. 33); jetzt aber begann Franz zu predigen „ubique amplius et perfectius"

---

[1] Vgl. ibid. 33, wie er durch das Gleichnis vom Fischfange in die Netze „prophetavit ordinem dilatandum" (dasselbe in anderer Form in 1 Cel. 28; ähnlich entspricht den 3 soc. 36 1 Cel. 27 u. 29). Beide bezeugen die grandiosen Pläne des Franz gleich im Beginne seiner neuen Tätigkeit.

[2] 1 Cel. 30 zufolge unternahm Bernhard mit Egidius in jener Zeit eine Reise bis nach Spanien zum hl. Jakob in Compostelle, es ist aber nicht ganz glaubwürdig. Während 3 soc. 41 nur von sechs Genossen des Franz in jener Zeit sprechen, werden in 1 Cel. 30 acht Gefährten genannt.

(3 soc. 54). Seine Tätigkeit war zunächst auf die Provinz Spoleto beschränkt (totius provinciae facies, 1 Cel. 37), breitete sich jedoch bald über ganz Mittelitalien aus, wie die Lebensbeschreibungen genauer darlegen. In Übereinstimmung mit dem universellen Charakter der Lehre und der Persönlichkeit des Franz wandte sich seine und seiner Gefährten Tätigkeit bald ins Ausland. Schon im Winter 1212/13 wollte Franz „ad partes Syriae transfretare" (1 Cel. 55). Als dies mißlang, ging er in demselben Winter nach Spanien (1 Cel. 56). Gleichzeitig zog Egidius in das hl. Land und nach Tunis. Als in den folgenden Jahren die Zahl der Brüder zunahm und (besonders seit 1216) auch „literati" (d. h. Kleriker und Priester) und „nobiles" sich ihnen beigesellten, wurden die Missionen systematischer und vollkommener durchgeführt; wir dürfen uns die Sache natürlich nicht in großartigen Dimensionen vorstellen, sondern nur festhalten, daß in fast alle Länder der christlichen Welt einige Brüder entsendet wurden. Zu diesem Zwecke wurden im J. 1217 elf „Missionsprovinzen" eingerichtet, deren Namen traditionell also angeführt werden: Umbrien und Toskana, die Mark Ankona, die Lombardei, die Campania (Terra Lavoris), Apulien, Kalabrien mit Sizilien, Deutschland, Frankreich oder die Pariser Provinz, Südfrankreich oder die Provence, Spanien, Syrien oder das hl. Land.[1] Derselben Tradition zufolge wurde im J. 1219 die Provinz Aquitanien und im J. 1223 (resp. 1224) die Provinz England begründet. Die Quellen, welche zur Hand sind, sprechen aber zum J. 1217 nur von Frankreich, Deutschland, Ungarn, Spanien und anderen italienischen Provinzen, welche die Brüder bisher nicht betreten haben (Jord. 3 mit dem falschen Datum 1219).[2] Im J. 1219 wurden diese Missionen in die christlichen Länder teilweise wiederholt (nach Nord- und Südfrankreich), teilweise aber wurden sie auf nichtchristliche Länder, d. h. auf Tunis und Syrien ausgedehnt.[3]

---

[1] Vgl. H. Golubovich, Series provinciarum O. F. M. saec. XIII et XIV, im Archivum Franciscanum Historicum I 1908 p. 1—22. (Die Tradition stützt sich auf Wadding und die Umbria serafica).

[2] 3 soc. 62 sagen, daß im J. 1217 Minister gewählt wurden „et missi cum aliquot fratribus quasi per universas mundi provincias, in quibus fides catholica colitur et servatur". Weiter unten wird von „ultramontanis partibus, ut Alemannia, Ungaria et pluribus aliis" gesprochen. — Spec. 65 spricht von „quaedam provinciae ultramarinae," recte „ultramontanae".

[3] Jord. 3 zufolge wurden die Missionen des J. 1217 „anno conversionis 10", d. i. 1217 ausgeführt, nicht 1219, wie irrtümlich bei ihm geschrieben steht.

Aber die Missionen in Länder der Ungläubigen endeten mit totalem Mißerfolge und die Missionsorganisation des Ordens konnte erst nach dem J. 1221 ausgebaut werden, als sie systematisch Deutschland und später auch England okkupiert hatte. Diese Entwicklung ging aber außerhalb der Regel und der ursprünglichen franziskanischen Gesetzgebung durch den natürlichen Gang der Zeit und der Kräfte, welche dem Werke zur Verfügung standen, vor sich. Ein Vergleich der Reg. II c. 16 mit Reg. III c. 12 (vgl. oben S. 80) beweist die Ermattung der Mission unter den Ungläubigen. Im Testamente des Franz wird nicht mehr davon gesprochen — das Werk ging in andere Hände über.

§ 4. Die Lehre und Tätigkeit des Ordens. 1. Das erste Gesetz des Lebens der Brüder ist beiden Regeln zufolge[1] die Nachfolge Christi. In der Reg. II c. 1 wird gleich am Anfange gesagt: „Regula et vita istorum fratrum hec est, scilicet vivere in obedientia, in castitate et sine proprio, et domini nostri Jesu Christi doctrinam et vestigia sequi, qui dicit" (es folgen Zitate aus Matth. 19, 21, Matth. 16, 24, Luk. 14, 26 und Matth. 19, 29). Von der Nachfolge in den Spuren Christi geschieht noch in der „admonitio" c. 22 Erwähnung. In der Reg. III fehlen die Worte „vestigia sequi" und an die Stelle des persönlichen Vorbildes Christi tritt das Buch-Evangelium; es heißt im c. 1: „Regula et vita minorum fratrum haec est, scilicet domini nostri Jesu Christi sanctum evangelium observare, vivendo in obedientia, sine proprio et in castitate." Ein Unterschied besteht auch darin, daß die Reg. II als Inhalt des brüderlichen Lebens fortschreitend anführt: 1. das Leben im Gehorsam, 2. das Leben in Reinheit, 3. das Leben in Armut, 4. dann die Nachfolge der Lehre und des Beispieles Christi durch Erfüllung seiner wörtlich angeführten Gebote, während die Reg. III den Begriff der Nachfolge, bzw. Einhaltung des Evangeliums Jesu bloß durch das Leben im Gehorsam, Armut und Reinheit begrenzt. Ich bemerke noch, daß in der Reg. III auch in der Bestimmung über den Verkauf des Besitzes von der Einhaltung des Evangeliums die Rede ist (dicant illis verbum s. evangelii [Matth. 19, 21], quod vadant et ven-

---

Demselben zufolge (c. 10) geschahen die Missionen des J. 1218 „anno conversiones XIII°", d. i. eben 1217. Die ganze Beweisführung Böhmers in der Einleitung zur Edition Jordans, p. LXXI–LXXX, daß beide Missionen im J. 1219 geschahen, werden durch diese beiden Angaben widerlegt.

[1] Wie es sich mit dem Leben der Brüder vor den Regeln verhielt, legt sehr schön K. Müller, Anfänge S. 27 sq. dar.

dant omnia sua, c. 2), welche etwas anderes bedeutet, als das einfache Gebot der Reg. II (vgl. oben, S. 123—124). Übereinstimmend sprechen dann beide Regeln von der Einhaltung des Evangeliums, wobei sie Luk. 9, 62 (Reg. II c. 2 und Reg. III c. 2) und Luk. 10, 8 (Reg. II c. 3 und Reg. III c. 3) zitieren.

Es ist sicher, daß das Evangelium in der Reg. II einen lebendigen Inhalt hat und daß die darin enthaltenen Gebote nicht wegen der Gebote selbst, sondern deshalb angeführt werden, weil sie die Gedanken und den Willen Christi ausdrücken. Im c. 22 wird nach zahlreichen Zitaten aus der Schrift gesagt: „Teneamus ergo verba, vitam et doctrinam et sanctum eius evangelium, qui dignatus est pro nobis rogare Patrem suum et nomen eius manifestare." Aus diesen Worten (welche auch in der Reg. III fehlen) geht zugleich hervor, daß Christus bei Franz der Mittler zwischen den Menschen und Gott ist, der den Menschen den Namen Gottes klar vor Augen stellte und sie zu Gott führte. Gott hat so bei Franz einen vollen und tiefen Sinn, wie auch aus anderen Stellen der Reg. II erhellt, welche in der Reg. III überhaupt nicht vorkommen. Ein Stück der Theodicee und ein intensiver Gotteskultus tritt uns hier entgegen, welcher dem Franz eben so eigen, wie seinen Auslegern fremd war.

2. Franz geht in seiner Theodicee von den rein christlichen Begriffen der Allmacht Gottes und Nichtswürdigkeit der Menschen aus. Gott ist „altissimus et summus" und alles Gute stammt von ihm, denn er selbst ist gut (Luk. 18, 19) (c. 17; vgl. das begeisterte Lob in c. 23). Der Mensch soll all' dies Gute anerkennen und es mit Dank Gott wiedergeben. Jener Dank soll von Lobpreisung begleitet sein, damit Gott „omnes honores et reverentias, omnes laudes et benedictiones, omnes gratias et omnem gloriam" (ib.) annehme. Gleichzeitig aber soll das Verhältnis des Menschen zu Gott von heißer Liebe, Ergebenheit, ja Anbetung getragen sein. Wie Gott uns liebt (in der Reg. II wird von „divinus amor Patris et Filii et Spiritus Sancti", c. 17 und von „amor domini nostri Iesu Christi", c. 22 gesprochen), so sollen auch wir Gott mit unserem ganzen Streben, mit ganzer Sehnsucht, ganzem Willen und Gefühle lieben, weil Gott unser Schöpfer, Erlöser und Heiland ist (c. 23). Diese Liebe der Brüder soll umso größer sein, je freier von der Welt die Brüder sind. „Nunc autem", heißt es in der Reg. II c. 22 sogar, „postquam dimisimus mundum, nihil aliud habemus facere, nisi quod solliciti simus, sequi voluntatem Domini et placere

sibi." Franz bittet seine Brüder in der Liebe, welche Gott ist (1. Joh. 4, 16), daß sie alle Hindernisse beseitigen, alle Sorge ablegen, Gott so gut wie möglich dienen, ihn lieben, anbeten, ihn mit reinem Herzen und mit reinem Sinne verehren, ihn immer in ihrem Herzen aufnehmen (c. 22) und zu ihm sich flüchten mögen, als zum Hirten und Bischof unserer Seelen (1. Petr. 2, 25) (c. 22).

Diese Verehrung und Ergebenheit ist umso nötiger, je größer die Nichtswürdigkeit der Menschen ist. „Firmiter sciamus, sagt Reg. II c. 17, quia non pertinent ad nos nisi vitia et peccata." Unsere Sündhaftigkeit ist durch die Weisheit dieser Welt und die Schwachheit unseres Körpers bewirkt; der Geist des Körpers aber führt zu Worten und nicht zu Werken, zu einer äußerlichen Religion und nicht einer Religion des Geistes (ibid.). Der Körper ist der Seele feindlich und stirbt bald (c. 10); deshalb will der Geist des Herrn, daß unser Körper getötet, verachtet und verschmäht werde; hingegen führt uns derselbe Geist zur Demut, Geduld, zu geistlichem Frieden und sehnt sich nach der Furcht, Weisheit und Liebe Gottes (c. 17). Die Brüder sollen vor allem von diesem Geiste geleitet werden; sie sollen die Körper, die sie Jesus Christus übergeben haben, nun aus Liebe zu Gott den offenbaren und heimlichen Feinden nach dem Gebote des Herrn entgegenstellen (c. 16). Speziell sollen sie die drei Ordensgelübde einhalten: Gehorsam, Armut und Reinheit.

3. Alle diese **Ordensgelübde** bedeuten negativ die Verachtung des Leibes und der Welt, welche ein Korrelativ der Erhebung zu Gott und der Vereinigung mit Gott ist. Es ist nicht zu bezweifeln, daß das Ordensleben in der Reg. II in den breiten Rahmen der christlichen Ethik eingesetzt ist und daß es sich zwischen zwei Polen bewegt — zwischen Sünde und Erlösung. In der Reg. III hingegen ist das Ordensleben verengt und verflacht, denn es ist an die Pflichten des Ordens ohne eine höhere moralische Idee gebunden. In der Reg. II lesen wir von den Ordensgelübden ziemlich wenig, dafür umsomehr von sittlichem Leben überhaupt. In der Reg. III ist das Verhältnis umgekehrt. Die ganze „admonitio fratrum" in der Reg. II c. 22, welche starke und schöne Worte vom Hassen des sündigen Körpers, vom Achtgeben auf die Verführungen des Teufels, von der Zuwendung zu Gott, vom Ertragen der Verfolgungen und Leiden um Christi willen enthält, ist in die Reg. III nicht aufgenommen worden! Ein genauer Vergleich der Ordenspflichten in der Reg. II und Reg. III gibt folgendes Bild:

a) **Die Reinheit des Körpers** geht in der Reg. II aus dem Begriffe des unreinen und der Seele feindlichen Körpers hervor; die „castitas" ist deshalb das zweite Ordensgelübde (c. 1), die Brüder werden vor Beziehungen zu Frauen gewarnt und aufgefordert, alle ihre Glieder rein zu erhalten, wie Jesus seine Jünger warnte und aufforderte (Matth. 5, 28) (c. 12). Ein unzüchtiger Bruder soll ganz aus dem Orden vertrieben werden (c. 13). In der Reg. III tritt die „castitas" an die letzte Stelle der Ordensgelübde und den Brüdern werden bloß „suspecta consortia vel consilia mulierum" und das Betreten der Frauenklöster verboten; mehr als an der eigentlichen und persönlichen Reinheit liegt hier daran, daß die Brüder nicht Verdacht und Ärgernis innerhalb und außerhalb des Ordens erregen (vgl. oben, S. 79).

b) **Der Gehorsam** (oboedientia) ist in beiden Regeln das erste Gelübde (Reg. II c. 1, Reg. III c. 1). Oben (S. 121) habe ich dargelegt, wie verschieden in beiden Regeln der Gehorsam den Vorgesetzten gegenüber gefaßt wird. Hier bemerke ich, daß der Gehorsam ein Korrelativ der Demut (humilitas) und Geduld (patientia) ist.[1] In der Reg. II c. 9 wird die „humilitas" der „paupertas" angereiht, aber im c. 17 ist sie eine selbständige Tugend: „deprecor omnes fratres meos, ut studeant se humiliare in omnibus, non gloriari nec in se gaudere nec interius se exaltare de bonis verbis et operibus, immo de nullo bono, quod aliquando Deus dicit, facit et operatur in eis et per ipsos." In der Reg. III hat die „humilitas" eine mehr äußerliche Bedeutung, indem sie das Verhältnis der Brüder zu anderen Leuten regelt; die Brüder sollen nicht üppige Menschen verachten oder verurteilen, sondern eher „unusquisque iudicet et despiciat semetipsum" (c. 2); sie sollen demütig sein — „sicut decet" (c. 3) und „demütig" den Lohn für ihre Arbeit entgegennehmen, „sicut decet servos dei et paupertatis sanctissimae sectatores" c. 5). Vgl. auch oben, S. 124.

c) **Die Armut** (paupertas) ist in der Reg. II das dritte, in der Reg. III das zweite Ordensgelübde (Reg. II c. 1, Reg. III c. 1). Wie dieses Gelübde beim Eintritt in den Orden und im Ordensleben selbst erfüllt wer-

---

[1] S. auch Bart. Pisanus in Conform., l. I, fructus IX, Anal. IV, p. 422: „Ubi (d. h. in der Reg. III c. 10) ponit omnis obedientiae et humilitatis fundamentum, vid. abnegationem propriae voluntatis; hoc enim posito, quod homo abneget semetipsum, et consequenter suam voluntatem, sequitur immediate, quod homo sit obediens; sed hoc b. Franciscus ponit, dicens, quod „fratres subditi recordentur, quod propter Deum proprias voluntates abnegaverunt"._

den soll, habe ich oben (S. 129) dargelegt. Hier will ich die Armut als sittlichen Begriff ins Auge fassen. Von diesem Standpunkte erscheint die Armut in der Reg. II als Bedingung und Mittel, in der Reg. III eher als Ziel des wiedergeborenen Lebens. „Si vis perfectus esse, vade et vende omnia, que habes, et da pauperibus, et habebis thesaurum in celo; et veni, sequere me", heißt es in der Reg. II mit den Worten Matth. 19, 21; ähnlich wird weiter mit den Worten der Bibel Matth. 16, 24, Luk. 14, 26 und Matth. 19, 29 gesprochen. In der Reg. III fehlen alle diese Zitate, obwohl sie konstitutive Elemente der Lebensregeln der ersten Brüder enthalten. Wie die „paupertas" mit dem Kultus Gottes zusammenhängt, habe ich vor kurzem gezeigt (S. 143—144). In der Reg. III hingegen wird die „paupertas" bloß gepriesen und ihre Einhaltung wird zur Bürgschaft der Erlösung und himmlischen Belohnung. Die Brüder werden „servi Dei et paupertatis sanctissimae sectatores" (c. 5) genannt; sie sollen Gott in Armut und Demut dienen und „confidenter" um Almosen betteln, denn „haec est illa celsitudo altissimae paupertatis, quae vos, carissimos fratres meos, heredes et reges(!) regni caelorum instituit, pauperes rebus fecit, virtutibus sublimavit(!). Haec sit portio vestra, quae perducit in terram viventium (Ps. 141, 7); cui, dilectissimi fratres, totaliter inhaerentes, nihil aliud pro nomine domini nostri Iesu Christi in perpetuum sub caelo habere velitis" (c. 6). Wenn wir mit dieser offenbaren Exageration der Armut vergleichen, was Franz in der Reg. II von der zu vollkommenem Leben in Christo führenden Armut spricht (c. 1) und wie er die Armut einfach mit den Worten Christi als obersten Grundsatz eines tätigen Erdenlebens gebot (c. 14), sehen wir sofort den Unterschied im Geiste beider Regeln. Es scheint, daß der Kardinal Hugolino, von dem wahrscheinlich jenes Lob der Armut in der Reg. III stammt, mit den begeisterten Worten die Weglassung der angeführten Zitate aus der Bibel (Reg. II c. 1 und „nihil portent" aus c. 14) maskieren wollte; indem er außerdem die Idee der Armut von der Idee der Nachfolge Christi, welche durch die Predigt zur Buße verwirklicht wurde, trennte, machte er sie zu einer spezifischen Besonderheit des neuen Ordens, zu einer Ordenstugend an und für sich selbst, zum Selbstzweck der neuen kirchlichen Korporation.[1])

---

[1] Für die weitere Entwicklung s. von den Quellen, die unmittelbar an die Regel anschließen, zuerst die ältesten Regelauslegungen: Quattuor Magistri, ed. Firmam. 1513, III, f. 17 (Receptio cuiusdam rei prohibetur fratri Minori in proprietatem, infra c. VI. Receptio vero rerum aliquarum, conceditur ad

4. Die Lehre von der Sünde, Buße und Belohnung ergänzt in der Reg. II die Ausführungen von der Nachfolge Christi und der Verehrung Gottes durch die Befolgung der drei Ordensgelübde. Sie geht von der angeführten Anschauung aus, daß „non pertinent ad nos nisi vitia et peccata" (c. 17). Die Brüder sündigen durch menschliche Sünden und durch Nichteinhaltung der Ordensgelübde. In der Reg. II ist beides eine Sünde, denn die Regel enthält eben die Regeln des wiedergeborenen Lebens. Deshalb wird im c. 5 gesagt „carnaliter et non spiritualiter ambulare pro rectitudine vite nostre". Die Bestrafung dieser Sünden soll immer durch friedliches Ermahnen (c. 5) und geistliche Hilfe geschehen, damit der Teufel nicht wegen des Vergehens eines Bruders viele schädigen könne (ibid.); kurz, auch der Strafende soll sich nach dem Grundsatze des freiwilligen Dienens und gegenseitigen Gehorchens (ibid.) richten. Brüder, welche von den Geboten Gottes und vom Gehorsam abgewichen sind, verfluchen sich selbst, solange sie der Sünde nicht entsagen (ibid.). Ähnlich ist auch bei anderen Sünden persönliche Buße notwendig und es ist interessant, daß in der Reg. II folgende Klausel überall vorkommt: Der Bruder, welcher Geld bei sich behält, ist falsch und abtrünnig, „nisi vere penituerit" (c. 8); ein unzüchtiger Bruder soll aus dem Orden ausgeschlossen werden „et postea penitentiam faciat de peccatis suis" (c. 13). Die Brüder sollen ihre Sünden den Ordenspriestern oder anderen diskreten und katholischen Priestern beichten, „scientes firmiter et attendentes, quia a quibuscumque sacerdotibus catholicis acceperint penitentiam et absolutionem, absoluti procul dubio erunt ab illis peccatis, si penitentiam sibi iniunctam procuraverint humiliter et fideliter observare"; beichten können sie auch Mitbrüdern, aber Absolution können sie nur von Priestern bekommen; wenn sie Buße getan (contriti) und gebeichtet haben, sollen sie das allerheil. Altarsakrament entgegennehmen, um

---

usum. Receptio autem denariorum et pecuniarum et quantum ad proprietatem et quantum ad usum prohibetur omnino et per se et per interpositam personam, f. 17ª, cf. f. 18ª). – S. Bonaventura, Exp. Reg., Op. omnia VIII, 412–419. – Hugo de Digna, ed. Firm. III, f. 38ª–41ᵇ. – Petrus Ioh. Olivi, ed. Firm. III, f. 115ᵇ–116ᵇ. – A. Clarenus, ed. Oliger, p. 123 sq. Hier liest man z. B.: „Unde intentio b. Francisci prima et ultima fuit, quod fratres nichil proprium haberent, neque in speciali neque in communi" (p. 124, cf. 132); auf p. 121 ist von der „evangelice paupertatis altissima, fundamentalis et radicalis Ordinis Minorum et propria perfectio" die Rede. – B. Pisanus, Conf., l. I, fr. IX, p. II, ed. Anal. fr. IV, p. 400 sq. und 410 sq.

das ewige Leben zu erlangen (c. 20); wer in Buße (in penitentia) stirbt, wird des Himmelreiches teilhaftig, wer aber nicht bußfertig stirbt, wird Sohn des Teufels und geht dem ewigen Feuer entgegen (c. 21). In der Reg. III ist von dieser Reinigung von den Sünden überhaupt nicht die Rede, nur im c. 7 wird gesagt, daß die Minister Todsündern Buße „cum misericordia" auflegen sollen.

Die Bedingung der Erlangung des ewigen Lebens ist also die Buße (c. 21, l. c.). Aber neben dieser allgemein gültigen Bedingung muß der Himmel noch durch andere Werke verdient werden: negativ darf der Bruder kein Geld haben, weil vollkommene Armut Ordensgelübde ist: „Caveamus ergo nos, qui omnia reliquimus, ne pro tam modico regnum celorum perdamus" (c. 8); weiter unten wird gesagt, daß „illos vult diabolus excaecare, qui eam (pecuniam) appetunt vel lapidibus meliorem reputant" (c. 8). An anderer Stelle heißt es: „nec querant caras vestes in hoc seculo, ut possint habere vestimenta immortalitatis et glorie in regno celorum" (c. 2). Positiv erlangen die Brüder durch geduldiges Tragen der Schande und Verfolgung auf dieser Welt das ewige Leben: „de verecundiis recipient magnum honorem ante tribunal domini nostri Iesu Christi" (c. 9); deshalb sollen sich die Brüder nicht schämen, wenn es notwendig ist, zu betteln, weil so auch Chistus, Maria und die Jünger taten, und weil auch „elemosina est hereditas et iustitia, que debetur pauperibus, quam nobis adquisivit dominus noster Iesus Christus" (c. 9); alles, was die Menschen in der Welt zurücklassen, wird vergehen, aber „de caritate et de elemosinis, quas fecerant, habebunt premium a Domino" (ibid.). Ähnlich sollen die Brüder „quascumque anime vel corporis angustias et tribulationes in hoc mundo propter vitam eternam" (c. 17) ertragen; ja, sie sollen ihre Körper den Feinden entgegensetzen um Christi willen, denn wer um der Gerechtigkeit willen duldet, erlangt das Himmelreich (Matth. 5, 10) (c. 16), und was Feinde uns tun, hilft uns zu ewigem Leben (c. 22). Auch durch freudiges Tragen von Krankheit verdienen die Brüder himmlischen Lohn, denn „omnes, quos ad vitam preordinavit eternam deus (Act. 13, 48), flagellorum atque infirmitatum stimulis et compunctionis spiritu erudivit" (c. 10). Gott belohnt die Brüder auch für das Lieben und die Pflege der Mitbrüder, besonders in der Krankheit (c. 9). — Die Minister erlangen das himmlische Leben umso schwerer, je schwieriger ihr Amt ist, welches in der Verwaltung der Seelen der Brüder besteht (cura animarum fratrum); sie sind verpflichtet „in die iudicii reddere rationem coram domino Iesu Christo", und zwar für jede „propter eorum culpam et malum exemplum" verlorene Seele (c. 4). Sie sollen daher ihre und ihrer Brüder Seelen bewachen, denn „horrendum est incidere in manus Dei viventis" (Hebr. 31) (c. 5). — In der Reg. III verschwand diese ganze Eschatologie und der einzige Ausdruck dieser Art ist die Erklärung, daß die größte Armut alle Brüder „heredes et reges regni celorum instituit" (c. 6).

5. Die Tätigkeit der Brüder ist in der Reg. II viel weiter gefaßt als in der Reg. III. Die erste Tat, die von den Brüdern verlangt wurde, war die vollkommene Befreiung aus den Banden der Familie und des Besitzes, wie ich oben darlegte (S. 123—124). Wenn sie in den Orden eingetreten sind, sollten sie immer Gutes tun bis zum Ende; „et licet dicantur hypocrite, non tamen cessent bene facere" (c. 2); zum Ausharren im Guten werden die Brüder am Ende des c. 16 („Qui autem perseveraverit usque in finem, hic salvus erit", Matth. 10, 22) und im c. 21 („Cavete et abstinete ab omni malo et perseverate usque in finem in bono") aufgefordert. Auch zu steter Arbeitsamkeit werden die Brüder ermahnt: „Omnes fratres studeant bonis operibus insudare, quia scriptum est (Hieron.): 'Semper facito aliquid boni operis, ut te diabolus inveniat occupatum.' Et iterum (Anselm.): 'Ociositas inimica est anime.' Ideo servi Dei semper orationi, vel alicui bone operationi insistere debent" (c. 7). In der Reg. III c. 5 erscheint diese Stelle folgendermaßen paraphrasiert: „Fratres ... laborent fideliter et devote, ita quod, excluso otio animae inimico, sanctae orationis et devotionis spiritum non exstinguant, cui debent cetera temporalia deservire." Wie man sieht, nimmt in der Reg. III das kontemplative Leben die erste Stelle ein, eine andere Tätigkeit wird nur als Mittel gegen Trägheit zugelassen; die Reg. II hingegen verteilt harmonisch Aktivität und Kontemplation.

a) Der erste Ausdruck des aktiven Lebens der Brüder war die Sorge für die Kranken, welche die Hilfe der Nächsten am meisten brauchen. Franz begann ja sein neues Leben eben mit der Sorge für Aussätzige (Testam. c. 1) und in der Reg. II finden wir noch schwache Spuren davon; im c. 9 wird gesagt: „Et debent (fratres) gaudere, quando conversantur inter viles et despectas personas, inter pauperes et debiles et infirmos et leprosos et iuxta viam mendicantes. Et cum necesse fuerit, vadant pro elemosinis." Im c. 8 wird gesagt, daß „fratres in manifesta necessitate leprosorum possunt pro eis querere elemosinam". Etwas früher wird der Begriff „elemosina" also begrenzt: „Et nullo modo fratres recipiant nec recipi faciant nec querant nec queri faciant pecuniam vel pecunie elemosinam nec denarios pro aliquibus domibus vel locis, nec cum persona pro talibus locis pecunias vel denarios querente vadant" (c. 8). Daraus gehen zwei Tatsachen hervor: 1. daß die Brüder freudig mit Kranken verkehren sollten; 2. daß die Brüder für diese Kranken und speziell für Aussätzige in Zeiten der Not um Almosen bitten konnten, aber dies Almosen durfte nicht aus Geld bestehen. Damit ist auch festgesetzt, daß ein Bitten um Almosen in anderen Fällen der Reg. II zufolge nicht existiert hat und daß daher das Betteln in der Reg. II eine unbekannte Sache war. In der Reg. III c. 6 hingegen wird allgemein und in enger Verbindung mit dem Gelübde der Armut gesagt: „Et tamquam 'peregrini et advenae' (1. Petr. 2, 11) in hoc saeculo, in paupertate et humilitate Domino famulantes, vadant pro elemosyna confidenter ..." So konnte das Betteln als wesentlicher Teil oder natürliche Konsequenz des Ordensgelübdes der Armut aufgefaßt werden, welches an und für sich, wie oben (S. 146) dargelegt wurde, die Summe der Lehre und des Lebens des Ordens umfaßte.

Die zweite Äußerung des aktiven Lebens der Brüder bestand in der körperlichen Arbeit. Die Brüder betätigten sich als Diener und Handwerker. In der Reg. II c. 7 wird deshalb von Brüdern gesprochen „in quibuscumque locis steterint apud alios ad serviendum vel laborandum", und es wird ihnen befohlen, in den Häusern, „in quibus serviunt", kein Amt anzunehmen, sondern „subditi omnibus, qui in eadem domo sunt", zu sein. Dann wird in demselben Kapitel besonders von Brüdern gesprochen, „qui sciunt laborare", d. h. welche ein Handwerk ausüben können, „quam noverint"; sie sollen dieses Handwerk weiter ausüben und können zu diesem Zwecke die „ferramenta suis artibus opportuna" behalten. Im c. 8 wird in Übereinstimmung mit diesen Sätzen gesagt: „Alia autem servitia, que non sunt contraria vite vostre, possunt fratres facere cum benedictione Dei." In der Reg. III steht über diese Arbeit kein Wort (s. oben S. 64)!

Die dritte Äußerung aktiven Lebens war die Predigt. Bis zur Genehmigung der Regel durch den Papst im Sommer 1210 kann von einer Predigt der Brüder nicht die Rede sein; bis dahin zogen die Brüder durch die Welt und forderten nur durch Wort und Beispiel auf, Buße zu tun und der Gebote Gottes eingedenk zu sein (vgl. 3 soc. 36: „ut eamus per mundum, exhortando omnes populos tam exemplo, quam verbo ad agendam poenitentiam de peccatis suis et habendam memoriam mandatorum Dei."). Erst als Papst Innocenz III. dem Franz „licentiam praedicandi ubique poenitentiam" gab (3 soc. 51) und Franz diese Erlaubnis auch anderen Brüdern erteilte, begannen die Brüder zu predigen. Inhaltlich war die Predigt der Brüder nicht dogmatisch, sondern nur moralisch (Felder, S. 63, cf. Mandonnet, Les origines, p. 13—15) und formell bezog sie sich auf die ganze Welt, da diese Tätigkeit nomadisch ausgeübt wurde und einen universellen Charakter hatte. Diese beiden Zeichen der Predigt der ersten Franziskaner finden ihren Ausdruck in der Reg. II, in der Reg. III aber können sie nicht entdeckt werden. In beiden Regeln wird vom „vadere per mundum" gesprochen, ohne welches die Predigttätigkeit unmöglich war. In der Reg. II sollten das „vadere per mundum" folgende Momente begleiten: 1. das Auftreten mit unbekleideten Füßen (nihil portent in via); 2. der altfranziskanische Gruß (Pax huic domui); 3. das Essen der vorgesetzten Speisen im Hause. In der Reg. III aber wird 1 weggelassen und vor die Momente 2 und 3 das ehrerbietige, demütige und ehrbare Auftreten gestellt, welches jetzt das Moment 1 ersetzt und offensichtlich auf den Eindruck Rücksicht nimmt, welchen die Brüder bei anderen Personen hervorrufen sollten (nec alios iudicent, ... honeste loquentes omnibus, sicut decet, et non debeant equitare). Dieser Unterschied im Auftreten wurde allerdings schon dadurch bewirkt, daß der Reg. III zufolge die Prediger ständige und nur approbierte Brüder (d. h. gelehrte Brüder) waren (c. 9), während in der Reg. II der General Prediger ohne Rücksicht auf die Bildung und nur für die Zeit der einzelnen Missionen bestellte; es waren gewöhnlich die zeitweiligen Provinzialminister (deshalb heißt es in der Reg. II c. 17: Et nullus minister vel predicator appropriet sibi ministerium fratrum vel officium predicationis, sed quacumque hora ei iniunctum fuerit, sine omni contradictione dimittat suum officium).[1] Es ist begreiflich, daß die nomadische Art der Predigt schon dadurch beschränkt wurde, daß die Brüder einer Prüfung unterzogen wurden; ihre Tätigkeit war ganz vom Ordensgeneral abhängig und durfte auch nicht die Grenzen der bischöflichen Jurisdiktion überschreiten, denn es wurde bestimmt, daß die Brüder „in episcopatu alicuius episcopi, cum ab illo illis fuerit contradictum" nicht predigen sollen (Reg. III c. 9,

---

[1] Daß es nicht alle Brüder waren, sondern nur jene, welche die Bewilligung zur Predigt hatten, hat Mandonnet, l. c., p. 15 n. 3, gegen K. Müller bewiesen. Vgl. oben S. 116.

vgl. oben, S. 72). Auch die Predigttätigkeit unter den Ungläubigen wurde nun beschränkt; in der Reg. II c. 16 wurde diese Tätigkeit mit den Worten der Bibel (Matth. 10, 16) proklamiert und die Erlaubnis des Ministers hiezu fast geboten, während in der Reg. III c. 12 diese Tätigkeit der persönlichen Initiative (divina inspiratio) überlassen und an die Erlaubnis der Provinzialminister geknüpft wurde, welche sie nur Fähigen erteilen sollten.

Auch inhaltlich besteht ein interessanter Unterschied zwischen Reg. II und Reg. III. In der Reg. II wird darauf Wert gelegt, daß die Brüder mehr durch gute Taten und persönliches Beispiel, als mit Worten predigen sollen (Omnes tamen fratres operibus predicent, c. 17). In der Reg. III c. 9 hingegen ist von vorsichtiger Beredsamkeit und kurzer Bußpredigt die Rede: „Moneo quoque et exhortor eosdem fratres, ut in praedicatione, quam faciunt, sint examinata et casta eorum eloquia (Ps. 11, 6), ad utilitatem et aedificationem populi, annuntiando eis vitia et virtutes, poenam et gloriam cum brevitate sermonis, quia verbum abbreviatum fecit Dominus super terram" (Rom. 9, 28). Diese „examinata eloquia" und „brevitas sermonis" ist der altfranziskanischen Predigt völlig unbekannt, welche der Reg. II zufolge einzig ein Lob Gottes und und ein herzliches Ermahnen aller Menschen zur Buße, Freigebigkeit, zum Verzeihen, Beichten der Sünden, zur Enthaltsamkeit von allem Bösen und zum Ausharren im Guten bis ans Ende (c. 21, vgl. auch c. 16 von der Predigt unter den Ungläubigen) sein sollte und immer war.

b) Das kontemplative Leben ist in keiner Regel durch genügende Vorschriften geordnet. Wahrscheinlich hängt dies damit zusammen, daß die Brüderschaft als Ganzes einem energischen individuellen und sozialen Leben zugewandt war und die Kontemplation für eine Angelegenheit auserwählter Einzelner angesehen wurde. Wenigstens bestimmt Franz in seiner „Regel" der Brüder-Eremiten (De religiosa habitatione in eremo), daß nur drei, höchstens vier Brüder eine Hütte bewohnen und daß von ihnen nur zwei das Leben der Maria Magdalena führen sollen. Das kontemplative Leben im Orden selbst sollte auf Gebet und Fasten beschränkt sein. Auch hier geht die Reg. II von der Schrift aus, indem sie Gebet und Fasten nach den Worten Mark. 9, 28, Matth. 6, 16, Matth. 26, 41 und Luk. 9, 2 gebietet. Speziell werden das officium, Lobgesänge (laudes) und Gebete (orationes) für alle Brüder, Kleriker und Laien, festgesetzt. Es scheint, daß diese „laudes" ein besonderer Teil des officiums waren, welches im übrigen das gewöhnliche officium der lateinischen Kirche war (vgl. oben, S. 60 n.), und daß dieser Teil im c. 23 der Reg. II selbst sich befindet (Oratio, laus et gratiarum actio). Den Unterschied des officiums in der Reg. II und Reg. III habe ich schon oben dargelegt (S. I. c.); hier füge ich nur hinzu, daß beide Officien (das erste mit 86, das zweite mit 76 Vaterunsern nebst anderen Stücken) einen großen Teil der Tages- oder Nachtzeit in Anspruch nehmen mußten. Daß Franz selbst fleißig im Beten war (welches ihm immer zu Lobpreis und Gedicht sich wandelte), bezeugt ganz klar der Umstand, daß er 1. „laudes", welche mit den Worten begannen „Sanctus, sanctus, sanctus", die er „ad omnes horas diei et noctis" sagte; 2. „laudes de virtutibus"; 3. eine „salutatio b. Mariae Virginis" und 4. Psalmen auf die Passion des Herrn verfaßte, welche er der „oratio", „Sanctissime Pater noster", den angeführten „laudes" und der Antifona von der Jungfrau Maria anschloß und so ein ganzes „officium passionis Domini" zusammenstellte. In der Reg. III hingegen wurde das officium der römischen Kirche eingeführt und so die bewunderungswürdige lithurgische Poesie der ersten Zeiten beendet oder wenigstens beschränkt. — Im Fasten gewährte die Reg. III, wahrscheinlich mit Willen des Franz selbst (s. oben, S. 60), den Brüdern eine gewisse Erleichterung.

6. Die Brüder waren in ihrer Tätigkeit nicht nur durch die Regel, sondern auch durch die Kirche gebunden, denn sie waren der kirchlichen Organisation eingefügt. Das Verhältnis zur Kirche hat natürlich auch in den Regeln seinen Ausdruck gefunden und es ist interessant, die Reg. II und Reg. III auf diesen Punkt hin zu vergleichen. Wir können hier das Verhältnis der Brüder zum Papste, zur Lehre und Verfassung der Kirche und zu den Priestern unterscheiden.

a) Dem Papste gegenüber wird das Haupt des Ordens als Rechtsperson zu „Gehorsam und Ehrerbietigkeit" verpflichtet; in der Reg. II (bzw. Reg. I) gilt diese Verpflichtung dem Papste Innocenz und seinen Nachfolgern, in der Reg. III genauer „dem Papste Honorius ac successoribus eius canonice intrantibus et ecclesiae Romanae" (c. 1, vgl. oben, S. 105) gegenüber. In der Reg. II c. 24 wird die Regel als unantastbares Gesetzbuch erklärt, was Franz „ex parte Dei omnipotentis et domini pape et per obedientiam" gebietet; in der Reg. III wurde diese Klausel vorsichtigerweise weggelassen, denn der Papst konnte nicht zur Unveränderlichkeit der Ordenskonstitution seine Zustimmung erteilen. Übereinstimmend nehmen die Reg. II c. 2 und die Reg. III c. 2

die päpstliche Verordnung vom Noviziate auf, welche durch die Bulle vom 22. September 1220 geschah. In der Reg. III wurde der Orden fester an den päpstlichen Stuhl geknüpft, denn die Minister mußten „per obedientiam" vom Papste einen Kardinal-Protektor erbitten (c. 12, vgl. oben, S. 81) und der Papst konnte die Erlaubnis zum Betreten der Frauenklöster erteilen (c. 11, vgl. oben, S. 79).

b) Das Verhältnis der Brüder zur Lehre und Verfassung der römischen Kirche wurde in beiden Regeln wesentlich auf gleiche Weise geordnet, obwohl auch hier bemerkenswerte Nuancen zu konstatieren sind. In der Reg. II c. 2 wird von der Aufnahme der Brüder allgemein gesagt: „Et nullus recipiatur contra formam et institutionem sancte ecclesie"; in der Reg. III wird aber den Ministern ganz genau befohlen, die neuen Brüder „diligenter de fide catholica et ecclesiasticis sacramentis" zu prüfen und sie erst dann in den Orden aufzunehmen, „si haec omnia credant et velint ea fideliter confiteri et usque in finem firmiter observare" (c. 2). Mehr wird in der Reg. III von der „Katholizität" der Brüder im Orden nicht gesprochen, weil die Prüfung beim Noviziate zugleich das Gelübde der Rechtgläubigkeit während des ganzen Lebens in sich schloß. In der Reg. II war dies natürlich nicht der Fall und deshalb wurden die Brüder zur Katholizität besonders aufgefordert: „Omnes fratres sint catholici, vivant et loquantur catholice. Si quis vero erraverit a fide et vita catholica in dicto vel in facto et non se emendaverit, a nostra fraternitate penitus expellatur" (c. 19). Trotz aller Strenge zeugt dieser letzte Satz für eine gewisse Freiheit, denn dazu war auch der gewöhnliche Laie im Mittelalter verpflichtet. Zur Rechtgläubigkeit wurden besonders die Prediger ermahnt, jedoch wieder nur in der Reg. II, wo gesagt wird: „Nullus fratrum predicet contra formam et institutionem ecclesie" (c. 17); in der Reg. III werden diese Worte wieder durch die Prüfung und Approbation ersetzt, der jeder Prediger vor dem Ordensgeneral unterworfen ist (c. 9). Die Verschiedenheit der liturgischen Abhängigkeit der Brüder von der Kirche kommt darin zum Ausdruck, daß in der Reg. II c. 3 die Brüder-Kleriker das officium für Lebende und Tote „secundum consuetudinem clericorum Romane ecclesie" (d. i. das officium der lateinischen Kirche), in der Reg. III c. 3 „secundum ordinem Romanae ecclesiae" (d. i. das römische officium) halten sollten.

c) Den Priestern sind die Brüder bedingungslose Ehrfurcht schuldig. Aber merkwürdigerweise finden wir in der Reg. III kein Wort über Priester außerhalb des Ordens und der Orden erscheint in seinen Funktionen als geschlossene und sich selbst genügende Gesellschaft. Dies kommt besonders in der Bestimmung von der Buße der Brüder für begangene Schuld zum Ausdruck. In der Reg. II c. 20 heißt es: „Fratres mei benedicti, tam clerici, quam laici, confiteantur peccata sua sacerdotibus nostre religionis. Et si non potuerint, confiteantur aliis discretis et catholicis sacerdotibus ... Si vero tunc sacerdotem habere non potuerint, confiteantur fratri suo." In der Reg. III ist von diesem Verlaufe der Beichte überhaupt nicht ausdrücklich die Rede, sondern es wird bloß der Strafvorgang (Auferlegung der Buße) angedeutet, und zwar ganz anders, als in der Reg. II der Beichtverlauf vorgeschrieben wird; es heißt hier, daß die Brüder, welche eine Schuld begangen haben, nur zu den Provinzialministern rekurrieren sollen und diese haben ihnen die Buße vorzuschreiben, „si presbyteri sunt". „Si presbyteri non sunt, iniungi faciant per alios sacerdotes ordinis" (c. 7). Von Priestern, welche außerhalb des Ordens stehen, ist überhaupt nicht mehr die Rede, der Orden soll auch in den gottesdienstlichen Funktionen sich selbst genügen. — Interessant ist, daß aus der Reg. III auch die charakteristische Ergebenheit verschwindet, welche Franz Priestern gegenüber bekannte und welche auch in der Reg. II zum Ausdruck kam (vgl. auch Testam. c. 3); es heißt hier im c. 19: „Et omnes clericos et omnes religiosos habeamus pro dominis in hiis, que spectant ad salutem anime et a nostra religione non deviant, et ordinem et officium eorum et administrationem in Domino veneremur." Ebenso ehrerbietig drückt sich die Reg. II im c. 23 aus (Et domino deo universos et omnes ecclesiasticos, ordines, sacerdotes ... diligamus), in der Reg. III aber sind alle Äußerungen dieser Art unterdrückt. Jener hilfsbereite und intermediare Charakter, welcher der Brüderschaft ursprünglich eigen war, verschwand in der offiziellen Regel ganz.

7. An letzter Stelle will ich die persönliche Freiheit der Brüder ins Auge fassen, wie sie in beiden Regeln sich spiegelt. Von diesem Standpunkte ist vor allem bemerkenswert, zu wie vielen Dingen die Brüder in der Reg. II und zu wie wenigen und bedingten Dingen sie in der Reg. III verpflichtet sind. Ich habe mir alle Bestimmungen und Vorschriften notiert, welche allen Brüdern ohne Unterschied (omnes fratres) gelten, und habe gefunden, daß ihrer in der Reg. II 24 sind, die Reg. III aber nur eine einzige enthält. In der Reg. II werden „omnes fratres" zu Folgendem aufgefordert oder verpflichtet: 1. teneantur obe-

dire fratri Francisco et eius successoribus, c. 1 (in der Reg. III ist „omnes" weggelassen, vgl. oben, S. 105 n.); 2. vilibus vestibus induantur, c. 2 (ebenso in der Reg. III c. 2); 3. faciant divinum officium, laudes et orationes, c. 3; 4. ieiunent, ibid. (auch im c. 4 wird von „omnes fratres" gesprochen, aber gemeint sind nur die Minister); 5. facta ministrorum et servorum considerent rationabiliter et diligenter, c. 5; 6. caveant, quod propter peccatum irascantur, ibid.; 7. non habeant aliquam potestatem vel dominationem maxime inter se, ibid.; 8. evagati sciant se esse maledictos extra obedientiam, ibid.; 9. vocentur fratres minores, c. 6; 10. non sint camerarii, etc., sed sint minores et subditi omnibus, c. 7; 11. studeant bonis operibus insudare, c. 7; 12. negativ: nullus fratrum ... accipiat ... pecuniam, c. 8; 13. teneamus eum (qui pecuniam haberet) pro falso fratre, ibid.; 14. caveant, ut pro nullo turpi lucro terras circumeant, ibid.; 15. studeant sequi humilitatem et paupertatem, c. 9; 16. caveant sibi, ut non calumnientur aliquem, c. 11; 17. caveant sibi a malo visu et frequentia mulierum, c. 12; 18. nullo modo bestiam aliquam habeant, c. 15 (vgl. Reg. III c. 3); 19. accordentur, quod reliquerunt corpora sua d. I. Christo, c. 16; 20. operibus predicent, c. 17; 21. caveamus ab omni vana gloria et superbia, ibid.; 22. sint catholici, c. 19; 23. attendamus, quod dicit Dominus: „Diligite inimicos vestros", c. 22; 24. custodiamus nos multum, ne ... tollamus mentem nostram et cor a domino, ibid.[1] Außerdem wird allen Brüdern folgendes erlaubt oder zu folgendem die Möglichkeit gegeben: 1. liceat eis habere ferramenta suis artibus oportuna, c. 7; 2. quandocumque necessitas supervenerit, liceat universis fratribus uti omnibus cibis, c. 9; 3. similiter etiam tempore manifeste necessitatis faciant omnes fratres de eorum necessariis, sicut eis Dominus gratiam largietur, ibid.; 4. annuntiare possunt ... hanc exhortationem, c. 21.[2]

---

[1] Ich füge noch hinzu, daß den Brüder-Analphabeten nicht erlaubt ist, Bücher zu haben, c. 3; es wird nicht erlaubt, außerhalb des Ordens sich aufzuhalten, c. 2, und nicht erlaubt, auf Pferden zu reiten, c. 15.

[2] Das sind Fälle, in welchen „omnes fratres" ausdrücklich genannt werden; außerdem wird den Brüdern erlaubt: 1. alle vorgesetzten Speisen zu essen, c. 3 und 9; 2. Eiseninstrumente zu besitzen, c. 7; — es wird ihnen die Möglichkeit geboten, folgendes zu tun: 3. von neuen Brüdern notwendige Dinge entgegenzunehmen (aber nicht Geld), c. 2; 4. sich die Kleidung aus Säcken zu nähen, c. 2; 5. bloß notwendige Bücher zu besitzen, c. 3; 6. als Arbeitslohn außer Geld alles Nützliche anzunehmen, c. 7; 7. Dienste zu verrichten, welche nicht gegen die Regel sind, c. 8; 8. um Almosen für Aus-

In der Reg. III werden alle Brüder ausdrücklich nur zu einem verpflichtet: „vestimentis vilibus induantur" (c. 2). Dies gilt natürlich nur vom Buchstaben des Gesetzes, aber auch das ist interessant. Ähnlich wird die „necessitas" in der Reg. III in weniger Fällen, als in der Reg. II zugelassen; es werden in der Reg. III folgende Fälle angegeben: 1. qui necessitate coguntur, possint portare calceamenta, c. 2; 2. tempore manifestae necessitatis non teneantur fratres ieiunio corporali, c. 3; 3. non debeant equitare, nisi manifesta necessitate vel infirmitate cogantur, ibid. (ähnlich in der Reg. II c. 15); 4. pro necessitatibus infirmorum et aliis fratribus induendis ... sollicitam curam gerant secundum loca et tempora et frigidas regiones, sicut necessitati viderint expedire, c. 4.[1] — Interessanter für den Geist der Reg. III (und es wird nicht des Tadels wegen erwähnt) ist der Umstand, daß in dieser offiziellen Regel den Brüdern im Ordensleben und in der Erfüllung seiner Bestimmungen größere Freiheit gewährt wird, wie aus folgenden Fällen hervorgeht: 1. bei der Aufnahme werden die Brüder geprüft und aufgenommen, „sic haec omnia credant et velint ea fideliter confiteri et usque in finem firmiter observare", c. 2; 2. wenn sie ihren Besitz nicht den Armen schenken können, „sufficit eis bona voluntas", ibid. (in der Reg. II c. 2 heißt es ähnlich „sufficit ei"); 3. neue Brüder „libere faciant de rebus suis, quidquid dominus inspiraverit eis", ibid. (fehlt in der Reg. II); 4. die Professen können die Tunika ohne Kapuze tragen, „qui voluerint habere", ibid. (in der Reg. II wird dies nur im Falle größter Notwendigkeit zugelassen); 5. die Brüder können die Kleidung aus Säcken und anderen Stücken nähen, ibid. (ebenso in der Reg. II c. 2); 6. die Brüder „habere potuerunt breviaria" aus dem Psalter, c. 3; 7. die Brüder können freiwillig während der „Quadragesima" fasten: „qui voluntarie eam ieiunant, benedicti sint a Domino, et qui nolunt, non sint astricti", c. 3; 8. die Brüder sind zum Fasten höchstens am Freitag verpflichtet, ibid. (ebenso in der Reg. II c. 3); 9. die Minister und

---

sätzige zu bitten, c. 8; 9. auf zweierlei Art unter Ungläubigen zu wirken, c. 11; 10. der Minister kann mit den Brüdern auf dem Kapitel zusammenkommen, c. 18.

[1] In der Reg. II wird die Notwendigkeit in folgenden Fällen zugelassen: 1. die Tunika ohne Kapuze zu tragen, c. 2; 2. um Almosen zu bitten, c. 7, 8, 9; 3. alle vorgesetzten Speisen zu essen, c. 9; 4. notwendige Dinge nach Belieben zu gebrauchen, ibid.; 5. einen kranken Bruder einer guten Person anzuvertrauen, c. 10.

Kustoden können die Provinzialkapitel einberufen, „si voluerint et eis expedire videbitur", c. 8.

Allerdings hatte diese größere Freiheit nur in der besseren Erfüllung der eigentlichen Ordensvorschriften und in einem vollkommeneren, dem Orden und dadurch der Kirche und Gesellschaft geweihten Dienste ihren Sinn. Die Freiheit bezog sich auf den **Mönch** und nicht auf den **Menschen**, dessen freier Wille tot war. „Fratres, qui sunt subditi, recordentur, quod propter Deum abnegaverunt proprias voluntates."...

REGISTER

A. QUELLENREGISTER

(Bezieht sich nur auf die ursprünglichen Quellen und die Schriften des hl. Franz)

Actus b. Francisci et sociorum eius, ed. P. Sabatier (Collection, t. IV): c. 1: 110, 132 (d. h. c. 1 auf der S. 110, 132). – c. 3: 107. – c. 4: 110. – c. 12: 110. – c. 13: 111. – c. 20: 30 n., 37, 131 n., 135, 136, 137. – c. 22: 132, 132 n. – c. 25: 110. – c. 29: 106 n., 118, 125. – c. 41: 110. – c. 61: 39, 132. – c. 62: 107. – c. 69: 132. – c. 73: 132

Actus b. Francisci in Valle Reatina, ed. Sabatier in Speculum perfectionis: c. 2: 2 n. – c. 13: 28 n., 41 n., 46

Admonitiones s. Francisci (cf. Francisci S. Opuscula): c. 3: 122 n. – c. 3 et 4: 73. – c. 10–13, 17–19, 21–26, 28: 120 n. – c. 13 et 27: 78. – c. 19–21, 26: 133 n.

Angelus Clarenus, s. Clarenus Angelus

Anonymus Perusinus (ed. in A. SS., Oct., t. II): c. 10, 11: 12 n., 30 n., 31, 32, 33 n., 34 n., 43

Bartholi Franc. Fr., Tractatus de indulgentia Porciunc., ed. Sabatier (Collection, t. II): 19 n., 33 n., 43 n., 50 n., 53 n.

Bartolomaeus Pisanus, Conformitates (ed. in Anal. Francisc., t. IV et V): t. I, fructus IX: 2 n., 44 n., 46, 51 n., 63 n., 65 n., 67–68 n., 74 n., 79 n., 88, 109 n., 119 n., 124 n., 145 n., 147 n.; fructus XII: 28 n.

Biographus Secundus (ed. in A. SS., Oct., t. II): 2 n., 28

Bonaventura S., Legenda maior (ed. Ad Aquas Claras): III. 8: 2; IV. 3: 28, 29 n.; IV. 11: 43, 44, 48. – Exp. reg. 147 n.

Burchardus: Chronicon 131 n.

Celano, Thomas de: Vita S. Francisci Assisiensis, prima et secunda, ed. P. Ed. Alenconiensis. – Vita prima: 1 Cel. 17: 12 n.; 27. 29: 140 n.; 28: 140 n.; 29: 128, 129; 30: 140 n.; 31: 131; 32: 2, 10, 11 n., 12; 37: 135 n., 141; 37–38: 27; 38: 12–13, 20, 23, 100, 124; 39: 31 n., 130 n.; 40: 30 n.; 41: 13, 29; 42. 43: 29 n.; 45: 28 n.; 48: 112 n., 139; 55: 141; 56: 135 n., 141; 57: 32; 73: 106 n.; 74: 32, 33; 75: 134; 77: 112 n.; 79: 128 n.; 82: 28 n.; 98: 107; 99: 106 n.; 99–100: 39, 81; 102: 111. – Vita secunda: 2 Cel. 15: 12 n.; 25: 81, 106 n.; 28: 108 n.; 39: 111 n., 132; 40: 128, 132; 43: 128 n.; 56: 85; 57: 135; 58: 39; 67: 107 n.; 75: 132; 86: 128 n.; 87: 128 n.; 88: 128 n.; 90: 128 n.; 91: 107 n.; 92: 128 n.; 128: 6, 7, 12 n., 13–14, 21, 37; 130: 128 n.; 139: 109 n.; 143: 101 n., 108, 114, 122; 144: 111; 151: 107, 108 n., 111; 160: 28 n.; 163: 91, 119; 175: 7, 14, 21; 182: 107 n.; 184: 107 n.; 186: 112; 190: 110, 124 n.; 191: 132 n., 137; 201: 86; 208: 30–31; 209: 43, 44; 215: 111; 216: 107 n.

Chronicon XXIV Generalium (ed. in Anal. Franc., t. III): 131 n.

Clarenus Angelus: Expositio regulae, ed. Oliger: 2 n., 10 n., 17, 33 n., 38 n., 40 n., 41 n., 44 n., 51 n., 60 n., 65 n., 70 n., 74 n., 79 n., 100 n., 102 n.,

106 n., 109 n., 118, 118 n., 122 n., 127 n., 129 n., 132 n., 147 n. – Historia tribul., ed. Döllinger: 39 n., 40 n., 44 n., 47, 52 n., 74 n. – Epist. 122 n.

Eccleston, Thomas de: Chron. (ed. A. G. Little) c. 6: 135

Epistolae s. Francisci (cf. Francisci S. Opuscula): a) ad capitulum generale 87, Prol.: 6. – c. 5: 101. – b) ad clericos 87. – c) ad custodes 87, 118. – d) ad ministrum 47–51

Francisci S. Opuscula, ed. Boehmer (Analekten) und P. Lemmens. V. Admonitiones. – Epistolae: ad capitulum generale, ad clericos, ad custodes, ad ministrum. – Regulae: I, II, III. Regula de religiosa habitatione in eremo. – Testamentum. – Franzens Ausdruckweise 69, 77–78, 82 und Gesinnungsweise 73

Glaßberger: Chronica (ed. in Anal. Franc., t. II) 117

Hugo de Digna: Exp. reg. (ed. Firmam., t. III) 18, 21–22, 63 n., 79 n., 109 n., 118 n., 147 n.

Jordanus de Jano: Chronica, ed. H. Boehmer (Collection, t. VI); c. 3: 35, 136 n., 141. – c. 4: 15. – c. 6: 34 n., 130. – c. 7: 111 n. – c. 9: 112. – c. 10: 142 n. – c. 11: 3 n., 15, 16, 20, 37, 42, 106, 119, 128 n. – c. 12: 38. – c. 13: 119. – c. 14: 38 n., 39, 81, 132. – c. 15: 9, 15, 23, 41 n., 39, 39 n. – c. 16: 39 n., 121, 134, 136, 137, 138. – c. 17: 112, 137, 138. – c. 18: 138. – c. 19: 103 n., 111 n., 119 n., 138. – c. 20: 131 n., 139. – c. 21: 110, 139. – c. 23: 103 n. – c. 24: 111 n. – c. 26: 117 n., 138 n., 139. – c. 30: 117. – c. 31: 117. – c. 33: 117, 117 n., 119, 139. – c. 35: 119. – c. 37: 118, 119, 139. – c. 38: 103 n. – c. 41: 111 n. – c. 43: 103 n. – c. 44: 103 n. – c. 45: 103 n. – c. 48: 103 n. – c. 50: 107, 109 n. – c. 51: 117, 118, 119, 139. – c. 52:

114, 117, 118. – c. 54: 114, 118, 120, 139. – c. 55: 103 n. – c. 56: 120. – c. 57: 117, 120, 139. – c. 58: 111 n., 114, 120, 139. – c. 61: 112 n., 117. – c. 62: 120. – c. 63: 120. – c. 68: 117. – c. 69: 139. – c. 71: 114 n, 117. – c. 75: 114 n., 117, 120. – c. 77: 120. – c. 78: 114 n. – J. zieht viele Ereignisse in eines zusammen 39 n.

Legenda trium sociorum (3 soc.), ed. M. Faloci Pulignani: 3 soc. 1: 110, 111 n.. 119; 20: 123; 25: 62, 128; 27: 110, 111; 27–29: 124 n., 127; 29: 12, 62, 84, 127; 32: 127; 33: 140, 140 n.; 34: 134; 35: 3, 14, 19, 20, 102, 127; 36: 102, 140, 150; 37: 100, 101, 140; 39: 128, 130 n., 140; 40: 140; 41: 127, 128, 134, 140; 42: 128; 43: 128; 44: 128, 140; 45: 123, 140; 51: 2 n., 14–15, 72, 109, 140, 151; 52: 11; 54: 135 n., 141; 55: 135 n.; 57: 30, 111, 114, 115, 134, 136, 137; 57–59: 137; 58: 57; 59: 30 n., 37, 109, 119 n., 137, 138; 59–60: 102 n.; 60: 106 n., 119, 128, 131; 61: 32, 33, 138 n.; 62: 34, 35 n.. 36 n., 43, 70, 112, 134, 141 n.; 63: 106 n.; 64: 36 n.; 65: 39, 81, 106 n.; 66: 36. 81, 104, 112, 114, 128

Leo Br.: Scripta, bes. Intentio Regulae, ed. P. Lemmens 39 n., 40 n., 40 n., 45 n., 46, 47, 53, 57 n., 74, 85, 100 n. – Seine Teilnahme an der Abfassung der R. III: 46 n., 52, 82; vgl. Regel

Marianus von Florenz: Chron. 45 n., 88

Quattuor Magistri: Expos. Reg., aus d. J. 1240–42 (ed. Firmam., t. III): c. 3: 60 n. – c. 8: 118 n., 146 n. – c. 10: 73 n., 74 n.

Regeln des hl. Franz: a) Handschriften. Porciunculabuch 10 n., 17. – Hd. der R. II: 79 n. – Clarenos Exp. 10 n., 17. – b) Auslegungen: 1. Fr. Leonis Intentio Regulae, s. Leo Br. – 2. Bulle „Quo elongati", s. Bullen, Reg. b. – 3. Quattuor Magistrorum Exp. reg.,

A. Quellenregister

s. Quattuor Magistri. — 4. Hugo de Digna, Exp. reg., s. Hugo de Digna. — 5. Angeli Clareni Exp. reg., s. Clarenus A. — 6. Bartol. Pisani Conform., s. Bart. Pisanus
Regula S. Francisci I (1210). Wortlaut 10—11, cf. 40 n.
Regula S. Francisci II (1221), ed. v. Francisci S. Opuscula. — Prol.: 98, 100, 101, 104, 105, 120, 121, 122. — c. 1: 54, 94, 101, 102, 122, 123, 142, 145, 146, 156. — c. 2: 8 n., 55—56, 94, 97, 100, 101, 113, 114, 120, 121, 123, 127, 130, 131, 133, 143, 148, 149, 153, 154, 156, 157. — c. 3: 38, 39, 58—59, 99, 120, 125, 127, 143, 154, 156, 157. — c. 4: 7, 36—37, 96, 98, 99, 101, 103, 113, 114, 115, 120, 122, 126, 137 n., 146, 149, 156. — c. 5: 47 n., 95, 96, 97, 99, 100, 101, 108, 113, 116, 121, 122, 123, 125, 126, 133, 139, 147, 149, 156. — c. 6: 51 n., 74—75, 98, 100, 101, 102, 103, 116, 123, 126, 156. — c. 7: 7, 13, 14, 21, 64, 65, 85, 97, 98, 102, 103, 104, 120, 124, 125, 126, 149, 150, 156, 156 n., 157 n. — c. 8: 15, 20, 41 n., 94, 97, 98, 101, 102, 103, 116, 131, 147, 148, 149, 150, 156, 156 n., 157 n. — c. 9: 65 n., 66—67, 95, 98, 99, 125, 126, 145, 148, 149, 154, 156, 156 n., 157 n. — c. 10: 14, 21, 67, 96, 120, 126, 134, 144, 148, 157 n. — c. 11: 59, 97, 98, 120, 125, 126, 156, 157 n. — c. 12: 78, 97, 120, 121, 123 n., 145, 156. — c. 13: 95, 100, 131, 133, 145, 147. — c. 14: 34 n., 59, 84, 125, 146. — c. 15: 59, 96, 103, 120, 156, 156 n., 157. — c. 16: 72, 80, 96, 98, 99, 113, 116, 120, 122, 124, 125, 142, 148, 149, 152, 156. — c. 17: 42 n., 72, 96, 97, 98, 109, 113, 115, 119, 120, 121, 143, 144, 145, 147, 148, 151, 152, 154, 156. — c. 18: 68—69, 100, 108, 113, 116, 139, 157 n. — c. 19: 95, 100, 120, 133, 154, 155, 156. — c. 20: 96, 100, 120, 148, 155. — c. 21: 95, 148, 149, 152, 156. — c. 22: 96, 97, 98, 121, 125, 142, 143, 144, 148, 156. — c. 23: 95, 100, 120, 143, 153, 155. — c. 24: 95, 96, 101, 120, 121, 153

Regula III (1223), ed. v. Francisci S. Opuscula: c. 1: 54, 98, 101, 105, 109, 121, 122, 142, 145, 153. — c. 1—6: 94. — c. 2: 55—56, 96, 97, 98, 101, 102, 114, 120, 121, 125, 127, 129 n., 131, 133, 143, 145, 153, 154, 156, 157. — c. 3: 58—59, 96, 99, 103, 120, 121, 125, 126, 143, 145, 154, 156, 157. — c. 4: 62, 96, 116, 120, 126, 157. — c. 5: 64, 98, 120, 145, 146, 149. — c. 6: 65—67, 96, 98, 102, 103, 120, 126, 127, 149, 150. — c. 7: 94, 97, 98, 114, 116, 125, 148. — c. 8: 68—69, 94, 96, 98, 99, 101, 105, 108, 109, 114, 117, 118, 122 n., 139, 158. — c. 9: 94, 96, 101, 109, 116, 119, 151, 152. — c. 10: 94, 96, 97, 98, 99, 102, 114, 115, 116, 121, 122, 123, 125, 145 n. — c. 11: 78, 94, 96, 123 n., 154. — c. 12: 80, 81, 95, 96, 97, 101, 114, 116, 142, 152, 154

Regula S. Francisci de religiosa habitatione in eremo 111, 152

Speculum perfectionis, ed. P. Sabatier (Collection, t. I). Mazarin. MS. 45. Ausgabe von 1509: 107 n. — c. 1: 3, 43, 46, 53, 83, 107 n., 113. — c. 2: 46—47, 53, 83 n. — c. 3: 20, 40—41, 57 n., 83, 84, 85, 113. — c. 4: 107, 107 n. — c. 6: 39. — c. 7: 134 n., 135. — c. 8: 106, 107 n. — c. 9: 85. — c. 11: 46 n., 47, 85, 86 n., 113. — c. 13: 53, 63 n., 113. — c. 15: 131. — c. 16: 128 n. — c. 23: 81, 106. — c. 24: 132. — c. 26: 3, 28 n. — c. 27: 30 n., 37. — c. 29: 128 n. — c. 30: 128 n. — c. 31: 128 n. — c. 33: 111, 128 n. — c. 34: 107, 128 n. — c. 35: 111. — c. 36: 110, 127, 128 n. — c. 37: 128 n. — c. 38: 107, 107 n. — c. 39: 101 n., 108. — c. 40: 107 n., 111. — c. 42: 21. — c. 44: 3, 15, 20. — c. 46: 107 n., 111. — c. 53: 46. — c. 55: 107. — c. 57: 110, 124 n. — c. 58: 107. — c. 62: 111, 128 n. — c. 65: 34—35, 86—87, 110, 113, 141 n. — c. 67: 52. — c. 68: 39, 39 n., 104, 112 n., 135 n., 138. — c. 72: 42. — c. 76: 30. — c. 80: 112. — c. 81: 42, 53. — c. 82: 28 n. — c. 107: 107. —

c. 102: 107 n. — c. 103: 129. — c. 117: 53. — c. 116: 111. — Zur Glaubwürdigkeit des Spec. 42 n.
Speculum vitae S. Francisci, ed. 1509: 17, 79 n.
Testamentum s. Francisci (ed. s. Francisci S. Opuscula): 6, 142. — c. 1: 149. — c. 2: 28 n. — c. 3: 72 n., 87, 91, 119, 155. — c. 4: 1—2, 13, 29, 30, 130. — c. 5: 65. — c. 7: 67, 85—86, 103. — c. 8: 72. — c. 9: 69, 101, 111. — c. 10: 81, 101, 118. — c. 12: 76, 78. — Ein Porciuncula-Testament 85 n.
Ubertino von Casale 46 n.
Vita secunda, s. Biographus secundus
Vitry Jakob von (ed. s. Boehmers Analekten): Ep. vom 2. Okt. 1216: 32, 100, 103 n., 104, 134 n. — Hist. orient. II 32: 72 n., 110 n., 111 n., 130 n., 132 n., 134 n.

B. LITERATURVERZEICHNIS
(Sammlungen, Werke, Schriften)

Acta Sanctorum. October, t. II: 2 n., 10 n., 15 n., 27 n., 28, 29 n., 30 n., 31, 32, 33 n., 34 n., 43, 45 n., 46, 47 n., 88
Analecta Bollandiana, t. XIX: 2 n. — t. XXIV: 4 n., 18 n. — t. XXXI: 39 n.
Analecta Franciscana, t. IV (ed. Bart. Pisani Conf.) 2 n., 28 n., 44 n., 51 n., 63 n., 65 n., 68 n., 74 n., 79 n., 109 n., 119 n., 124 n., 145 n., 147 n.; — t. V (id.) 45 n., 47 n.
Archivum Franciscanum Historicum, ann. I: 141 n.

Batiffol L.: La primitiva liturgia franciscana 60 n.
Boehmer H. Seine Ausgaben: Analekten zur Geschichte des Franciscus von Assisi 1 und passim (zur Kritik 10 n.) und Jordani Chronica ibid. S. Reg. a) sub voce: Scripta S. Francisci und Jordanus. — Sein Artikel in ZKG 4 n. — Seine Kritik des K. Müllerschen Rekonstruktionsversuches der R. I: 5. Sein eigener Rekonstruktionsversuch der R. I: 5—6. — Seine Äußerungen über die R. II: 17 und über eine Rezension der R. II: 22, cf. 25. — Über die Begegnung des Franz mit K. Hugolin 34 n. — Versetzung des Spec. c. 68 zum Kapitel 1221: 39 n. und Ausführungen über die Jordansche Chronologie 142 n.

Brem Ernst, Papst Gregor IX. bis zum Beginn seines Pontifikats (Heidelb. Abh., 32. Heft) 34 n.
Bullen päpstliche (ed. s. auf den betr. S.) vom: 11. Juni 1219: 36. — 22. Sept. 1220: 7, 25 n., 42, 105, 117, 129, 132, 154. — 29. Nov. 1223: 43. — 18. Dez. 1223: 133 n. — 28. Sept. 1230: „Quo elongati" 7, 25 n., 43, 63, 67, 69, 70 n., 72 n., 79, 80, 120, 129 n., 130

Collection de documents pour l'histoire religieuse et littéraire du Moyen-âge, t. I: Speculum perfectionis, ed. Sabatier, 1 und passim (cf. Speculum perfectionis); t. II: Fr. Francisci Bartholi tract. de indulgentia, ed. Sabatier, 19 n. et passim (cf. Bartholi); t. III. Frère Elie de Cortone, par Ed. Lempp, 34 et passim (cf. Lempp); t. IV. Actus b. Francisci et sociorum eius, ed. Sabatier, 30 n. et passim (s. Actus); t. VI. Chronica fr. Jordani, ed. H. Boehmer, passim (s. Jordanus, sämtlich im Reg. a).
Cuthbert F. Seine Schrift „Life of St. Francis of Assisi", bes. deren Teil: The primitive Rule in Life of S. Fr. 4 n. — Seine Kritik des Rekonstruktionsversuches K. Müllers 5. Sein Rekonstruktionsversuch der R. I: 6—9. Seine „primitiven" Stücke 23. Seine Meinung über die Entstehung

der R. II: 24 n. Über die Briefe der Kardinäle (c. 1219) 36 n. Über die monastisch-legale Richtung der Vikare 38 n. Seine Ausführungen über die R. III: 91—92

Dictionnaire de théologie catholique, vol. VI: 18 n. (Art. „Frères Mineurs") Davidsohn: Forschungen zur Geschichte Florenz, IV: über Franz und Kard. Hugolino 33 n.

Documenta antiqua franciscana, t. I. Fr. Leonis scripta, s. Leo Br. (Register a).

Edouard d'Alençon P. Seine Edition von Celano 1 und passim. — Seine Meinung (cf. Diction. de théol. cath.) über die R. I und II: 18—19 n. Über die Brockengeschichte 45 n. — Seine Schrift: Ep. s. Fr. ad ministrum gener. 47 n.

Ehrle Fr. P. Seine Rez. in der Z. f. kath. Theol. XI: 5 n.

Études franciscaines: Bd. V: 60 n. — XII: 4 n. — XVIII: 90. — XXIX: 4 n.

Felder H.: Geschichte der wissenschaftlichen Studien im Franziskanerorden 151

Fierens A.: De geschiedkundige Oorsprong van den Aflaat van Portiunkula 33 n.

Firmamenta trium ordinum, ed. Venetiis 1513, pars III, v. Hugo de Digna und Quattuor Magistri, Exp. reg. (s. Register a)

Fischer Herrmann: Der h. Franziskus von Assisi während der J. 1219—1221. Chronologisch-historische Untersuchung, in den Freiburger Histor. Studien, IV, 1907: 39 n.

Goetz W.: Die Quellen zur Geschichte des hl. Franz von Assisi 47 n.

Golubovich H.: Series provinciarum 141 n.

Gratien F. Seine Schrift: S. François d'Assise, in den Études franciscaines, Oct. 1907, und speziell seine Anschauung über die R. II und III: 90—91

Heimbucher: Die Orden und Kongregationen der kath. Kirche II²: 136 n.

Hilarin P.: Offices rhythmiques de S. François et de S. Antoin 60 n.

Kybal V. Seine Schrift über den hl. Franz 9—10, 11 n., 26 n.

Lemmens Leon. P. Seine Edition der Opuscula s. Francisci 1, 10 n. und passim. Seine Meinung über R. II: 18; über die Ep. ad min. 47 n.

Lempp Ed.: Frère Élie de Cortone 34 n. Über „inceptio religionis" und Ep. ad min. 47 n. Über Elias' Intervention bei der Verfassung der R. III: 52 n. Über die Vikare 107 n.

Mandonnet P.: Les Origines de l'ordo de poenitentia 19 n., 101 n., 151, 151 n.

Miscellanea francescana, vol. VI: 60 n.

Montgomery Carmichael: The Origin of the Rule of St. Francis 4 n.

Monum. Germ. Hist. SS. XVIII: 30 n.

Müller Karl. Seine Schrift: Die Anfänge des Minoritenordens 4—5 und passim. Rez. in Theol. LZ. 1895: 4 n., 5 n., 12 n., 14 n. — Seine Meinung über die R. I und sein Rekonstruktionsversuch 4—5; Kritik dieses Rekonstruktionsversuches 5. Seine Meinung über eine intermediäre Regel vom J. 1222: 22. Über die R. III: 54. Über das Betteln 67. Über das Kapitel 70. Über das Betreten der Frauenklöster durch die Brüder 79—80. Seine Anschauung über die Bedeutung der R. III: 89. Über das Leben der Brüder vor den Regeln 142 n. Über die Prediger 151 n.

Oliger Livarius P. Seine Edition der Clarenos Exp. reg., s. Clarenus A., Exp. Reg. (Register a). — Seine Ausführungen gegen Br. Leos Erzählung über die R. III vor dem Papste 74 n.

Opuscules de critique historique, t. I (Mandonnet) 94 n., t. II (Sabatier) 19 n., 79 n.

Ortroy P. van: Über das Verhältnis der 3 soc. zum Celano und dieses zum Testam. 2 n. Seine Meinung über R. I und II: 18 n. Über die Chronologie der J. 1219—21: 39 n.

Papini Niccola: Le varie regole, in Storia di S. Fr., 4 n.

Potthast A., Regesta Pontif. Rom. n. 6361: 133 n.

Sabatier Paul, vgl. Collection de documents und Opuscules de critique historique. — Seine Meinung über die R. II: 3, 19 n. Über R. I: 8. Über die Porciuncula-Ablässe 33 n. Über Kard. Hugolino 33. Über R. III: 43 n. Über Ep. ad min. 47 n., 50 n. Über die Verhandlungen auf dem Generalkapitel 1223: 53 n. Über die „monasteria monacharum" der R. III, c. 11: 79. Über ein Porciuncula-Testament 85 n. Seine Schätzung der R. I. II und III: 89—90. Über die Entwicklung der Franziskanerniederlassungen 102. — Seine Schrift: Vie de S. François d'Assise: 8 und passim

Sbaralea J. H., Bullarium Franciscanum, tom. I: 133 n.

Schnürer G.: Franz von Assisi. Seine Meinung über die R. I: 12 n.

Suyskens: Acta SS., Oct. II: 4, 10 n., 15 n., 31, 46 n., 47 n. — Seine Anschauung über die R. III: 88—89

Umbria Seraphica des P. Agostino di Stroncone ed. 1680 und Abdruck in Misc. franc. II sq.: 141 n.

Wadding Lucas: Annales Minorum 4 n., 133 n., 141 n. — Opuscula 4 n.

Zeitschrift für katholische Theologie XI. 1887: 5 n. (Art. von P. Ehrle)

C. NAMEN- UND SACHREGISTER

Admonitiones, v. Register a: Francisci S. Opuscula

Almosen, vgl. Betteln. Laut Reg. II können die Brüder nur für Aussätzige ein Almosen fordern 62, cf. 150. Almosen laut Reg. III 66 und 67, cf. 92, 150. A. als Erbschaft Christi 148

Amici spirituales. Ein neuer in der Reg. III eingeführter Begriff und seine Bedeutung 63, cf. 120. Vgl. Spirituales personae

Angelus Br. 110, 118

Antonius von Padua 90, 139

Arbeit (Handarbeit). Laut der R. II, c. 7 und R. III, c. 5: 64; in der R. II wird von der Handarbeit der Brüder-Handwerker gesprochen, während in der R. III von einer Mönchsarbeit die Rede ist 64. Vgl. dazu 150. Handarbeit im Testam. und bei Clarenus und Pisanus 65. Cf. 90, 91, 92

Armut (paupertas). Regelbestimmung über die Armut (Nihil tuleritis) 41, 83—85. Neue Idee der Armut in der R. III: 89, cf. 90, 91, 92. A. als Ordensgelübde 145—146. A. als sittlicher Begriff in der R. II und III (Unterschiede): 146

Aufnahme der Brüder, s. Brüder

Aussätzigen, vgl. Hospicium. Die Brüder wanderten von einem Haus zu A. zum anderen 102. Die Pflege der A. der R. II, c. 8 zufolge 116, 149 —150. Franz und die A. 149

Barfüßigkeit der Brüder 131 n., 151

Barton, Martin von, Br. 135

Beichte. B. dem Mitbruder und Buße 50. Freie Auffassung der B. in der Ep. ad min. 51. B. nach der R. II: 147 und nach der R. III: 155

Bernhard von Quintavalle 12 n., 110, 124 n., 127, 140

Besitz, vgl. Geldbesitz. Die Frage des Besitzes laut der R. II und III: 65—66, 123, 124, cf. 142. Vorgang beim Aufgeben des Besitzes in der R. II und in der R. III: 124, cf. 149. Ein konkreter Fall 124 n., cf. 127. Franz über

das Verbot des mobilen Besitzes in den Regeln und im Testamente 67. Unterscheiden zwischen dem Besitz und der Benützung in der Bulle „Quo elongati" 67. Neue Idee des Besitzrechtes in der R. III: 89, cf. 92. Die Brüder sollen keinen Ort im Besitze haben 102
Betteln, vgl. Almosen. Bei Franz ist das Betteln eine moralische, in der R. III eine theologische Tugend 67. Das Betteln nach B. Pisanus 67 n. Die Idee des Bettelns ist in der R. II eine unbekannte Sache 150; in der R. III ist sie bekannt 89 und kann als Konsequenz des Ordensgelübdes der Armut aufgefaßt werden 150. Die Brüder sollen sich nicht schämen zu betteln 148
Bibel. Biblische Zitate, welche in der R. II sich befinden, wurden aus der R. III weggelassen 89. Numerisches Verhältnis der bibl. Zitate in beiden Regeln 95
Bonizo aus Bologna Br. Seine Teilnahme an der Verfassung der R. III: 46 n., 82, 83
Brüder, vgl. Orden.
α) Terminologie: „fratres" (in der R. II und III) 120. Varianten und Epitheta ibid. „Fratres" waren nicht mit „religiosi" identisch ibid. Unterschied zwischen „fratres" in der R. II und III: 121. — Viri poenitentiales Assis. 140. — Vgl. Orden (Name), Seniores fratres.
β) Verhältnis der Brüder: a) dem Papste gegenüber 121, vgl. Papst. — b) den Ministern 122 und dem Ordensgeneral gegenüber 122 n. Die Brüder und der General 105, 109. Die Brüder und die Minister 113. Gericht und Gerichtsverfahren über den schuldigen Bruder 50—51, 116. Bestimmungen über das Bekennen der Brüder 50, vgl. Sünden. Ermahnung und Besserung der Brüder 73. Anklagerecht der Brüder gegen die Minister 123. Willensverneinung 123. Vgl. Generalminister und Minister. — c) zu den außerhalb des Ordens stehenden Leuten 123—126. Entsagen der Familie und des Besitzes 123. Tugenden der Brüder: Demut, Freundlichkeit, Geduld, Freudigkeit, Friedfertigkeit, Nachsicht, Achtung, Beten für Lebende und Tote 124—126. — d) das gegenseitige Verhältnis der Brüder 126—127.
γ) Eintritt der Brüder in den Orden 127—128. Aufnahme der Brüder: Entwickelung a) c. 1209, b) bis 1219, c) 1220 sq.: 127—129. Der Gang nach R. II: 129. Betonung des freiwilligen Eintrittes in den Orden, aber nur in der R. II: 129 n. Aufnahme nach R. III: 57, 114—115, 129—130; nach alter Gewohnheit 106 n. Liberalismus der Reg. III: 130 n. Vitry über die Aufnahme der Brüder 130 n. — Aufnahme der Brüder und ihre Rechtgläubigkeit 154. Kleidung der Brüder, s. Tracht.
δ) Der Austritt (Ausschließung) aus dem Orden. Dazu gehörige Ausdrücke 132. Austreten nach der Bulle vom 22. Sept. 1220 nicht möglich 132—133, cf. 119. Ausschließung der umherschweifenden Brüder 133. Das Wort „maledicere" 133 n. Die Gewalt zur Ausschließung 133. Ausschließung wird in der R. II nur in zwei Fällen angeordnet 133
ε) Die Tätigkeit der Brüder: apostol. Reisen, Ermahnung zur Buße und Bitten um Almosen 102—103. Brüder als Diener in den Privathäusern 103—104. Voraussetzungen der Tätigkeit der Brüder nach R. II: Befreiung aus den Banden der Familie und des Besitzes, Ausharren im Guten, stete Arbeitsamkeit 149. In der R. III nimmt das kontemplative Leben die erste Stelle ein 149. — I. Das aktive Leben und seine Äußerungen: a) Sorge für die Kranken 149—150 (s. Aussätzige und Krankenpflege); b) die körperliche Arbeit 150; c) die Predigt 150—152. II. Das kontemplative Leben wurde wahrscheinlich für eine Angelegenheit ausgewählter Einzelner an-

gesehen 152; es sollte im Orden auf Gebet und Fasten beschränkt sein ibid.

ζ) Die persönliche Freiheit der Brüder ist größer in der R. III als in der R. II: 157. Aber diese Freiheit bezog sich nur auf die Mönche 158. Alle Brüder waren wenigstens Kleriker 115. Vgl. auch Novizen. Die gelehrten Brüder (scientiati) unterstützen den Widerstand der Minister gegen Franz 113

Buße, s. Sünden

Bücher, vgl. Besitz. Verbot des Besitzes von Büchern 84

Caesarius von Speier Br. 9, 23—24, 25 n., 39, 41, 45, 46 n., 110 n., 112 n., 113, 117, 138

Castitas, s. Reinheit des Körpers

Celano, Thomas von, als Kustos in Deutschland 117

Demut der Brüder 124. D. als Ordenstugend 145

Egidius Br. 110, 111 n., 140, 141

Ehe. Ehehindernis bei der Aufnahme der Brüder 115, 130

Einsiedlerhütten (deserti, eremi, retiri) als Wohnstätten der Brüder 102. Zeugnis J. von Vitry 103 n. Nach R. II: 103. Grundsatz von je zwei Brüdern in den E. 111

Elias Br. 46 n., 47, 52, 107, 110, 112, 112 n., 113

Eremitenhütten, s. Einsiedlerhütten

Ermahnungen des Franz, vgl. *Admonitiones*. Was aus den E. in die Regeln übergegangen ist 28—29, 30—31, 57, 61. Vgl. R. I Add.

Eschatologie der R. II, s. Leben ewige, das

Eucharistie. Bestimmungen über die Verehrung der E. 34—35, 86—87, 91, 118, cf. 147

Evangelium. Einhaltung des E. Christi nach der R. II und der R. III: 55, 142—143. Lebend. Inhalt des E. in der R. II und das Buch-E. in der R. III: 142—143

Familie und die Brüder, vgl. Ehe, Brüder. Die Brüder sollen ihre F. verlassen und sich nicht mehr um sie kümmern 123, cf. 149

Fasten im Minoritenorden. Vor 1219 galt Pflichtfasten Mittwoch und Freitag, fakultatives Fasten Montag und Samstag und keine Beschränkung im Essen. Die Vikare (Sept. 1219) bestimmten Pflichtfasten am Mittwoch, Freitag und Montag, strenges Fasten Montag und Samstag und immer Beschränkung 37—38. Revozierung der neuen Bestimmungen über das Fasten und Bestimmung in R. II, c. 3: 39 n. Fasten nach der R. III: 60—61, cf. 89, 90, 153 (Erleichterung). Befreiung der kranken Brüder von den Fasten 117. Das Essen der vorgesetzten Speisen 151

Franz, s. Register a): Francisci S. Opuscula. Seine Ermahnungen und Gebote 28—32. Seine Reisen 31. Grandiose Pläne im Beginne seiner Tätigkeit 140 n. Nachahmung Christi auf den apost. Reisen (socii als Vorboten) 111. Seine Verehrung der Eucharistie (Frankreich) 34—35. Widerspruch gegen päpstl. Privilegien 35. Predigt vor dem Papste 36 n. und auf dem Rohrkapitel 1219: 37. Seine Kapitelpredigten 137, auf der Grundlage von Schriftworten 137 n. Predigt in Bologna 15. Aug. 1222: 52. Seine Rede über den guten Mönch, gegen die Meister und weltliche Weisheit 42 n. Liebte das Extreme nicht 37. Über die Aufnahme der Brüder (nach Clareno) 127 n. Sein Fleiß im Beten 153. —

Franz als Ordenshaupt (vgl. Orden): nur er hatte die legislative Vollmacht 38 n. Franzens Autokratismus und exaltierter sittlicher Rigorismus 112, 112 n., cf. 48. Franz und die Minister 112—113, s. Minister. Rückreise aus d. Osten im Frühjahr 1220: 39 n. und Franzens energische Opposition gegen die Neuerungen (1219—1220), sowie seine Reform des Ordens nach den evang.

Statuten 38-39. Streit mit den Ministern um das Bewahren des Evangeliums 40-41. Resignation 42, 107, 111, 122. Sein Guardian 111. Fr. und der Protektor des Ordens 81. Wie Fr. in seinen Grundgedanken zähe und logisch war 76, 84. Sein Verhältnis zu den Frauen 79. Fr. und die Regel, s. Regel

Frater „musca" 132. Ein anderer aus Lucca und aus Terra Laboris 13

Fratres Minores. Als Name des Ordens 13, 27, 100, 120. Vgl. Brüder, Orden

Frauen, vgl. Nonnen. Verhältnis der Brüder zu den Frauen laut R. II: 78; laut R. III: 79, cf. 145. Frauen wohnen in vorstädt. Hospizen (Vitry) 103 n. — Franz und die Frauen in den spirit. Schriften 79 n.

Freudigkeit der Brüder 125

Freundlichkeit der Brüder 125

Friedfertigkeit der Brüder 125

Gebet der Brüder für andere 126, 127. Gebet und Fasten nach den bibl. Worten gebietet 152

Geduld der Brüder 125. G. als Ordenstugend 145

Gehorsam (obedientia). G. in den Regeln 1. als einfacher Gehorsam, 2. als Gelübde des Ordensgehorsams, und zwar a) die Ablegung der Gelübde, b) die Erfüllung der Gelübde, 3. als das durch die Ordensregel normierte Leben 121. G. als Korrelativ der Demut und Geduld 145. G. und Armut ibid. Kadavergehorsam 123. Der rechte G. 126. Recipere ad obedientiam 121, 129. Extra ob. evagari 133. Obedientia als Begleitschreiben der Brüder 121, cf. 112

Geldbesitz in der R. II und III: 62-63. Franzens eigentlicher Gedanke 62. Geldsammeln 134. Vgl. Besitz

Generalminister, vgl. Brüder. Einführung der Titel „General" durch die R. III: 89. Ursprung und Entwicklung des Amtes 106. Unterschied zwischen dem Vikar und dem General 107 n.

Terminologie der G. in den erzählenden Quellen 107. „Summus prior" bei Vitry 110 n. Unbestimmte Rede von dem G. in der R. II: 108. In der R. III wird das Amt des G. festgelegt und seine Pflichten werden statuiert 108-109. Franzens Musterbild des G. 109 n. Die Wahl, die Prüfung, evtl. die Absetzung nach der R. III: 69, 109, 117. Absetzung 105, 108, 109, 117 (nach der Bulle „Quo elongati" 70, nach Clareno 70 n.). Der Ausdruck „in custodem" 109 n. Die Pflichten und die Rechte des G. (1 bis 4) 109. Verpflichtet dem Papste (nach R. II) und der Kirche (nach R. III) 105. Sein Pouvoir über den schuldigen Bruder 50. Franzens Gehorsam dem G. 69

Genossen (socii). Franzens erste Gehilfen 104. Ihre Existenz und Tätigkeit 110. Entwicklung dieses nichtamtlichen Organs: in den J. 1209-10, 1210-20, nach 1220 (Resignation) 110-111. Auch ältere Brüder hatten ihre Genossen 111 n., sowie auch die neuen Prov.-Minister, Guardian, Kustos u. a. Brüder ibid. Franz und seine Genossen nach der Resignation 111. Genossen des Generals nach dem Wunsche Franzens 111. In den Regeln ist von den G. keine Rede 112

Gott. Franzens Theodicee und Gotteskultus 143. Fr. geht dabei von den Begriffen der Allmacht Gottes und Nichtswürdigkeit der Menschen aus 143. Der Gottesbegriff und das Verhältnis des Menschen zu Gott 143

Gregor von Neapel 37, 106

Gruß altfranziskanischer: Pax huic domui 59, 151

Guardian. Genannt in der Ep. ad min., wo er die Todsünden der Brüder untersuchen soll 50. Franzens Guardian 111. Es waren Verwalter der Luogen: angestellt von Franz und später von den Provinzialministern 118. Sie werden in den Regeln nicht genannt 118; spätere Entwicklung 118 n.

Honorius III. Papst. H. als Liturgist (Kard. Cencius) 60 n.
Hospicium. Als Krankenhaus 103 n. Nach 3 soc. und Jord. 103 n. Als Art von „loca" 102 (s. Loca).
Hugolino Kard. Wann sein Einfluß begann 33. Sein „consilium" und Einfluß auf die Kapitelbeschlüsse 34, cf. 104. Seine Empfehlungsschreiben an die Bischöfe 36. Hatte keinen Anteil an den Neuerungen der Vikare im J. 1219: 38 n. Nahm an dem Kapitel 1221 nicht teil 39 n. H. als „Papst" des Ordens 39, cf. 105. Sein Einfluß auf die Verhandlungen auf dem Maikapitel 1220: 42, 81 (Protektor). Zeugnis über die Reg. III: 43. Verhandlungen über die Regel in Rom 52 und auf dem Generalkapitel 1223: 53. Sein Einfluß auf die Redaktion der R. III (einzel) 55, s. weiter: Regel III. Sein Einfluß über die Bestimmung betr. die Prediger 72, betr. die Armut 146. Seine „Constitutiones" über den Klarissenorden 78—79. Über das Betreten der Nonnenklöster (laut R. III, c. 11) 79. H. auf dem Kapitel 1219: 112 n. Seine Kapitelpredigten 138

Jhesus Christus, vgl. Gott und Evangelium. Bei Franz ist J. Mittler zwischen Mensch und Gott 143
Innocenz III. Papst, vgl. Regel I
Johann Br. als Genosse des Br. Egidius 111 n.
Johann Bauer Br. 110 n., 124 n.
Johann von Capella Br. 39, 110, 131 n., 132, 140
Johann von Colonna (vom hl. Paulus), Kard. 32, 104
Johann von Florenz Br. 112 n.
Johann Parens Br. 112 n.
Johann von Statia 39, 132, 133 n.

Kapellen, vgl. Kirchen. Kapellen bei den „loca" 102.
Kapitel, vgl. Orden.
  a) Entstehung der K. (1212) und Franzens Tätigkeit auf denselben 30. Pfingstkapitel und Septemberkapitel 134. Die K. nach der R. II und III: 70, 108, 139; nach der Bulle „Quo elongati" 70 n. Die K. gewinnen in der R. III festere Verfassungsformen 89. Die Septemberkapitel und die Minister 116—117, resp. die Kustoden 118. Die Generalk. und die Minister 117. Teilnahme an den Generalk. 118. Anzahl der Teilnehmer an den Generalk. 134—136. Die Zahl 5000 und 3000 ist jedoch übertrieben 135—136. Ursache der leidenschaftlichen Kämpfe zwischen Franz und den Ministern auf den K.: Franzens patriarch. Absolutismus 112; die Forderung der Minister (1219) 112 n. Die Kompetenz der K. 136—137. Die K. dauerten einige Tage 137. Teile der Kapitelverhandlungen: 1. Predigt und die Messe 137—138; 2. die Verhandlungen über die Regel 138; 3. Segen und Entsendung der Brüder 138
  b) Verzeichnis der ersten Porciunculakapitel:
1212. Die Regelergänzung auf diesem K. 31
1214 oder 1215. Aufnahme gelehrter Männer 32
1217, Maikapitel: Wahl der Minister und Einrichten der Ordensmissionen. Bestimmung über die Verehrung der Eucharistie 34
1218, 3. Juni: Die Brüder wünschten päpstl. Empfehlungsschreiben an die Bischöfe 35—36
1219, Mai (Rohrkapitel, cf. 136 n.): Franzens Kapitelpredigt 137 n. Beginn der großen ausländ. Missionen 36. „Licentia data ministris recipiendi fratres ad ordinem" 36—37, 128. Verfügungen gegen die Drahthemden und Eisenringe, sowie gegen die traurigen Heuchler 37; über das Fasten 37. Über die Zahl 5000: 135—136
1219, September. „Constitutiones" der Vikare über das Fasten 37—38, 39 n.
1220, 17. Mai. Reformation des Ordens nach den alten Grundsätzen

39. Streit um das Bewahren des Evangeliums (Nihil tuleritis) 40—41. Über die Zahl 3000: 136
1221, Mai. Neue Regel vorgelegt und verhandelt 42, cf. 134. Franzens Kapitelpredigt 137 n. Entsendung der Mission nach Deutschland 138
1222, September 52
1233, 11. Juni. Verhandlungen über die R. III: 53
  c) Einzelne Provinzialkapitel (alphabetisch): Arles 138 n., 139. Köln 139. Magdeburg 139. Mainz 139. Speier 117 n., 139. Trident 139. Worms 138 n., 139. Würzburg 139
Kardinäle, s. Kard. Johann und Hugolino. Wünschten die Brüder auf ihrem Hofe zu haben 32. Engere Beziehungen mit dem Orden in Perugia 1215—16: 32. Empfehlungsschreiben der Kardinäle an die Bischöfe 36
Ketzer. Die Kandidaten wurden aus dem kath. Glauben wegen der Ketzergefahr geprüft 115
Kirche römische, vgl. Orden, Papst, Protektor. Generalminister und die Kirche 105. Prüfung der Kandidaten aus dem kath. Glauben 115, 130. Das Verhältnis der Brüder zur Kirche 106, 153, s. Papst; zur Lehre und Verfassung der Kirche 154. Rechtgläubigkeit der neuen Brüder, bes. der Kleriker 154. Lithurgische Abhängigkeit ibid.
Kirchen, vgl. Kapellen. Franz. Kirche in Magdeburg (Jord.) 103 n.
Klara hl. Aufnahme 128
Klarissenorden. "Constitutiones" des K. Hugolin vom J. 1219: 78. Franz und die Kl. 79. Bestimmung der R. III, c. 11 über das Betreten der Klarissenklöster 79—80
Kleid, s. Tracht
Krankenhäuser franz., s. *Hospitium*
Krankenpflege, s. Aussätzige, Brüder. Die Minister und Kustoden sollen für die Bedürfnisse der Kranken sorgen 116, 117. Krankendienst der Brüder 126. Krankenpflege 134, 148, 149—150 (als erste Äußerung des aktiven Lebens). Das freudige Ertragen von Krankheit und himmlischer Lohn 148

Kustos. Genannt in der Ep. ad min., wo er den sündigen Bruder richten soll 50. Die Kustoden und die Sorge um die Brüder, R. III, c. 4: 62—63. Die K. und die Wahl des Generals 69, 105. Ein K. anstatt des abgesetzten Generals 69. Die Wahl eines anderen Generals "in custodem" 109 n. Zuerst in der Bulle v. 22. Sept. 1220 genannt 117; dann nur in Jord. zum J. 1223. Es waren Verwalter kleinerer Bezirke (Kustodien), erwählt von den Ministern. Ihre Kompetenz laut R. III: 117—118. Ihre Absolvierung, Versetzung und Beförderung 118

Lateransches Konzil 1215: 13 n., 33 n.
Leben ewiges (Eschatologie). Die Bedingungen der Erlangung des ewigen Lebens: bei den Brüdern 148; bei den Ministern 148—149
Leo Br. 110. S. auch Register a)
Licentia recipiendi fratres, s. Brüder und Kapitel
Loca (Luogen). Anfangs waren es einfache "hospitia" in Vorstädten, später wurden sie ständig und es wurden bei ihnen Kapellen errichtet 102. "Loca" in Städten und Burgen nach 3 soc.: 103 n., nach Jord. ibid. Guardiane als Verwalter der Luogen 113

Masseus Br. 110, 111
Matthäus von Narni 37, 106, 128
Mensch, vgl. Reinheit des Körpers. Nichtswürdigkeit des Menschen und dessen Sündhaftigkeit. Körper und Geist 144
Minister, vgl. Brüder
  α) Terminologie: in der R. II heißt es nur m. oder m. et servus; Bedeutung der letzteren Wendung 113; in der R. III m. provincialis 114. Das Wort m. nach Clareno 109 n.; es bezeichnet auch den General, den Prov.-Minister und den

Lokalm. 109 n. "Minores priores" 110 n.
β) Die Einsetzung der M. 114. Spätere Gewohnheit 114 n. Entwicklung: zuerst Franzens Gehilfen 104. Das Amt der M. wurde 1219 ausgestaltet 104. Seine Entwicklung 104–105. M. waren das eigentliche Verwaltungsorgan der Brüderschaft 108. Zuerst ist von ihnen im J. 1217 die Rede 112, cf. 34. Die Wahl und die Entsendung geschah durch Franz, der auch die Vollmacht zur Aufnahme neuer Brüder erteilte 112, cf. 36, 129 (licentia). Alle Gewalt der M. hatte ihren Ursprung in Franzens Gewalt: Konsequenzen davon 112. K. Müller über die M. als neue Ordensaristokratie 89–90
γ) Kompetenz der M.: nach der R. II und III: 114. Pflichten der M. (1 bis 8) 114–117 (expl.). Sorge der M. für die Bedürfnisse der Kranken und die Bekleidung der Brüder 63. Wahlrecht bei der Wahl des Generals 69, 105. Die eigentliche Aufgabe der M. und ihre Verantwortung vor Gott 122. Bedingter Gehorsam der Brüder dem M. gegenüber 122. Anklagerecht der Brüder gegen den M. 123. M. und die Aufnahme neuer Brüder 129. Das Recht, die Tracht der Brüder zu regeln 131. Das Amt und die Verantwortlichkeit der M. 148–149. Labilität des Amtes 116, cf. 151
δ) Der Streit der M. mit Franz. Franz liebte die M. nicht 69. Ursache und Charakter der gegenseitigen Kämpfe 112, 112 n. Berechtigung des Widerstandes der M. 112. Der Kampf betraf vor allem die Frage der legislativen Gewalt: die M. widerstrebten den neuen Ordensgesetzen. Ihre Opposition war eine verfassungsrechtliche 113. Nach der Auffassung des Franz galt der Streit der Einhaltung des Evangeliums (c. 1220): 40–41. Erster Sieg der M. durch die Bulle über das Noviziat (22. Sept. 1220) 42. Franz beriet sich mit den M. bei der Einführung der Regel III: 48. Franzens Autokratismus: sein Gericht über schuldige Brüder 50 und die Übergehung der gerichtl. Instanz der M. in der Ep. ad min. 51. Reagierung der M. in der R. III und Einfluß der M. auf die einzelnen Teile derselben 55 sq., s. Regel III. Die M. gegen die Verehrung der Eucharistie 35. Die M. rieten dem Franz, Geld annehmen zu dürfen 63 n.

Missionen: a) Franzens Reisen nach Syrien (Ende 1212), Spanien (1213), Frankreich (1217), Ägypten (1219). Reisen der Brüder durch Lombardien, Toskana, Apulien und Sizilien (vor 1216) 32. – b) Die erste Missionsreise im J. 1209: 140. Die zweite Etappe der Missionstätigkeit (seit der R. 1210) 140. Die dritte ins Ausland gerichtete Missionstätigkeit 141: Syrien 1212 13; Spanien 1212 13; hl. Land und Tunis etc. Im J. 1217 wurden elf Missionsprovinzen errichtet (enumer.); folg. Provinzen aus d. J. 1219 und 1223: 141. Die urspr. Quellen über die ersten Provinzen 141. Die Missionsorganisation wurde erst nach 1221 ausgebaut 142. Die Ermattung der Mission unter den Ungläubigen 142. – Die Reisen der ersten Brüder mit zweierlei Ziel 102–103. Das Reisen in Begleitung eines Genossen war eine alte Gewohnheit 110. Die Erlaubnis zu Missionsreisen erteilten (aber beschränkt) die Minister 116. – c) Einrichtung der Ordensmissionen auf dem Maikapitel 1217: 34. Bestimmung über das Benehmen der Brüder auf den Missionsreisen 34. Die Brüder in Ungarn 34 n., Frankreich, Deutschland, Spanien, Italien 35. Mißlingen der Mission und Empfehlungsschreiben der Kardinäle 35–36. Beginn der großen Missionen nach Frankreich, Spanien, Griechenland, Tunis (Mai 1219) und die päpstl. Bulle vom 11. Juli 1219: 36. Eine Missionsverfügung in R. II, c. 14: 62. Mission

nach Deutschland 1221 (in Händen von Italienern) 119 n.
Moricus Br. 110, 140

Nikolaus Br. 32
Nonnen, vgl. Klarissenorden. Verhältnis der Brüder zu den Nonnen laut R. III: 78. Verhältnis des Franz zu den Klarissen 79. Über das Betreten der Klarissenklöster ibid. Kasuistische Bestimmung 89
Novizen, vgl. Brüder. Aufnahme der Novizen nach R. II und III: 115, cf. 129, 130, 154. Von den Novizen wird in den Regeln nur indirekt gesprochen 121. Einführung des Noviziats 128. Das Kleid der Novizen 130—131, 132 n. Die päpstl. Verordnung vom Noviziate von den beiden Regeln aufgenommen 154
Nuntien, vgl. *Spirituales personae.* Genannt in Jord. und in der Bulle „Quo elongati" 120

Obedientia, s. Gehorsam
Officium. Ordensofficium in der R. II und in der R. III: 60, cf. 89, 90, 153, 154. Vernachlässigung des O. 118. Laudes und O. der Brüder 152. Wichtigkeit des O. 153
Orden, vgl. Brüder
a) Entwicklung. „Inceptio religionis" 34 n. Ordo 27—28. Erste Erziehung durch Ermahnungen 28—30 (documenta). Einsetzung der Kapitel 30 sq., s. Kapitel. Kapitelermahnungen 31. Aufnahme gelehrter und edler Männer 32. Vermehrung der Brüder ibid. Die ersten Gönner (Kard. Johann) und der Rat „guter Leute" 32. Die Brüder in den Häusern der Prälaten 32. Einfluß des K. Hugolino 33, s. Hugolino. Einfluß neuer Brüder (Minister) 34. Wahl der Minister und Einrichten der Missionen 34, s. Minister und Missionen. Empfehlungsschreiben der Kardinäle 36. Beginn der großen Missionen 1219: 36—37. Die Vikare 37. Reform des Ordens nach den evang. Statuten 1220: 39. Einführung des Noviziats (1220) und Resignation des Franz 42. Anwachsen der Brüder 110
b) Ordensverfassung. Die Ausführungen K. Müllers 89—90. Beruf des Ordens nach der R. II und III: 89. Wie die Brüderschaft in einen Orden umgestaltet wurde ibid. In der R. III erscheint der Orden in seinen Funktionen (Priester, Buße, cf. 50, 51) als geschlossene und sich selbst genügende Gesellschaft 155. Der ursprüngliche hilfsbereite und intermediare Charakter der Brüderschaft verschwindet in der R. III: 155. — Systematische Auslegung der Ordensverfassung:
§ 1. Der Name des Ordens: „religio, fraternitas, ordo, familia" und offizielle Benennung O. F. M. bei Franz und in den Regeln 100—101. Der Name der Regel selbst 101—102. —
§ 2. Der Sitz des Ordens 102—104. —
§ 3. Langsame Entwicklung der Verfassung. Patriarchalische Leitung Franzens und seine Macht. Die Verfassungsformen begannen seit der Aufnahme gelehrter Männer und dem Einflusse der Kardinäle 104. Ordensanatomie: 1. Franz als Haupt der Brüderschaft. Seine Kompetenz ohne Inhalt 105. — 2. Protektor und seine Kompetenz 105—106, s. Protektor. — 3. Generalminister des Ordens, s. General. Vikare, Socii, s. diese Stichworte. — 4. Provinzialminister, s. Minister. — 5. Kustoden, s. Kustoden. — 6. Guardiane, s. Guardiane. — 7. Prediger, s. Prediger. — 8. Andere Funktionäre 119—120, s. „Seniores fratres, zelator, visitator, nuncii", etc. — 9. Die übrigen Glieder, s. Brüder. — Vgl. auch Kapitel und: Missionen und Provinzen.
c) Lehre und Tätigkeit des Ordens: 1. Das erste Gesetz des Ordenslebens ist die Nachfolge Christi 142. Unterschiede zwischen der R. II und III: 142 (Nachfolge Christi und Inhalt des brüderlichen Lebens). Gottesidee und Gotteskultus 143—144. 2. Die drei Ordensgelübde,

was sie bedeuten und wie sie in den Regeln ausgedrückt sind 144 sq. Unterschiede in der Darstellung des Ordenslebens in der R. II und III: 144. S. weiter: Reinheit, Gehorsam und Armut

Papst

a) Papst und die Regelgeschichte, vgl. Bullen, Hugolino, Protektor, Regeln. Bestätigung der R. I vom Papste „solo verbo" im J. 1210 (vgl. Regel I) 2, 3, 10—11, 16, 27, 35 n.; im J. 1215: 3, 13 n., 33 n. — Papst und die Zusätze zur R. I: 13 n. — Papst und Franz in Perugia 1215—16: 32. — Die Brüder verlangen ein Privilegium vom Papste 1218: 35. Päpstl. Bullen, s. Bullen. — Franzens Predigt vor dem Papste (1219) 36 und die Bestimmung des K. Hugolino zum „Papste" des Ordens 39. — Officium der päpstl. Kapelle 60 n. — P. und die Frauenklöster 79. — Verhandlungen mit dem Papst über die offizielle R. III: 52, 74—76. „Milderung" des Textes durch den Papst 74—76, 80. Päpstl. Bestätigung 3, 43, 44, 45

b) Papst in der Regel, vgl. Kirche. Das Ordenshaupt ist dem P. zu Gehorsam und Ehrfurcht verpflichtet 105, 153. Der Generalminister soll die Brüder an den Papst fesseln 109. Die Brüder sind zu Gehorsam und Verehrung dem P. gegenüber verpflichtet 121. In der R. III wurde der Orden fester an den Papst geknüpft 154

Paul Br. 112 n.

Paupertas, s. Armut

Petrus Catanii Br. 32, 42, 46 n., 47, 107, 109, 110, 111, 140

Philipp Br. 39, 110

Porciuncula-Ablässe 33. P. als regelmäßiger Sitz des Ordens 134

Prediger, vgl. Predigt. Die R. III über die Prediger 71—72, cf. 91, 109, 151. Franzens Standpunkt 72. Zuerst Franz, dann die Minister, endlich der General prüften und beglaubigten die Pr. 109. Bestimmung der R. III über die Approbation des Generals und über das Predigen in den Bistümern 72, 151. Bestimmung der Bulle „Quo elongati" über dasselbe 72 n. Das Predigen nach dem Testam. 72 und R. II ibid. — Die Pr. waren die eigentliche Intelligenz und die größte Propagationskraft des Ordens 109. Bei der Organisation der Predigttätigkeit wurden je zwei Brüder verwendet 110. Bestimmung der Pr. als Pflicht der Minister 115, aber zeitlich beschränkt und widerruflich 115 ó. Faktisch gehörte sie in die Kompetenz des Franz und seiner Nachfolger 116 (des Generals). Die Entsendung der Pr. in die Provinzen 137. Rechtgläubigkeit der Pr. 154

Sie waren regelmäßig Priester und Theologen, aber bildeten keine Klasse, obzwar sie sich von den übrigen Laienbrüdern unterschieden. Ihre Qualitäten und Anstellung 119. Sie sollen den Kandidat dem Minister vorstellen, resp. schicken 129

Predigt, vgl. Prediger

a) Entwicklung. Predigt der ersten Brüder 140. Buße-Predigt der Brüder vor der R. I 1210: 150. Moralischer Charakter der P. nach 1210; zugleich sein nomadischer und universeller Zug 151. Predigt durch gute Taten und persönliches Beispiel (nach R. II) und durch Worte (nach R. III) 152. Laudatischer und exhortatorischer Charakter der altfranziskan. Predigt 152

b) Ausdehnung und Spezialisierung. Der Begriff „vadere per mundum" und dessen begleitende Momente in der R. II und III: Unterschiede im Auftreten 151. Predigt unter den Ungläubigen (R. II, c. 16 und R. III, c. 12) 80. Beschränkung der Predigt unter den Ungläubigen 152. — Das Verbreiten des Eucharistie-Kultus durch Predigten der Kustoden im Volke 118. — Die Kapitelpredigten 137—138

Priester (außerhalb des Ordens). Die Brüder sind den Priestern bedingungslose Ehrfurcht schuldig 154. Vgl. Prediger. Von den außerhalb des Ordens stehenden Priestern ist in der R. III nicht mehr die Rede 155. Ergebenheit des Franz und der Brüder den Priestern gegenüber 155 Protektor des Ordens. a) Betreff. Bestimmung der R. III, c. 12: 81. Erst seit 1223 wurde das Protektorat zu einem definitiven und stetigen Ordensamt 81, cf. 89, 91, cf. 154. Titel des Protektors 81. — b) Sanktionierung des Protektorats 105. Kompetenz des Protektors 105—106. Entwicklung dieser Kompetenz 106 n. Provinzen, s. Missionen

Regel I (1210)
a) Quellenzeugnisse über ihre Verfassung: Testam., Celano, Biographus Secundus, Bonav., Actus Reat., A. Clarenus, B. Pisanus, Leg. 3 soc., Spec. perf.: 1—3. — Celano unterscheidet zwischen „regula" und „quaedam regula" 14, cf. 23. Leg. 3 soc. unterscheidet R. I und II: 15 n. „Plures regulae" derselben Leg. 15, 19, 24. Jordans R. „prima" ist wirklich R. I: 3 n., 15—16, 23—24. Spec. perf. konfundiert R. I mit R. II: 3. — b) Meinungen der Forscher über die R. I: P. Sabatiers 8; P. Suyskens 10 n.; G. Schnürers 12 n. Rekonstruktionsversuche K. Müllers 4—5, Böhmers 5—6, Cuthberts 6—9 und des Autors 9—12. — c) Zur Textgeschichte der R. I: α) Möglichkeit einer Revision des Textes im J. 1215: 13 n., cf. 33 n. — β) Zusätze zur R. I: 20 sq.: 1. ganz neue Stücke 20; 2. mit der R. II übereinstimmende Stücke 20—22. Systematische Auslegung der Zusätze zur R. I: 27 sq.: a) „Et sint Minores" aus d. J. 1210/11: 27. — b) aus den Ermahnungen: „Pater noster" und „Adoramus" 28 n. Kapitelermahnungen 30—31. Neue durch Franzens Reise motivierte Gebote 31. „Institutiones sanctae" (Vitry) 32—33. — c) 1217: Bestimmungen über das Benehmen der Brüder auf den Missionsreisen (R. II, c. 14) und über die Verehrung der Eucharistie 34—35, cf. 86—87. — d) 1219: Verfügung über die Missionstätigkeit 36. Licentia ministrorum 36—37. Verfügung gegen Drahthemden und Eisenringe und gegen die traurigen Heuchler 37. — e) Bestimmungen der Vikare über das Fasten 37—38 und Reform des Ordens nach den Statuten des Franz 39. (Bestimmungen über die Tracht, 1217 oder 1219: 40 n., cf. 57 n.) — f) Inserierung in die Regel des Kapitels „Nihil tuleritis" (1220 oder 1223, auch möglicherweise 1221 oder 1223) 41, cf. 83—85, 91; nach Clareno schon 1215 ibid.

Regel II (1221). Vorbemerkung: Die Worte „regula" und „vita" in den R. II und III: 101—102 und nach Clareno 102 n. — 1. Die R. II wurde von den Spiritualen im Porciunculabuch und in den Regelauslegungen erhalten (Clareno), sowie auch im Spec. vitae 17. — 2. Ist nicht identisch mit der R. I: 17. Pia fraus der Spiritualen in dieser Hinsicht 18. Identifikationsversuche der R. I und II: P. Lemmens 18, cf. van Ortroy 18 n., P. Edouard 18—19 n., P. Mandonnet 19 n., Sabatier 19 n. — 3. Zeugnisse einer Vorlage der R. II: 22—23. Caesarius' Ausschmückung der R. II und die Entstehung derselben R. 23—24. Meinung Cuthberts 24 n. Keine Nachricht über die Verhandlungen über die R. auf d. Maikapitel 1221: 24—25, cf. 42. Refutierung der Anschauung P. Lemmens über die Nichtexistenz der R. II: 25. Eine einheitliche äußere Form der R. II: 25. Gemeinsame Arbeit zweier Faktoren an der R. II: des Franz und der Minister 26 und daraus folgender kompromißartiger Charakter der R. ibid., cf. 42. Zerlegung der R. II in zwei Teile 26 n. Was alles in der R. II enthalten ist 26 n. — Anfang der neuen Redaktion zur Zeit des Generalkapitels 1220:

42. — Erbauungsartiger Charakter der R. II: 89. Überschwang von Ermahnungen 91. Stil der R. II im allgemeinen 95 und speziell 96. — Die Bestimmung über die Kapitel spricht für das J. 1221: 139. — Widerspruch in der R. II: 139
Regel III (1223)
a) Quellenzeugnisse über die Entstehung der R. II: 1. 3 soc. 62, Anon.Perus.,Bulle „Quo elongati" 43; 2. Bonav. IV. 11 und Spec. c. 1: 44
b) Die Beweggründe der Abfassung 45. Die Abfassung selbst 45. Br. Leo und Bonizo haben an derselben teilgenommen 46. Zusammenstoß zwischen Franz und den Ministern 46, cf. 88. Fr. „consulebat Dominum" 46, cf. 53 (a domino postulabat)
c) Die ursprüngliche Form der R. III war umfangreicher und enthielt schwere und unerträgliche Bestimmungen 47, cf. 82. Deswegen wollte Fr. mehrere Kapitel in eines vereinigen und wollte diese Absicht auf dem Osterkapitel 1223 mit dem Rate der Brüder verwirklichen 48. Gang der Verhandlungen bei der Einführung der R. III ibid. Autokratismus des Franz ibid. Ep. ad ministrum als ein Stück der Vorlage der R. III: 48–51. Teil vom c. 10 als das andere Stück derselben Vorlage 75. R. III bringt eine klare Reaktion gegen die Vorlage 51. Bestreben der Minister, in der R. III einige Bestimmungen der R. II aufrecht zu erhalten 51 n.
d) Spezielle Entstehungsgeschichte. Der erste Entwurf wurde auf Fonte Colombo im Herbste 1222 verfaßt, ging aber dann verloren 52. Verfassung der neuen Regel im Winter 1222 3 und die Reise nach Rom 52. Fr. war genötigt, das Elaborat dem Generalkapitel 11. Juni 1223 vorzulegen 52–53. Standpunkt der Parteien: Franz forderte, daß seine Regel wörtlich und ohne Bemerkung erhalten werde 53. Die Minister forderten zunächst die Ordensorganisation 53. Franz gab nach und deswegen wurden viele Dinge aus seinem Entwurf weggelassen 53
c) Parallele Analyse der R. II und III: Was in der R. III von Franz und was von den Ministern stammt 54 sq.: c. 1: 54–55; c. 2: 55–56; c. 3: 58–61; c. 4: 61–62; c. 5: 64–65; c. 6: 65–67; c. 7 (s. oben S. 49), c. 8: 68–70; c. 9: 71–72; c. 10: 73–78; c. 11: 78–80; c. 12: 80–82; Schluß: 83–87. Einhaltung der R. 73–74, cf. 91. Wie der Papst den Text der R. III, c. 10 „milderte" 74. „Punctum litis" und ein moment. Sieg des Fr. über die Minister 75. R. III wurde nicht nur gekürzt, sondern auch erweitert 57, 59. Formelle und sachliche Verarbeitung der R. III: 59–60. Wesentliche Änderung in der Frage des Geldbesitzes 62. Eine offensichtliche Fälschung des Gedankens des Franz in R. III, c. 5: 64. Franzens Gedanken in c. 6 über das Betteln 67. Fremder Einfluß in der Bestimmung über die Wahl des Generals (c. 8) 69. Neue Bestimmung über das Generalkapitel (c. 8) 70. Einfluß des K. Hugolino auf die Bestimmung über das Predigen (c. 9) 72. Retuschierung des Textes der R. III, c. 10 über die Ermahnung der Brüder 73. Die Bestimmung über die Einhaltung der R. als Werk der Kurie (c. 10) 73–75 und teilweise als offenbare Fälschung des Gedankens des Franz 76. Der dritte Teil des c. 10 ist aus einer Menge von Stücken der R. II zusammengezogen 77. Ein priesterliches Zölibatenni spricht aus c. 11: 79. Einfluß des K. Hugolino 79. Einfluß der Minister oder der Kurie auf R. III, c. 12: 80. Päpstl. Einfluß auf die Bestimmung über den Protektor 81
f) Schluß: 1. Verfassung der R. auf dem Taubenberg im Laufe des J. 1222 und seine formelle und sachliche Form; zwei Bruchstücke von Franzens Elaborat, die liberal zu den

Brüdern und streng zu den Ministern waren 82. — 2. Verhandlungen über die Proposition Franzens auf dem Generalkapitel vom Mai 1223 und in Rom im November 1223 und radikale Änderungen derselben durch Kürzung von Stellen und durch eine genaue und scharfe Form von Geboten 82—83. — 3. Die approbierte R. stellt ein Kompromiß des Standpunktes des Franz und der Minister dar 83. Franzens Stücke c. 2 versus 5—8, 12, 14; c. 3, v. 9, 11; c. 6, v. 2; c. 7; c. 8, v. 1; c. 9, v. 3; c. 10, v. 1—3 u. a.; c. 12. Stücke der Minister: a) über die Armut, b) über die Wohnstätten der Brüder, c) über die Verehrung der Eucharistie 83—87. Franz versuchte einigemal seine Gedanken in der Ordensgesetzgebung durchzusetzen 86

g) Zur Bedeutung der R. III. Anschauungen bisheriger Forscher: Suyskens 88—89, K. Müllers 89, Sabatiers 89—90, Lemmens 91 n. Exakte Antwort kann nur durch genaue formelle und sachliche Analyse der R. gegeben werden: α) Formelle Analyse der R. III: 1. Die äußere Einteilung 93. Andere Gedankenfolge und Reihenfolge. Verteilung: c. 1—6, c. 7, c. 8 und c. 12 Ende, c. 9 und c. 12, c. 10, c. 11 und großer Fortschritt der Form 94. Zusammenziehung von verschiedenen Kapiteln 94—95. Was weggelassen und was hinzugefügt wurde 95. Kürzung einzelner Absätze, und besonders der biblischen Zitate ibid. Numerisch ausgedrückt 95. — II. Der Stil der beiden Regeln: der R. II: 95—96 und der R. III: 96. Gebrauch der Person und des Modus 96—97. Gebrauch von besonderen Tätigkeitsworten (cavere sibi, studere, debere, oportet, teneri, recordari) und der daraus folgende Unterschied zwischen der R. II und III: 97—99. Schluß 99—100. — β) Sachliche Analyse der R. III: Der off. Name: ordo 100—101. Der Name der R. selbst als schriftl. Ge-

setzbuches 102. Archaismus in der R. III: 105. „Simplex et pura observantia regulae" nach Clareno 122 n. Einhaltung der R. 74—76, 123 n., 153. Für das übrige s. Orden b) Verfassung

Reinheit des Körpers (castitas) als Ordensgelübde 145

Ricerius Br. 113

Rufinus Br. 110

Sabbatinus Br. 110, 140

Seniores fratres 119

Silvester Br. 110

Spiritualen, vgl. A. Clarenus. Die Erhaltung der R. II ist nur der Pietät der Spiritualen zu danken 17. Ihre demokratische Reaktion in der Sache der Wahl des Generals 70 n. Ihre Fassung der Arbeit 65 n. Mysogonismus der Spiritualen 79 n.

Spirituales personae: nach 3 soc.: 103 n.; gottesfürchtige Personen (R. III, c. 2) 115, nach der Bulle „Quo elongati" 120

Stacia Johannes aus Bologna, s. Johann von Stacia

Sünden, cf. Beichte, Brüder. Bekennen der Sünden in der R. II: 50. Gerichtsverfahren im Falle einer Todsünde 50; im Falle einer gewöhnlichen Sünde ibid. Franz legte Gewicht auf ein einfaches und diskretes Gerichtsverfahren und auf barmherziges Handeln 51. In der offiz. Regel soll das Urteilen über Todsünden nur den Provinzialministern reserviert bleiben 51. Spezifikation der Todsünden 51 n. — Nach der R. II hatten die Brüder das Recht, den sündigen Minister anklagen zu können 123. Bestrafung eines Todsünders nach der R. II, c. 5: 133. — Die Lehre von der Sünde, Buße und Belohnung (nach der R. II) 147. Ursache der Sünden und die Bestrafung derselben 147. Buße 147—148. Beichte ibid.

Sylvester Br. 110

Teufel. Die Verführungen des Teufels 144. Das Schädigen der Brüder durch den Teufel 147. Der sündige Bruder als Sohn des Teufels 148. Verblendung durch den Teufel 148 Theodicee, s. Gott

Tracht der Brüder: „vestimentum cum corda et femoralibus" und fakultativ „calciamenta": in die Regel vielleicht schon 1217 oder 1219 eingetragen 40 n. Kleidung der Brüder nach der R. III: 57, cf. 89, 92. Die Minister und die Kustoden sollen für die Kleidung der Brüder sorgen 116, 117. Tracht der Brüder nach 3 soc., Spec., Cel. 128. Das Kleid der Novizen 130—131, 132 n. und der Brüder 130—131. Änderung des Kleides schon unter Franz 131 n. „Circuli ferrei" ibid.

Ungläubige, s. Missionen und Predigt

Vikare. Erste bekannte Vikare aus d. J. 1219: Matthäus von Narni und Gregor von Neapel 37—38, 106. Ihre Nachahmung des Benediktinerordens 38. Kompetenz der ersten Vikare aus d. J. 1219: 106. Neue Vikare seit 1220: 107. Terminologie der ersten Vikare 107. Unterschied zwischen den Vikaren und den Generalen 107 n. Wie Franz die Vikare ansah 108. In den Regeln ist von den Vikaren keine Rede 108. Vikare werden in der R. III von den Generalen verdrängt 109. Laut der R. II werden die Vikare-Generäle von Franz ernannt 109. Absolution und Versetzung der Vikare 117. Vikare als Stellvertreter der Minister 117

Wohnstätten der Brüder. Regelbestimmungen 85—86. Entwicklung nach Sabatier 102. Fortschreiten nach 3 soc. (Wohnen bei Priestern und bei frommen Personen, dann in den hospitia und in den loca) 102 n. Entwicklung nach R. II: 102—103 (unbestimmte Orte) und nach R. III: a) Wandern, b) Wohnen in Eremitenhütten, c) in Privathäusern 103. Unterschied zwischen der R. II und III: 104

Zelator dominarum pauperum 119